fooditalia

TECTUM
PUBLISHERS

"Books may well be
the only true magic."

Alice Hoffmann

TECTUM
PUBLISHERS

© 2009 Tectum Publishers
Godefriduskaai 22
2000 Antwerp, Belgium
info@tectum.be
+ 32 3 226 66 73
www.tectum.be

ISBN: 978-90-79761-11-1
WD: 2009/9021/15
(78)

Idea and realization: LiberLab, Italy (www.liberlab.it)
Text: Valerio Costanzia
Recipes: Giuliana Cagna
Graphic project: Maya Kulta
Photography: Fabrizio Esposito
Layout: gi.mac grafica, Italy (www.gimacgrafica.it)
Translations: Anna Carruthers (English), Roel Daamen (Dutch)
Printed in China

fooditalia

TECIUM
PUBLISHERS

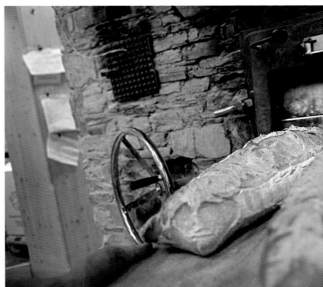

contents

inhoud

fooditalia

Appreciated by travellers and tourists in every era (just think of the immortal pages of Goethe's *Italian Journey*), the Italian peninsula offers not only stunning landscapes and historical and artistic heritage, but also a treasure trove of outstanding quality food products which are an expression of its variegated terrain.

From fruit and vegetables to pasta, cheeses, meat, fish, extra virgin olive oil and aromatic herbs, Italian food has always been an integral part of the Mediterranean diet, thanks to the key presence of products which boast truly unique sensory characteristics. This large-format book, packed with colour illustrations, presents the best of Italian food, with sections dedicated to the classic Italian products and information on the countryside and the different areas, from the Alps to Sicily, where these exceptional products start life. Each chapter of the book is dedicated to one of the 20 regions of Italy, with characteristic products, classic recipes and a brief photographic reportage on the area, including notes on history, art and traditions. It offers an indispensable guide to Italy's gastronomic glories, and to savouring its distinctive specialities to the full, from Puglia's *orecchiette* pasta to the capers of Sicily, from Grana Padano cheese to San Marzano tomatoes, to mention but a few of the country's cornucopia of good foods.

WHY CHOOSE ITALIAN PRODUCTS?

Quite simply, because they taste good, and food that is a pleasure is good for you, for both body and soul. These products are a tonic for the body – a great number of them are governed by strict production and distribution regulations that use different channels to inform the consumer of the product's provenance and quality. And they are a tonic for the spirit, offering a cornucopia of aromas, colours, flavours and textures that not only delight the palate

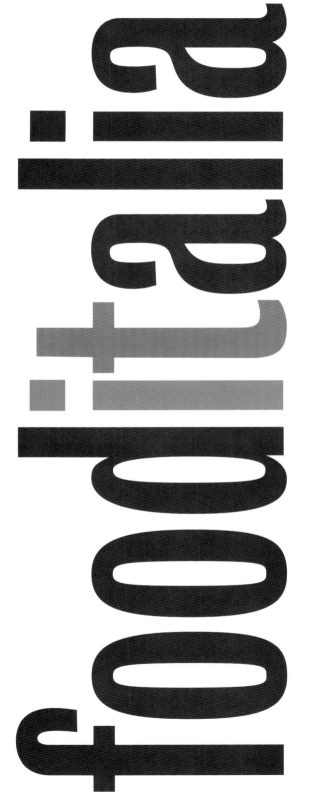

Het Italiaanse schiereiland, al eeuwen gewaardeerd door zowel reizigers als toeristen (denk maar aan de onsterfelijke pagi-
na's van Goethe's Italiaanse Reis), heeft niet
alleen prachtige landschappen en historisch
en artistiek erfgoed te bieden, maar ook een
ware schat aan uitmuntend eten van hoge
kwaliteit, dat het afwisselende landschap
weerspiegelt.

Van groenten en fruit tot pasta, kaas, vlees,
vis, extravergine olijfolie en aromatische
kruiden, de Italiaanse keuken is altijd een
integraal onderdeel geweest van het mediterraanse dieet, dankzij de aanwezigheid
van belangrijke producten die beschikken
over werkelijk unieke smaakeigenschappen. Dit boek in groot formaat met veel il-
lustraties in kleur, presenteert het beste
wat de Italiaanse keuken te bieden heeft.
U vindt hier zowel secties die gewijd zijn
aan klassieke Italiaanse producten als in-
formatie over de verschillende streken en
regio's, van de Alpen tot Sicilië, waar deze
uitzonderlijke producten vandaan komen.
Elk hoofdstuk behandelt een van de 20 regio's van Italië, en bespreekt traditionele
streekproducten, klassieke recepten samen met een korte fotoreportage over de
streek en aantekeningen over geschiedenis, kunst en traditie. Dit is een onmisba-
re gids voor het beste van de Italiaanse
gastronomie en alle specialiteiten die het
land te bieden heeft, van de orecchiette-
pasta uit Apulië tot de kappertjes van Sicilië, van Grana Padano kaas tot San
Marzano tomaten, om maar een paar
kenmerkende producten uit de rijke traditie van dit land te noemen.

WAAROM ITALIAANSE PRODUCTEN?
Heel eenvoudig, omdat ze goed smaken, en
omdat goed eten een positief effect heeft
op zowel lichaam als geest. Deze producten
zijn een weldaad voor het lichaam, veel ervan worden onderworpen aan strenge pro-
ductie- en distributievoorschriften, met verschillende kanalen die de consument infor-
meren over afkomst en kwaliteit. Ze zijn ook
weldadig voor de geest, bieden een veel-
voud aan aroma's, kleuren, smaken en tex-
turen die niet alleen een streling voor de
tong zijn maar ook voor het gemoed, net als
een kunstwerk. In de woorden van het
hoofdpersonage van de film Babette's Feast
– waarin het hoofdpersonage zonder blik-
ken of blozen de hoofdprijs van een loterij
besteedt aan een weelderige maaltijd – in

but are also uplifting for the soul, much like a work of art. As the main character in the film *Babette's Feast* – who does not hesitate to spend a whole lottery win on a sumptuous meal – responds to those who point out that in this way she will return to poverty, an artist is never poor.

How to recognise quality

The Italian agri-food system has developed a series of norms and standards that have the precise aim of identifying and safeguarding food products. In the first place these regard production process controls, then designations of origin and traditional local foods. When it comes to designations of traditional foods, the regulations that govern these norms and standards are issued by the European Union and apply in all member states.

The controlled production process

By production process we mean the path travelled by the product from the land to the consumer's table.

antwoord op de opmerking dat ze op deze manier weer arm zal zijn: een kunstenaar is nooit arm.

Hoe je kwaliteit kunt herkennen

Binnen het Italiaanse agricultuursysteem zijn er een aantal regels en normen ontwikkeld die precies als doel hebben voedingswaren te identificeren en beschermen. In eerste instantie gaat het hier over controle van het productieproces, in tweede instantie over de aanduidingen van oorsprong en traditionele plaatselijke etenswaren. Wat de aanduidingen van de oorsprong van traditionele etenswaren betreft, deze normen en standaarden worden bepaald door de Europese Unie en toegepast in alle lidstaten.

Het gecontroleerde productieproces

Met de term productieproces bedoelen we het pad dat een product aflegt van het land tot op het bord van de consument. Natuurlijk kent zo'n proces vele verschillende stadia, en zijn er vele spelers die bijdragen aan het eindresultaat. Het pad vangt aan bij de boeren, die

Clearly there are many different stages in this process, and different players who contribute to the end result. It starts off from farmers, who bring their productions to a collection point, which sorts them between the facilities that process the initial products, which are then packaged and distributed to points of sale. The process obviously depends on the product (fruit and vegetables, for example, go through fewer processes, while cheese and cured meats have a much more complex path), and whether the consumer goes directly to the producer (shortening the process). Product genuinity is guaranteed by the fact that the company nominates an external body to certify the production process. This guarantees product traceability (namely the path back from the table to the field) at all stages, provenance and the fulfilment of all health and safety regulations, which must be respected by all those involved in the process.

TYPICAL FOOD PRODUCTS

Once the production process has been established and certified, certain products can display various standards that guarantee their status as "typical" products. But in this context, what does "typical" really mean? It means that the product in question comes from and is processed in a certain area, that the raw materials used are exclusively those needed to make it, and that the production and packaging processes fulfil precise requirements. In other words, a typical product is a product that is immediately identified with a certain area. In order to capitalise on this kind of products the European Union has established three different types of certification: Designation of Protected Origin (DOP), Protected Geographical Indication (IGP) and Guaranteed Traditional Speciality (STG). Italy is the leading country for typical foods, with a total of 173 DOP, IGP and STG products, the highest number in Europe.

hun producten naar een verzamelpunt brengen. Daar worden ze verdeeld onder de voorzieningen die deze basisproducten verwerken, verpakken en distribueren onder de verkoopspunten. Het proces is natuurlijk afhankelijk van het soort product (groenten en fruit, bijvoorbeeld, zien slechts enkele stappen van het proces, terwijl kaas en fijne vleeswaren een veel complexer pad hebben), en of de consument direct naar de producent gaat (wat het proces ook korter maakt). De echtheid van producten wordt gegarandeerd door het feit dat de onderneming een extern keuringsinstituut benoemt dat het productieproces certificeert. Dit garandeert de oorsprong en de traceerbaarheid van het product tijdens alle stappen van het proces (het pad terug van het bord naar het land), en of er aan alle gezondheids- en veiligheidsregels is voldaan, regels waaraan iedereen die deel uitmaakt van het proces zich moet houden.

TYPISCHE PRODUCTEN
Wanneer het productieproces eenmaal is vastgelegd en gecertificeerd, kunnen sommige producten bepaalde waarmerken weergeven die hun status als "typisch" product garanderen. Maar wat betekent "typisch" eigenlijk in deze context? Het wil zeggen dat het product in kwestie afkomstig is uit en verwerkt werd in een bepaald gebied, dat de grondstoffen die ervoor werden gebruikt enkel de noodzakelijke grondstoffen waren, en dat de processen van productie en verpakking aan zeer precieze voorwaarden voldoen. Met andere woorden, een typisch product is een product dat direct verbonden is met een bepaalde streek. De Europese Unie heeft drie verschillende soorten keurmerken in het leven geroepen: Beschermde Oorsprongsbenaming (DOP), Beschermde Geografische Aanduiding (IGP) en Gegarandeerde Traditionele Specialiteit (STG). Italië is marktleider in typische producten, met een totaal van 173 DOP-, IGP- en STG-producten, het hoogste aantal in Europa.

DOP Products

These are foodstuffs produced and processed exclusively in a given geographical area, boasting unique environmental characteristics and human contributions. Concrete examples, when it comes to cheeses, are Grana Padano DOP and Parmigiano-Reggiano DOP: these products are unique and inimitable because the milk used to make them comes from farms located in certain areas of pastureland, and the production regulations, which govern the whole process, also indicate a specific area in terms of the location of the cheese-making and ageing processes. Outside that area the product cannot be given this designation.

IGP Products

When it comes to DOP products, the production and processing stages must occur in the same area, while with IGP products it is only necessary that one of these processes occurs in a particular area. For example Lardo di Colonnata IGP is made exclusively in Colonnata, a village in the hills near the town of Carrara, but the raw material – namely pork – can come from farms located in a total of ten different regions of Italy.

This means that the quality of the product comes less from the raw material, the pork used, than from the processing, which must be carried out in Colonnata, and include its ageing in marble basins in the quarries of Carrara, the historic legacy left by the marble quarriers of the past.

STG Products

These are products which are not connected to a specific area of origin, but rather traditional production methods, which can be found in various regions of Italy.

WINE

Wine merits a separate discussion, as it is subject to different standards. In Italy there is a sort of pyramid for classifying wine quality: at the bottom we have table wines (VDT), followed by wines with a Typical Geographical Indication (IGT), then those with a Controlled Denomination of Origin (DOC) and at the very top those with Controlled and Guaranteed Denomination of Origin (DOCG). Both DOC and DOCG wines come under the VQPRD classification (wines of quality produced in specific regions), indicating that the grapes come from a certain area and are grown according to strict regulations. It should be noted that this classification could change radically with the introduction of a European norm to standardise wines to only two designations – DOP and IGP (namely the same as for food products).

Table Wines

The grapes used to produce VDT wines are not subject to any particular restrictions when it comes to

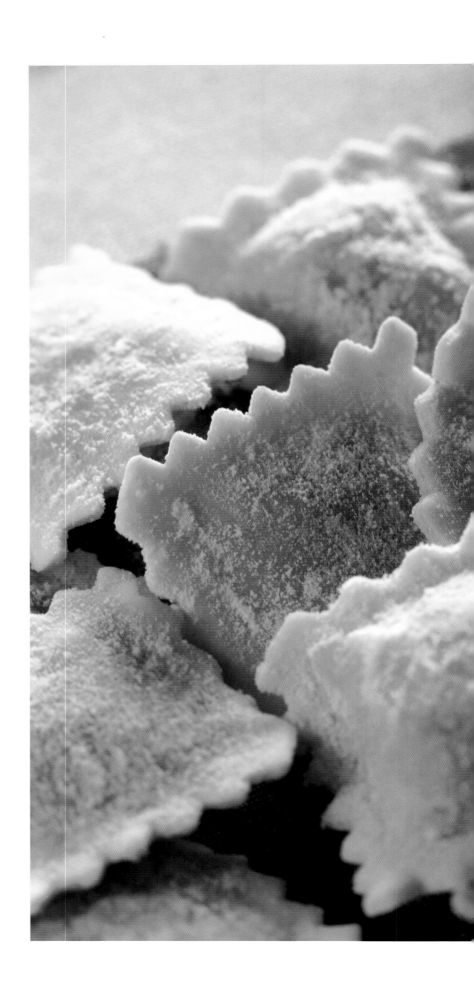

DOP-producten

Deze producten worden geproduceerd en verwerkt in één enkele geografische locatie, met unieke karaktereigenschappen en menselijke inbreng. Concrete voorbeelden, neem nu bij kaas, zijn Grana Padano DOP en Parmigiano-Reggiano DOP: deze producten zijn uniek en onnavolgbaar. De melk die ervoor gebruikt wordt, is afkomstig van boerderijen in bepaalde weidegebieden, en de productienormen die het hele proces regelen, geven een specifieke streek aan waar de kaas gemaakt en gerijpt wordt. Buiten deze streek kan een product niet dezelfde aanduiding dragen.

IGP-producten

Daar waar bij DOP-producten de productie- en verwerkingsstadia in dezelfde streek moeten plaatsvinden, is het in het geval van IGP-producten alleen noodzakelijk dat een van deze twee types stadia plaatsvindt in een bepaald gebied. Een voorbeeld is de Lardo di Colonnata IGP, die enkel en alleen gemaakt wordt in Colonnata, een dorpje in de heuvels van Carrara, maar waarvan de grondstof – het varkensvlees – afkomstig kan zijn van boerderijen in tien verschillende regio's van Italië. Dit betekent dat de kwaliteit van het product niet zozeer het resultaat is van de grondstof, het varkensvlees, maar juist van de manier van verwerking die plaatsvindt in Colonnata. Daar ondergaat het vlees een rijpingsproces in marmeren bassins uit de groeven van Carrara, een historische nalatenschap van de marmergroeven uit het verleden.

STG-producten

Deze producten zijn niet verbonden aan een specifieke streek van origine, maar wel aan traditionele productiemethoden die verspreid zijn over verschillende regio's in Italië.

WIJN

Wijn verdient een aparte bespreking, aangezien dit product onderworpen is aan afwijkende normen. In Italië bestaat er een soort van piramide voor het classificeren van wijnkwaliteit: aan de voet van de piramide hebben we tafelwijnen (VDT), gevolgd door wijnen met een aanduiding van plaatselijke origine (of IGT), vervolgens die met een gecontroleerde oorsprongsbenaming (DOC) en helemaal aan de top die met een gecontroleerde en gegarandeerde oorsprongsbenaming (DOCG). Zowel DOC- als DOCG- wijnen vallen onder de VQPRD-classificatie (kwaliteitswijnen uit specifieke streken), wat betekent dat de druiven uit een bepaalde streek komen en verbouwd worden volgens strenge normen. Deze classificering kan evenwel geheel veranderen bij de introductie van een Europese standaardnorm voor wijnen die bestaat uit maar twee aanduidingen – DOP en IGP (dezelfde aanduidingen als voor etenswaren).

Tafelwijnen

De druiven die gebruikt worden voor de productie van VDT-wijnen zijn niet ondergeschikt aan bijzondere be-

area of production, and it is difficult to establish the sensory characteristics of these wines due to the fact they are made of grapes from different areas and with different levels of quality.

IGT Wines
With these wines the area of origin is shown on the label, and refers to the IGT standard (for example a wine like Toscana IGT can be made from grapes from all over the region).
In quality terms IGT wines come immediately below DOC and above VDT. There are currently 120 IGT wines in Italy (source: INEA-ISTAT).

DOC Wines
DOC production rules detail both the area where the grapes are grown and the varieties used to make a certain wine. They also indicate the type of soil, the yield (which means that only a certain amount of grapes per hectare can be used), the wine-making and ageing processes, the percentage of alcohol it contains... In other words, DOC wines are wines of great quality, certified and regulated by production norms. There are currently 316 DOC wines in Italy (source: INEA-ISTAT).

DOCG Wines
At the top of the pyramid, DOCG wines have extremely limited production areas and have to comply to even stricter regulations. These wines are also

perkingen voor wat productiestreek betreft. Het is bijgevolg moeilijk om de smaakeigenschappen van deze wijnen te bepalen omdat ze verschillende druiven uit diverse streken van uiteenlopende kwaliteit bevatten.

IGT-wijnen
Bij deze wijnen wordt het herkomstgebied op het etiket vermeld en de IGT-norm aangeduid (een wijn als Toscana IGT, bijvoorbeeld, kan uit druiven bestaan die uit de hele streek afkomstig zijn). In termen van kwaliteit komen IGT-wijnen meteen onder DOC en boven VDT. Er zijn momenteel 120 IGT-wijnen in Italië (bron: INEA-ISTAT).

DOC-wijnen
Bij DOC-productie zijn zowel het gebied waar de druiven groeien, als de variëteiten die gebruikt worden bij de productie van een bepaalde wijn, bepaald. Ook de bodemsoort, de opbrengst (enkel een bepaalde hoeveelheid druiven per hectare mag worden gebruikt), het maken en rijpen van de wijn, en het alcoholgehalte liggen vast. Met andere woorden, DOC-wijnen zijn van hoge kwaliteit, gecertifieerd en gereguleerd door productienormen. Er zijn momenteel 316 DOC-wijnen in Italië (bron: INEA-ISTAT).

DOCG-wijnen
Aan de top van de piramide vinden we DOCG-wijnen, die een uiterst beperkte streek van oorsprong hebben en die aan nog strengere normen moeten voldoen. De-

checked by oenologists during the bottling process, and if they pass this test a filigree seal is applied to the neck of the bottle. There are currently 40 DOCG wines in Italy (source: INEA-ISTAT), and they include renowned names such as Brunello di Montalcino, Barolo and Franciacorta Spumante.

THE PRODUCTS PRESENT IN THIS BOOK

In this book you will find more than 150 traditional Italian products: from cheeses to wine, cured meats, vegetables, fresh pasta and fruit. The selection does not necessarily correspond to DOP and IGT classifications, because there are many products that are immediately identifiable with Italian culture, independently of their designation: Sicilian *cassata*, Neapolitan pizza, Turin's *gianduja* chocolate, the white truffle of Alba, Gragnano pasta, *limoncello* from Sorrento, Ascolana stuffed olives, mullet botargo... Moreover, being necessarily obliged to make a choice, we wanted to make room for products from all levels of the food pyramid: you will therefore find fruit and vegetables, bread and cereals, meat and fish, cheese and cured meats, extra virgin olive oil and spices, wines and traditional liqueurs, with notable differences between one region and the next. Undoubtedly we will have left out products that would have merited inclusion in this book: these "forgotten" treats undoubtedly call for a *FoodItalia II*.

ze wijnen worden ook gecontroleerd door oenologen tijdens het bottelen, en als ze ook deze test doorstaan hebben, ontvangen ze een keurmerk dat wordt aangebracht op de hals van de fles. Momenteel zijn er 40 DOCG-wijnen in Italië (bron: INEA-ISTAT), waaronder gerenommeerde namen als Brunello di Montalcino, Barolo en Franciacorta Spumante.

DE PRODUCTEN IN DIT BOEK

Dit boek bevat meer dan 150 traditionele Italiaanse producten: van kaas tot wijn, fijne vleeswaren, verse pasta's en fruit. Deze selectie komt niet noodzakelijkerwijs overeen met de verschillende DOP-en IGT-classificaties, omdat er veel producten zijn die meteen met de Italiaanse cultuur in verbinding worden gebracht, ongeacht hun aanduiding: Siciliaanse cassata, *Napoletaanse pizza,* gianduja *chocolade uit Turijn, witte truffels uit Alba, Gragnano pasta,* limoncello *uit Sorrento, gevulde Ascolana olijven, botargo... Omdat we daarnaast gedwongen waren om een selectie te maken, wilden we ruimte creëren voor producten uit alle sectoren van de voedselpiramide: je kunt daarom zowel groenten en fruit, brood en granen, vlees en vis, kaas en vleeswaren, extravergine olijfolie en specerijen als wijnen en likeuren vinden, met opmerkelijke verschillen tussen de verschillende regio's. Ongetwijfeld zijn er producten die we hebben weggelaten maar die het misschien wel waard waren om opgenomen te worden: deze "vergeten" schatten zijn dan voor* Food Italia II.

Valle d'Aosta

This is the smallest region of Italy, but by no means the least beautiful, indeed it is one of the key destinations for those who love the mountains and their snowy peaks. This is the region which boasts the highest peak in Europe, Mont Blanc, together with Gran Paradiso, Monte Rosa and Cervino. It has wonderful nature reserves with many protected species, historic trails on the discovery of castles and fortifications that date back to the Middle Ages, breathtaking views, and wonderful food and wine. For those who love dairy products the Aosta Val-

ley offers a marvellous cornucopia of flavours and aromas, with offerings such as the famous Fontina and Fromadzo, whereas those looking for unique cured meats will be able to sample the prized Jambon de Bosses and Lardo d'Arnad – genuine delicacies for enthusiastic gourmets. Then come the wines, such as Blanche de Morgex et de La Salle and Chambave Muscat, spirits such as Génépy, classic recipes such as cheese *fonduta* and *carbonade* or the juicy Aosta Valley cordon bleu steak.

Dit is de kleinste regio in Italië, maar zeker niet de minst mooie; sterker nog, het is een van de meest populaire bestemmingen voor mensen die houden van besneeuwde bergtoppen. Binnen deze regio kun je de hoogste top van Europa vinden, de Mont Blanc, de Gran Paradiso, de Monte Rosa en de Cervino. Er zijn prachtige natuurreservaten met beschermde diersoorten, historische routes langs kastelen en forten die teruggaan tot de middeleeuwen, adembenemende uitzichten en heerlijke wijnen en gerechten. De Aosta-

vallei biedt de liefhebber een overvloed aan zuivelproducten met vele smaken en aroma's, zoals de beroemde Fontina en Fromadzo, en voor hen die op zoek zijn naar fijne vleeswaren zijn er de veelgeprezen Jambon de Bosses en de Lardo d'Arnad – ware delicatessen voor enthousiaste fijnproevers. Daarnaast heb je de wijnen zoals Blanche de Morgex et de La Salle en Chambave Muscat, sterke dranken zoals Génépy, klassieke gerechten zoals kaas-fonduta en carbonade of de sappige cordon bleu van de Aosta-vallei.

fontina dop
fontina dop

fontina dop

This has to be one of the most representative products of the Aosta Valley, a semi-cooked cheese made with cow's milk, which has an unmistakable elastic texture, and is a must in scrumptious *fonduta*. This cheese is aged in natural caves for a period of time that varies from three to five months. It is a delicate cheese, with a straw yellow colour and a characteristic flavour that recalls alpine pastures. Fontina DOP comes in round forms weighing 8-12 kg, with a rind that varies in colour from light to dark brown depending on age. Besides the aforementioned *fonduta*, Fontina DOP is widely used in cooking, to garnish the Aosta Valley cordon bleu steak or Nordic style pizza, with *gnocchi* or *polenta*, or simply enjoyed with a piece of good crusty bread and a glass of wine from the wide variety that the Aosta Valley offers.

Dit is waarschijnlijk het meest representatieve product uit de Aosta-vallei, een halfgekookte kaas gemaakt van koeienmelk die een onmiskenbare elastische textuur heeft en die onmisbaar is in een heerlijke fonduta. *De kaas wordt gerijpt in natuurlijke grotten gedurende een periode van drie tot vijf maanden. Het is een zeer fijne kaas, met een strogele kleur en een typische smaak die aan alpenweiden doet denken. Fontina DOP vind je in ronde vormen van 8-12 kg, met een korst die qua kleur uiteenloopt van licht- tot donkerbruin, afhankelijk van de leeftijd. Behalve in de algemeen genoemde* fonduta *wordt Fontina DOP veel gebruikt in de keuken als garnering voor de cordon bleu steak uit de Aosta-vallei of de noordelijke versie van de pizza, met* gnocchi *of* polenta, *of simpelweg met een lekker stuk brood en een van de fijne wijnen die de Aosta-vallei te bieden heeft.*

fonduta valdostana fonduta valdostana

300 g Fontina d'Aosta cheese, 4 yolks, 25 g butter,
600 ml milk, bread croutons,
salt, pepper

Dice the Fontina cheese, put it in a bowl with the milk and leave it to rest for around 12 hours. Then drain the milk off, add the butter and cook in a bain-marie until completely melted. In the meantime beat the egg yolks and add them to the melted cheese. Season with salt and pepper, and mix for a few minutes until smooth. Serve the *fonduta valdostana* piping hot accompanied with bread croutons.

300 gr Fontina d'Aosta kaas, 4 eierdooiers,
25 gr boter, 600 ml melk, broodcroutons,
zout, peper

Snijd de Fontinakaas in blokjes, schep ze in een kom met de melk en laat het ongeveer 12 uur rusten. Giet de melk weg, voeg de boter toe en kook het geheel au bain-marie tot de kaas volledig gesmolten is. Klop intussen de eierdooiers en voeg ze aan de gesmolten kaas toe. Breng op smaak met zout en peper en roer enkele minuten goed door zodat het mengsel glad is. Serveer de *fonduta valdostana* kokend heet met broodcroutons.

lardo di arnad dop
lardo di arnad dop

One of the hallmarks of the Aosta region's food, this speciality made its first official appearance in the 1763 inventory of the castle of Arnad. This document also records the presence in the kitchens, of four *doïls*: the containers used to mature the *lardo*, which are made of chestnut or oak, usually square in shape and designed to make sure that the brine does not run off. The *lardo* is made from back cuts from pigs weighing more than 160 kg and more than a year old, mostly from farms outside the region. The pork shoulder, which should be no less than 3 cm thick, is defatted, squared, cut and then placed in the traditional *doïls* to mature, in a brine of water, salt and local herbs and spices. This process takes at least three months or even longer, and allows the *lardo* to develop its flavour. The slice must be white when cut, possibly with a red vein on the surface and a slightly rosy centre. The real Lardo di Arnad DOP melts in your mouth, leaving a pleasantly sweet finish.

Deze specialiteit is een van de hoogtepunten van de Aostaregio; in 1763 verschijnt het voor het eerst officieel op de inventarislijst van het kasteel van Arnad. Op dit document is ook de aanwezigheid van doïls in de keuken geregistreerd: de houders van eiken - of kastanjehout waarin de lardo *wordt gerijpt, en die meestal vierkant van vorm zijn zodat het pekelwater er niet vanaf loopt. De* lardo *wordt gemaakt van de schouderstukken van varkens die meer dan 160 kg wegen en die meer dan een jaar oud zijn, meestal afkomstig van boerderijen uit andere regio's. Het schouderstuk, dat niet dikker mag zijn dan 3 cm, wordt van vet ontdaan, vierkant afgesneden en in stukken gehakt, en vervolgens in de traditionele doïls gestopt om te rijpen in water met zout en plaatselijke kruiden en specerijen. Dit duurt minstens drie maanden, waardoor de* lardo *tijd heeft om op smaak te komen. De plak moet wit zijn wanneer die wordt gesneden, met mogelijk een rode ader aan het oppervlak en een lichtroze centrum. Echte Lardo di Arnad DOP smelt in de mond en heeft een prettige zoete nasmaak.*

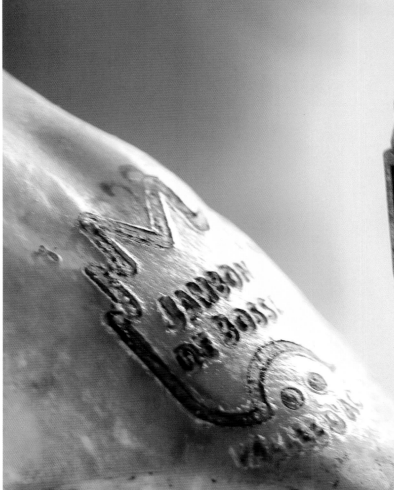

jambon de bosses dop

jambon de bosses dop

According to a local legend, it was the Romans who encouraged the consumption of ham in the Aosta Valley and particularly in Saint-Rhémy-en-Bosses, a small town about twenty kilometres from Aosta, on the road to Gran San Bernardo and Switzerland. The altitude (a good 1600 metres!) and a dry microclimate, with air that flows from the peaks of surrounding mountains – Malatra, Citrin, Serena and Gran San Bernardo – are just a few of the secrets that go into making this product, not to mention the skill of the local pork butchers. The age-old tradition, which is handed down from generation to generation, dictates the right mixture of mountain herbs and spices and the secrets of salting and ageing: the hams must be stored near hay for no less than 14 months. They have a compact shape, a dark red colour, and an aromatic flavour that only hay can give – savoury with a hint of sweetness. Jambon de Bosses DOP must be hand-cut and enjoyed with a slice of black bread and mountain butter, or even with honey and nuts. And don't forget a glass of Fumin or Petit Rouge.

Volgens een plaatselijke legende waren het de Romeinen die de hamconsumptie hebben geïntroduceerd in de Aosta-vallei. Ze deden dat om precies te zijn in Saint-Rhémy-en-Bosses, een klein plaatsje ongeveer twintig kilometer van Aosta aan de weg naar de Gran San Bernardo en Zwitzerland. De hoogte (op maar liefst 1600 meter!) en een droog microklimaat, met lucht die vanaf de toppen van de omringende bergen stroomt – Malatra, Citrin, Serena en Gran San Bernardo – zijn enkele van de geheime factoren die bijdragen aan dit product, naast natuurlijk de vakkundigheid van de plaatselijke slagers. De eeuwenoude traditie die van generatie op generatie wordt doorgegeven, dicteert de juiste verhoudingen van alpenkruiden en specerijen en de geheimen van het zouten en rijpen: de ham moet minstens 14 maanden lang in de buurt van hooi worden opgeslagen. De ham heeft een compacte vorm, een donkerrode kleur en een aromatische smaak dankzij het hooi – hartig met een vleugje zoet. Jambon de Bosses DOP moet met de hand worden gesneden en gegeten met een snee zwart brood en alpenboter, of zelfs met honing en noten, en niet te vergeten een glas Fumin of Petit Rouge.

fromadzo dop
fromadzo dop

With a lower fat content than Fontina, Fromadzo DOP is made with cow's milk from two milkings, with the addition of a small amount of goat's milk in accordance with production specifications. The outside appears solid, straw-yellow in colour tinged with red; its texture is compact, with a scattering of small eyes. When it is fresh the inside appears white and as it ages the colour deepens into darker shades of straw yellow. It matures in damp cellars or caves at a temperature of 10-15 °C for a period that goes from 60 days to 14 months. When fresh its flavour is semi-sweet, and as it ages it intensifies, becoming saltier and slightly piquant. The specifications cover many different varieties: medium fat cheese, medium fat cheese with aromatic herbs (juniper, caraway seeds, etc.), low fat cheese, and cow's and goat's milk cheese. Each variety bears the DOP brand, and the same casein label which portrays a stylized cow, in a different colour for each variety.

Fromadzo DOP, met een lager vetgehalte dan Fontina, wordt gemaakt van koeienmelk van twee verschillende melkbeurten met, volgens de productiespecificaties, een kleine hoeveelheid toegevoegde geitenmelk. De buitenkant lijkt stevig, met een strogele kleur met een vleugje rood; de textuur is compact, met enkele kleine gaten in de kaas. Een verse kaas heeft een witte binnenkant donkerstrogeel die geleidelijk van kleur verandert tot donkerstrogeel. De kaas rijpt 60 dagen tot 14 maanden in vochtige kelders of grotten bij een temperatuur van 10-15 °C. De verse kaas heeft een semizoete smaak, die bij het rijpen zouter en pittiger wordt. De specificaties bieden vele variëteiten: halfvolle kaas, halfvolle kaas met aromatische kruiden (jeneverbes, karweizaad, enz.), vetarme kaas, en kaas van koeien- en geitenmelk. Elke variëteit draagt het DOP-merk, en hetzelfde label met een gestileerde afbeelding van een koe in verschillende kleuren voor de verschillende versies.

carbonade carbonade

800 g stewing steak, 750 ml full-bodied red wine, 1 onion, 1 clove garlic, rosemary, sage, bay leaves, juniper berries, flour, 50 g butter, salt, pepper

Mix the meat and herbs in a bowl, pour over the wine and leave to marinate for around 12 hours. Then drain the meat well and dry it with kitchen paper. Lightly flour it and brown it in a pan with melted butter and onion. Pour over the filtered wine from the marinade, and season with salt and pepper. Turn the heat down and cook the meat over a low heat for around 2 hours. Serve the *carbonade* accompanied with slices of toasted *polenta*.

800 gr runderstoofvlees, 750 ml stevige rode wijn, 1 ui, 1 teentje knoflook, rozemarijn, salie, laurier, jeneverbessen, bloem, 50 gr boter, zout, peper

Meng het vlees en de kruiden in een kom, schenk de wijn erover en laat het ongeveer 12 uren marineren. Laat het vlees goed uitlekken en dep het droog met keukenpapier. Bestrooi lichtjes met bloem en bak het bruin in een pan met gesmolten boter en de ui. Schenk de gezeefde wijn van de marinade eroverheen en breng op smaak met zout en peper. Draai het vuur lager en laat het vlees ongeveer 2 uur sudderen op een laag pitje. Serveer de *carbonade* met plakken geroosterde *polenta*.

motzetta
motzetta

As well as its *lardo* and ham the Aosta Valley is also renowned for another cured meat, which unlike the former, has a very low fat content. This is *motzetta*, a speciality which has age-old origins in the Aosta Valley, born out of the need to preserve precious game meat during the long winter months by drying it. *Motzetta* mainly identifies a type of preparation and conservation. Made with raw whole cuts, compact and low in fat, the meat (chamois or beef) is left to marinade with mountain herbs, salt, spices and other flavourings, for around twenty days, submerged in brine and held down with a weight. Subsequently it is aged for one to three months. It is the drying process that determines the consistency and the intensity of the flavour, which renders any additional dressing superfluous and calls for very thin slices.

Naast de lardo *en de ham is de Aosta-vallei ook beroemd vanwege een andere fijne vleesspecialiteit, in dit geval met een laag vetgehalte.* Motzetta, *een oorspronkelijke en eeuwenoude specialiteit, ontstond uit de noodzaak om kostbaar wild voor de lange wintermaanden te conserveren door het te drogen.* Motzetta *is een aanduiding voor bereiding en conservering. Het vlees (gems of rundsvlees) wordt in volledige rauwe stukken, compact en met weinig vet gemarineerd (met alpenkruiden, zout, specerijen en andere aroma's). Het wordt dan ongeveer twintig dagen verzwaard met gewichten ondergedompeld in pekelwater. Vervolgens laat men het een tot drie maanden rijpen. Het droogproces bepaalt de consistentie van het vlees en de intensiteit van de smaak. Het vlees heeft geen verdere dressing nodig en moet in zeer dunne plakjes geserveerd worden.*

blanc de morgex doc
blanc de morgex doc

The characteristic feature of this wine is that its vineyards are the highest in Europe, located in the Valdigne (the northern-most area of the Aosta Valley), a stone's throw from Mont Blanc. And this is what saved this grape variety from the vine louse that infested all of Europe in the mid 19th century. Blanc de Morgex DOC is straw-yellow in colour with a greenish tinge, extremely transparent with a fine, continuous perlage. It has a delicate bouquet with a hint of mountain herbs and a dry, acidulous, slightly fizzy and very delicate flavour. Excellent as an appetizer, it can be served with delicate starters, fish dishes or white meat; it is also wonderful with cheeses such as Fontina DOP and Reblec (a typical fresh cheese made with full fat milk from local cows).

Het meest karakteristieke kenmerk van deze wijn is dat de wijngaarden de hoogste van Europa zijn. Ze liggen in de Valdigne (het meest noordelijke gedeelte van de Aosta-vallei), op een steenworp afstand van de Mont Blanc. Deze positie heeft deze druivenvariëteit gered van de wijnluis die in het midden van de negentiende eeuw huishield in heel Europa. Blanc de Morgex DOC is strogeel van kleur met een enigszins groene tint, zeer transparant met een fijne aanhoudende pareling. De wijn heeft een delicaat bouquet met een vleugje bergkruiden, en een droge, zurige, enigszins bruisende en fijne smaak. Hij is zeer geschikt als aperitief, geserveerd met fijne voorgerechten, vis of witvleesgerechten; hij is ook heerlijk met kazen als Fontina DOP en Reblec (een typische verse kaas gemaakt van de volle melk van plaatselijke koeien).

tegole tegole

80 g toasted almonds, 80 g toasted hazelnuts, 200 g sugar, 4 egg whites,
60 g flour, few drops vanilla essence,
60 g butter, salt

Finely chop the hazelnuts and almonds. Mix the butter, sugar and vanilla essence, then add the stiffly beaten egg whites, the flour, chopped nuts and a pinch of salt. Mix well and place spoonfuls of the mixture on a buttered, floured baking tray. Bake in a preheated oven at 170 °C for around 7 minutes. Leave to cool before serving, preferably with a glass of Chambave Passito DOC.

80 gr geroosterde amandelen, 80 gr geroosterde hazelnoten, 200 gr suiker, 4 eiwitten,
60 gr bloem, enkele druppels vanille-essence, 60 gr boter, zout

Hak de hazelnoten en amandelen fijn. Meng boter, suiker en vanille-essence, voeg dan het stijfgeklopte eiwit, de bloem, de gehakte noten en een snuifje zout toe. Schep het mengsel met een lepel op een ingevette en met bloem bestrooide bakplaat en bak het 7 minuten in een op 170 °C voorverwarmde oven. Laat eerst afkoelen en serveer de koekjes bij voorkeur bij een glas Chambave Passito DOC.

piemonte

Known throughout the world for great wines like Barolo and Asti Spumante, renowned cheeses like the famed Castelmagno and treats like the highly prized white truffle of Alba, Piedmont is one of the finest food and wine regions in the whole of Italy. Turin, the region's capital, is also the capital of *gianduja* chocolate (mixed with hazelnut paste) and boasts a wide range of food events (such as its international Food Fair, the CioccolaTo chocolate event and Wine Fair): foodies will find much to explore in Piedmont, with the chance to take in some stunning landscapes as well as sampling the local fare. From the Langhe to Monferrato areas, from the splendidly lush Alpine valleys to the rice fields, food tourists are guaranteed rich pickings: from the legendary *bagna càuda* to the sweet *bonet*; from *bicerin* (a hot chocolate and coffee drink) to a wide variety of risottos (such as the Novara speciality *paniscia*, with salami and beans); from *tajarin* (*tagliolini* egg pasta) to *plin* (filled pasta), and from the meaty *brasato al Barolo* to nougat.

Piemonte, wereldwijd bekend vanwege wijnen als Barolo en Asti Spumante, befaamde kazen zoals Castelmagno en delicatessen zoals de veelgeprezen witte truffel uit Alba, is een van de beste gebieden op het vlak van gastronomie en fijne wijnen in heel Italië. De hoofdstad Turijn is ook de hoofdstad van de gianduja *chocolade (gemaakt met hazelnootpasta)* en van een uitgebreid aantal evenementen die te maken hebben met voeding (zoals de internationale Food Fair, het CioccolaTo evenement en de Wijnbeurs): lekkerbekken kunnen naar hartelust op ontdekkings-reis in Piemonte, en kunnen naast alle plaatselijke delicatessen ook genieten van adembenemende landschappen. Van de Langhe tot de Monferrato, van de weelderige alpenvalleien tot aan de rijstvelden, voor culinaire toeristen is er overal veel te bleven: van de legendarische bagna càuda *tot aan de zoete* bonet; *van* bicerin *(een drank met warme chocolade en koffie) tot een brede variëteit aan risotto's (zoals de specialiteit uit Novara,* paniscia, *met salami en bonen); van* tajarin *(tagliolini* eierpasta*) tot* plin *(gevulde pasta), en van de stevige* brasato al Barolo *tot nougat.*

piemonte
chocolate
chocolade

Made from the seeds of the cacao plant which are dried, roasted and then ground to produce cocoa paste, there are many different varieties of chocolate, from dark to white, milk chocolate to the nutty *gianduja*. And in Piedmont, in Turin in particular, something of a landmark in the world of chocolate, thoughts necessarily turn to *gianduja* (the name is connected to a famous local carnival character). The Piedmontese capital is the birthplace of the famous *giandujotto*, an unmistakeable triangular chocolate made of cocoa, sugar and hazelnuts, of the *tonda gentile* variety from the Langhe area, and a world famous chocolate spread (Ferrero's Nutella). Turin's fame for chocolate is also borne out by the presence of numerous master chocolatiers, whose names are now synonymous with tempting treats: Caffarel, Peyrano, Streglio and Gobino, to name but some of the most famous. As well as individual chocolates, the food of the gods is also found in a variety of other forms: from bars to the "penguin" choc-ice, from pralines to hot chocolate, of which Turin's *bicerin* – mixed with espresso and fresh cream – is an original, rather sumptuous version.

*Chocolade wordt gemaakt van de pitten van de cacaoboom, die gedroogd, geroosterd en fijngemalen worden tot een pasta. Er zijn vele verschillende variëteiten chocolade, van puur tot wit, en van melk tot de hazelnoot-*gianduja*. In Piemonte, vooral in Turijn, ook de hoofdstad van de chocolade, denkt men dan natuurlijk meteen aan de* gianduja *(de naam is verbonden aan een beroemd plaatselijk carnavalspersonage). De hoofdstad van Piemonte is de geboorteplaats van de beroemde* giandujotto, *een herkenbaar driehoekig chocolaatje gemaakt van cacao, suiker en hazelnoten van de* tonda gentile *soort uit de Langhestreek, en een wereldberoemde chocoladepasta (de Nutella van Ferrero). De faam van Turijn op het gebied van chocolade wordt benadrukt door de aanwezigheid van vele meester-chocolatiers, wier namen synoniem zijn met zoete verleiding: Caffarel, Peyrano, Streglio en Gobino om enkele van de beroemdste te noemen. Het godenvoedsel chocolade is te vinden in de vorm van individuele chocolaatjes, maar ook in vele andere vormen: repen en "pinguin"-ijsjes, pralines en warme chocolade, waarvan de Turijnse versie* bicerin *– gemengd met espresso en verse room – een originele en rijke variant is.*

barolo docg
barolo docg

The king of wines and the wine of kings (as it is often described) is undoubtedly one of the most prestigious Italian wines in the world, an ambassador and symbol of the magical area of the Langhe. The production regulations permit it to be made in only eleven towns, all in the province of Cuneo, in an area where the beautiful vine-covered hills create breathtaking landscapes. Barolo DOCG, which is made from grapes of the nebbiolo variety, must be aged for at least three years (two of which must be in oak or chestnut wood barrels), starting from the first January after the harvest. The resulting wine is austere yet velvety, garnet red in colour with orange nuances, with a rich bouquet that develops over time, ranging from hints of mature fruit to more spicy notes. All in all a wine of great structure that is at its best accompanied with important red meat dishes and mature cheeses.

De koning der wijnen en de wijn van koningen (zoals hij vaak wordt beschreven) is ongetwijfeld een van de meest prestigieuze Italiaanse wijnen ter wereld, en een ambassadeur en symbool voor de magie van de Langhestreek. Volgens de productievoorschriften mag de wijn enkel in elf plaatsen worden gemaakt, allemaal in de provincie van Cuneo, in een gebied waar de mooie, met wijngaarden bedekte heuvels prachtige panorama's vormen. Barolo DOCG, gemaakt van de druivenvariant nebbiolo, moet minstens drie jaar rijpen (waarvan twee in vaten van eiken- of kastanjehout) vanaf de eerste januari na de oogst. Het resultaat is een ernstige, maar fluweelzachte wijn, met een granaatrode kleur met oranje nuances en een rijk bouquet dat in de loop der tijd verandert van hints van rijp fruit naar meer kruidige tonen. Al met al een wijn met een mooie structuur die het best tot zijn recht komt bij rood vlees en rijpe kazen.

castelmagno dop
castelmagno dop

This is one of Italy's finest cheeses. Its name comes from the town in Valle Grana, in the province of Cuneo, where it is produced (the other towns are Monterosso Grana and Pradleves). Castelmagno belongs to the family of veined or blue cheeses. It is pearly white in colour and crumbly, veined with greenish-blue. The cheese is made from cow's milk, with the possible addition of sheep or goat's milk, and is aged in natural caves or similar settings that reproduce the same environmental conditions. Castelmagno can be enjoyed in many ways: as well as Piedmontese classics such as *gnocchi* or risotto with Castelmagno, it is also delicious served with honey, or can be eaten alone, to savour the full range of flavours and aromas that come from the rich variety of meadow grasses that the cows pasture on.

Dit is een van de beste kazen van Italië. De naam is afgeleid van de plaats in Valle Grana, in de provincie van Cuneo, waar de kaas geproduceerd wordt (de andere plaatsen zijn Monterosso Grana en Pradleves). Castelmagno behoort tot de familie van de blauwgeaderde kazen. De kleur is parelwit en de kaas is kruimelig, met blauwgroene aderen. Hij wordt gemaakt van koeienmelk, met eventueel wat toegevoegde schapen- of geitenmelk, en gerijpt in natuurlijke grotten of een gelijkaardige omgeving met dezelfde eigenschappen. Castelmagno is lekker op veel vlakken: in Piemontese klassiekers zoals gnocchi *of risotto met Castelmagno, maar ook geserveerd met een beetje honing, of zonder iets erbij zodat de smaken en aroma's van de verschillende weidegronden waarop de koeien grazen het best tot hun recht komen.*

bagna càuda bagna càuda

For each person you will need: 3 salted anchovies, 3 cloves garlic, olive oil, butter, vegetables (cardoons, roasted peppers, Jerusalem artichokes, cabbage, salad hearts, spring onions, oven-baked onions and boiled potatoes)

Place the sliced garlic in a terracotta pot with a little oil and butter. Cook slowly, stirring frequently and making sure the oil does not reach boiling point. The garlic has to melt, turning into a smooth white paste. At this point add more oil and the rinsed anchovies – washed and boned – and continue to cook slowly until the anchovies melt. This thick sauce is then served in the specific little earthenware containers.

Per persoon: 3 ansjovissen in zout, 3 teentjes knoflook, olijfolie, boter, groenten (kardoen, geroosterde paprika, Jeruzalemartisjok, kool, slahart, lenteuitjes, uien uit de oven en gekookte aardappels)

Leg de in plakjes gesneden knoflook in een aardewerken pot met een beetje olie en boter. Verhit alles langzaam al roerend en zorg ervoor dat de olie niet aan de kook raakt. De knoflook moet smelten en veranderen in een gladde witte pasta. Als het zover is, voeg dan meer olie en de afgespoelde en gefileerde ansjovis toe en kook verder op een zacht vuurtje totdat ook de ansjovis gesmolten is. Deze dikke saus wordt vervolgens geserveerd in de speciale aardewerken potjes.

rice
rijst

Located mainly in the provinces of Vercelli, Biella and Novara, rice cultivation is one of the flagships of Piedmont's agrarian economy (Piedmont has more than half of Italy's rice-growing land). Rice cultivation is both an economic and a territorial phenomenon, due to the vast expanses of water needed to cultivate this crop. As the seasons change, the face of the landscape changes too, from green to golden yellow, as the cereal reaches maturity. The DOP designation awarded to Riso di Baraggia Biellese and Vercellese is a tribute to its outstanding quality. The best known varieties are Arborio and Carnaroli, which feature prominently in Piedmont's cuisine. Typical dishes are *panissa*, from Vercelli (*paniscia* from Novara), as well as the risotto *ai quattro formaggi*. To take in some beautiful scenery, the north-east of Piedmont offers wonderful sights such as Lucedio Abbey and Cascina Venaria where the film *Bitter Rice* – featuring the stunning Silvana Mangano – was shot, and which is currently one of the most important rice producers.

De rijstbouw vormt een van de hoekstenen van de agrarische economie van Piemonte (dat meer dan de helft van al het cultiveerbare land voor rijst in Italië bevat), vooral in de provincies Vercelli, Biella en Novara. Rijstbouw is zowel een economisch als een territoriaal fenomeen, door de enorme hoeveelheden water die noodzakelijk zijn voor het verbouwen van dit gewas. Met het wisselen van de seizoenen, wanneer het graan tot wasdom komt, verandert ook het landschap van groen naar goudgeel. De DOP-aanduiding die is toegekend aan de Riso di Baraggia Biellese en Vercellese is een eerbetoon aan hun uitzonderlijke kwaliteit. De bekendste variëteiten zijn Arborio en Carnaroli, die veel voorkomen in de Piemontese keuken. Typische schotels zijn panissa *uit Vercelli (*paniscia *uit Novara), en vier-kazen-risotto. Als het over mooie uitzichten gaat, heeft het noordoosten van Piemonte onder meer de mooie Abdij van Lucedio en Cascina Venaria te bieden, waar de film* Bitter Rice *– met de prachtige Silvana Mangano – werd opgenomen. Momenteel is het een van de meest belangrijke rijstproducenten.*

paddestoelen risotto mushroom risotto

350 g *porcini* mushrooms, 350 g Carnaroli rice, 1 l stock, 1 clove garlic, 1 onion, 250 ml dry white wine, parsley, 150 g *grana* cheese, knob of butter, oil, salt

Heat the oil and garlic in a frying pan, then add the cleaned, sliced mushrooms and cook for around 15 minutes, before seasoning and adding the chopped parsley. In another pan sauté the onion in oil till golden, then add the rice and cook for a few minutes. Then pour in the wine, leaving it to reduce before bringing it all to a simmer, gradually adding the hot stock. Just before turning off the heat add the mushrooms. Remove from the heat and mix in the grated cheese and butter, cover and leave for a couple of minutes, then mix again and serve.

350 gr *porcini*-paddestoelen, 350 gr Carnaroli-rijst, 1 l bouillon, 1 teentje knoflook, 1 ui, 250 ml droge witte wijn, peterselie, 150 gr *grana* kaas, klontje boter, olie, zout

Verhit de olie en de knoflook in een koekenpan, voeg de schoongemaakte en in plakjes gesneden paddestoelen toe en bak die ongeveer 15 minuten; breng op smaak met wat zout en de fijngehakte peterselie. Bak de ui in een andere pan in olie glazig bruin, voeg de rijst toe en bak gedurende enkele minuten. Schenk dan de wijn erbij, laat inkoken en breng het terug tot een zacht sudderen om vervolgens beetje bij beetje de bouillon toe te voegen. Voeg enkele minuten voordat de pan van het vuur gaat de paddestoelen toe. Haal de pan van het vuur en meng de geraspte kaas en boter erdoor, dek de pan af en laat deze enkele minuten rusten, roer vervolgens nog eens om en dien op.

mushrooms
paddestoelen

The period that goes from spring to autumn has always been dedicated to picking mushrooms, which abound in the many valleys of Piedmont. From the prized *porcino* mushroom (*Boletus edulis*) to the ovule, from the honey mushroom to the chanterelle, mushroom picking is certainly a rewarding experience, not only for the palate but also because it offers the chance to enjoy nature, deep in the woods. Naturally, mushroom picking is regulated by precise rules that must be respected in order to safeguard woodland territory. Once picked, mushrooms become the object of desire for many appreciators of Piedmontese cuisine. In the autumn it is not unusual to find that many restaurants offer menus entirely dedicated to mushrooms: you can start with honey mushrooms in oil or an ovule mushroom salad and go on to a superb chanterelle risotto followed by sumptuous fried *porcino* mushrooms, all washed down with excellent wines from Piedmont.

De periode van de lente tot de herfst is altijd gewijd geweest aan het verzamelen van paddestoelen, die overvloedig te vinden zijn in de vele valleien van Piemonte. Het zoeken van paddestoelen, van de veelgeprezen porcino *paddestoel (*Boletus edulis*) tot de amaniet of "ovulo", en van de honingzwam tot de kantarel, is zeker de moeite waard, niet alleen omdat het een smaakvol resultaat oplevert, maar ook omdat het de mogelijkheid biedt in contact te komen met de bossen en de natuur. Het zoeken van paddestoelen is echter ondergeschikt aan precieze regels die in acht genomen moeten worden, zodat het bosgebied onaangetast blijft. Eenmaal gevonden, wordt de paddestoel een zeer gewenst object voor de vele liefhebbers van de Piemontese cuisine. Het is niet ongewoon om in de herfst menu's in restaurants te vinden die geheel gewijd zijn aan paddestoelen: het voorgerecht is honingzwam in olie of een ovulipaddestoelensalade, vervolgens een mooie risotto met kantarellen en tot slot heerlijke gebakken* porcino *paddestoelen, dit alles begeleid door een van de excellente wijnen van Piemonte.*

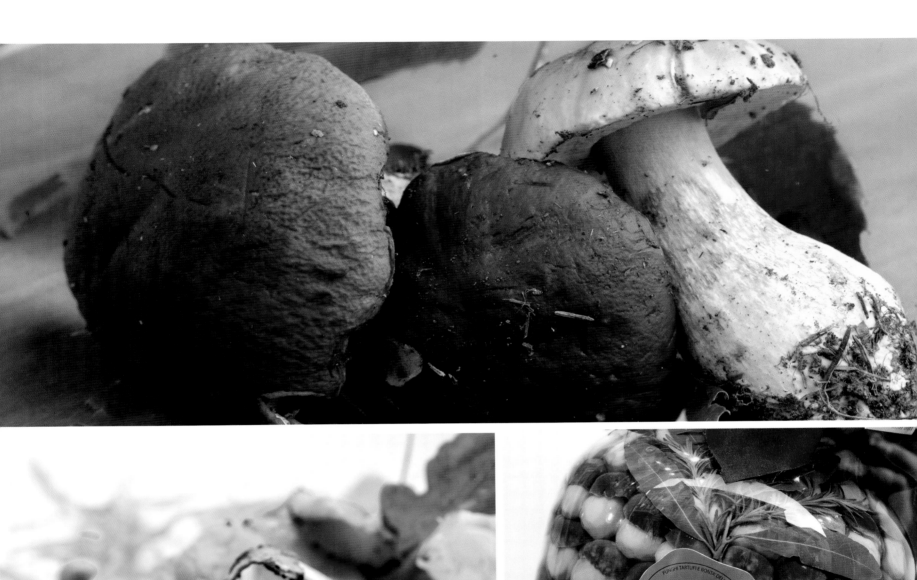

asti docg
asti docg

piemonte

There isn't a single Piedmontese sweet, from hazelnut cake to biscuits, from *bonet* chocolate pudding to all the Christmas treats, which is not beautifully accompanied by a fragrant glass of Moscato d'Asti, one of the best-loved sweet wines in Italy, and indeed throughout the world, above all in the sparkling Asti version.

Moscato d'Asti is made from the grape of the same name grown around 52 towns situated in the provinces of Cuneo, Asti and Alessandria. Served exclusively in goblets, it is a light straw yellow in colour, and has an unmistakeable sweet, aromatic palate evoking typical fruity sensations. The sparkling version is the classic celebration wine, the most famous sweet bubbly in the world for festivities, while the non-sparkling version is an ideal dessert wine. There are also *passito* versions: in Piedmont wine-lovers should not miss out on Loazzolo, with its hint of candied fruit and suave citrus and honey notes.

Vrijwel elk Piemontese dessert, van hazelnootcake tot biscuits, van chocolade bonet *pudding tot kerstdesserts, wordt vergezeld van een heerlijk glas Moscato d'Asti zowel in Italië als in de rest van de wereld, een van de meest geliefde zoete wijnen, vooral in de mousserende Asti variant.*

Moscato d'Asti wordt gemaakt van de gelijknamige druif die in de buurt van 52 plaaten in de provincies Cuneo, Asti en Alessandria groeit. De wijn hoort enkel gedronken te worden uit bokalen, en hij heeft een lichte, strogele kleur en een onmiskenbare zoete, aromatische smaak met karakteristieke fruitachtige sensaties. De mousserende versie is een typische feestwijn, en de beroemdste bubbelwijn ter wereld, terwijl de niet-mousserende versie een ideale dessertwijn is. Er bestaan ook passito *versies: in Piemonte mogen wijnliefhebbers absoluut Loazzolo niet missen, met noten van gekonfijt fruit, citrus en honing.*

piedmont igp hazelnuts
piemonte igp hazelnoten

This hazelnut, which is known as *tonda gentile della Langa* (from the name of the variety it belongs to), is one of the most popular nuts in the confectionery industry. It is used to make *gianduja* cream and chocolates, nougat and a delicious crumbly hazelnut cake, which is best enjoyed with a bowl of Moscato d'Asti *zabaglione*. Visitors to the Langhe area, especially in mid September, will be able to see the many hazel groves next to the sprawling vineyards. Once ripe, the little round nuts fall to the ground and are gathered immediately with the aid of a suction machine, to avoid loss of quality. Then they are shelled and toasted thus eliminating the fine skin that covers them. At this point they are ready to be used whole or in pieces or ground into a paste. Like most nuts, hazelnuts are very high in calories.

Deze hazelnoot, bekend als de tonda gentile della Langa *(van de naam van de variëteit waartoe de noot behoort), is een van de populairste noten in de banketbakkerswereld. Hij wordt gebruikt voor het maken van* gianduja-*crème en chocolade, nougat en een heerlijke kruimelige hazelnootcake die het best gegeten wordt met een glas Moscato d'Asti* zabaglione. *Bezoekers aan de Langhestreek zullen, zeker in het midden van september, vele hazelnootboomgaarden zien naast de uitgestrekte wijngaarden. Eenmaal rijp vallen de ronde noten op de grond en worden ze meteen geraapt door een zuigmachine, zodat de kwaliteit gewaarborgd blijft. Vervolgens worden ze gepeld en geroosterd, zodat het dunne velletje dat ze bedekt verwijderd wordt. Nu zijn ze klaar om te gebruiken als hele noot, gehakt, of vermalen tot een pasta. Net als de meeste andere noten hebben hazelnoten een hoge caloriewaarde.*

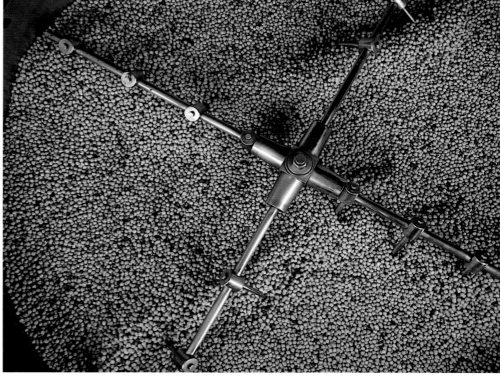

cuneesi rum chocolates
cuneesi rumchocolaatjes

If you are going anywhere near Cuneo you simply must stop off at Arione, a temple of gastronomic delights. In this historic, elegant coffee bar cum pastry shop – that also had the honour of counting Hemingway among its clients – you can sample the legendary Cuneesi rum chocolates, which were invented by the Arione family in the 1920s. To this day, in the workshop attached to the shop, this sweet is prepared to the age-old recipe: two disks of meringue filled with a mixture of confectioners cream, chocolate and rum, then covered in dark chocolate and left to cool. These are then wrapped in the typical red paper that is their hallmark. Unwrapping and tasting a Rum Cuneese is a unique sensory delight, releasing a perfect harmony of flavours that overlap and mix in your mouth, the liqueur, chocolate and fragrant meringue melting in a triumph of taste sensations. This is not a chocolate, and it is not a praline: it is simply a Rum Cuneese.

Als u in de buurt van Cuneo komt, moet u absoluut stoppen in Arione, een tempel van gastronomische genoegen. In deze historische, elegante koffiebar annex patisserie – die ooit Hemingway tot haar klanten mocht rekenen – kun je de legendarische Cuneesi rumchocolaatjes proeven, die in de jaren 20 van de vorige eeuw door de familie Arione werden bedacht. Het chocolaatje wordt tot op de dag van vandaag volgens een oud recept bereid in het atelier dat aan de winkel verbonden is: twee plakjes meringue worden gevuld met een mengsel van banketbakkersroom, chocolade en rum, bedekt met pure chocolade en afgekoeld. Ze worden vervolgens verpakt in het kenmerkende rode papier. Het openmaken en proeven van een Rum Cuneese is een unieke ervaring, met een perfecte harmonie van smaken die elkaar overlappen en zich vermengen in je mond, de geurige meringue die smelt in de likeur en de chocolade, in een triomf van smaak. Het is geen chocolade, en het is ook geen praline: het is simpelweg een Rum Cuneese.

mombaruzzo amaretti
mombaruzzo amaretti

Located in northern Monferrato, in the province of Asti, the town of Mombaruzzo is indissolubly linked to the *amaretti* biscuits invented there by Francesco Moribondo – a pastry cook at the Savoy court in the mid 18th century. *Amaretti* biscuits, which can be found in many other areas, not only in Piedmont, are a distinctive sweet and the Mombaruzzo version is characterised by the use of entirely natural ingredients, such as sugar, egg white, almonds and armellina (the seed that is found inside the apricot kernel), and by its crumbly texture. The ingredients are mixed to form a smooth paste, which is then rolled into a sausage shape and cut to create the individual biscuits, weighing about 20 grams each. These are cooked in the oven, cooled and wrapped. The best way to enjoy Mombaruzzo *amaretti* is accompanied by a good sweet wine such as Moscato d'Asti *passito*, or as an ingredient of the typical Piedmontese *fritto misto*, coated in breadcrumbs and dunked in boiling oil.

De plaats Mombaruzzo, in het noorden van Monferrato in de provincie van Asti, is onlosmakelijk verbonden met de amaretti *-biscuits die hier werden bedacht door Francesco Moribondo – een banketbakker aan het hof van Savooien in het midden van de 18e eeuw. Amaretti -biscuits, die ook op een heleboel plekken dan Piemonte gevonden kunnen worden, zijn een typische zoetigheid, en de versie van Mombaruzzo wordt gekenmerkt door het gebruik van alleen maar natuurlijke ingrediënten, zoals suiker, eiwit, amandelen en armellina (het zaad dat te vinden is in de pit van een abrikoos), en de kruimelige textuur. De ingrediënten worden gemengd tot een gladde pasta, die vervolgens wordt uitgerold in de vorm van een worst en in afzonderlijke koekjes worden gesneden die elk ongeveer 20 gram wegen. Deze worden in de oven gebakken, gekoeld, en verpakt. De beste manier om Mombaruzzo* amaretti *te eten is met een goed glas zoete wijn zoals Moscato d'Asti* passito*, of als ingrediënt in de traditionele Piemontese* fritto misto*, bedekt met broodkruim en gefrituurd in kokende olie.*

bra dop
bra dop

The town of Bra, positioned at the gates of the Roero area and home to important events such as Slow Food's Cheese fair – which was launched more than twenty years ago – also gives its name to a DOP cheese, made mostly from cow's milk with small additions of sheep's and/or goat's milk. There are two varieties of Bra cheese, depending on the length of ageing: no less than forty five days for the semi-firm Bra, and a much longer period but no less than six months for hard Bra. They are great favourites of the inhabitants of Cuneo, who love both the more elastic texture of semi-firm Bra and the tastier, more compact texture (due to the ageing process) of hard Bra, the colour of which goes from ivory to ochre. While semi-firm Bra is excellent eaten during a meal, hard Bra can also be chopped into pieces and used to enrich *polenta* or risotto, possibly together with other famous cheeses from the province of Cuneo, such as Castelmagno.

De plaats Bra, aan de poort van het Roerogebied en de plek waar belangrijke evenementen zoals de Slow Food Cheese fair plaatsvinden – meer dan twintig jaar geleden voor het eerst gehouden – heeft ook zijn naam gegeven aan een DOP-kaas, die voornamelijk uit koeienmelk bestaat met een kleine hoeveelheid toegevoegde schapen- of geitenmelk. Er bestaan twee variëteiten Brakaas, afhankelijk van de ouderdom: niet minder dan 45 dagen voor een halfzachte Bra, en een veel langere periode van wel zes maanden voor een harde Bra. De inwoners van Cuneo waarderen de Bra zeer, zowel vanwege de elastische textuur van de halfzachte Bra, als de vollere smaak en compactere textuur (door de rijping) van de harde Bra, die qua kleur varieert van ivoor tot okergeel. Halfzachte Bra kan goed gegeten worden bij de maaltijd, en harde Bra kan ook in stukjes worden gehakt en gebruikt worden voor het verrijken van polenta *of risotto, waar mogelijk in combinatie met andere beroemde kazen uit de provincie van Cuneo, zoals Castelmagno.*

peppers
paprika's

Yellow, red and green, Piedmont's peppers are among the most widely used vegetables. They feature in a variety of dishes that range from *pinzimonio* (a simple dip consisting of olive oil, pepper and salt) to the classic *bagna càuda* (a delicious hot sauce made of oil, anchovies and garlic). Lovers of this sweet, crunchy vegetable can choose among many varieties. One of these is the pepper grown in Carmagnola, a town in the province of Turin, which holds an important annual festival dedicated to the pepper. Other well known varieties include the Cuneo pepper, grown in that province and the square pepper of Asti, which is grown mainly around Costigliole d'Asti, between the Langhe and Monferrato areas. It is a speciality of the hamlet of Motta, where yet another annual festival is dedicated to this particular pepper. Due to its shape and thick skin this kind of pepper is ideal for the preparation of stuffed peppers, a traditional classic made with tuna fish, capers, mayonnaise and anchovies.

De gele, rode en groene paprika's van Piemonte zijn de meest gebruikte groenten in de regio. Ze worden in een hele reeks uiteenlopende gerechten, van pinzimonio (een eenvoudige saus gemaakt van olijfolie, peper en zout) tot de klassieke bagna càuda *(een heerlijke fonduesaus met olie, ansjovis, en knoflook). Liefhebbers van deze zoete, knapperige groente kunnen uit vele variëteiten kiezen. Een daarvan is de paprika die groeit in Carmagnola, een plaats in de provincie van Turijn waar elk jaar een belangrijk festival wordt gehouden ter ere van de paprika. Andere variëteiten zijn de paprika uit Cuneo, afkomstig uit de provincie van die naam, en de blokpaprika uit Asti, die voornamelijk voorkomt in het gebied rond Costigliole d'Asti, tussen de Langhe- en Monferratogebieden. De paprika is een specialiteit van het dorpje Motta, waar ook een jaarlijks festival plaatsvindt ter ere van deze specifieke paprika. Door de vorm en de dikke schil is deze paprika zeer geschikt voor het bereiden van gevulde paprika's, een traditioneel gerecht met tonijn, kappertjes, mayonaise en ansjovis.*

peaches
perziken

Peaches, a fleshy and delicate fruit, are grown in Piedmont mainly in the province of Cuneo, with areas of excellence in Canale and in the area surrounding the province of Saluzzo, in the province of Turin where you have the Baldissero Torinese peach, and in the province of Vercelli where you have the beautiful Borgo D'Ale peach, with its characteristic white pulp. Peaches are widely used in Piedmontese dishes, with traditional favourites like stuffed peaches, the so-called *persi pien*. These are made by cutting the fruit in half (after blanching them in water and sugar), taking the kernel out and removing part of the pulp. This pulp is mixed with cocoa, crumbled *amaretti* biscuits, egg yolks, rum and sugar, and then the mixture is used to fill the peaches. A curl of butter finishes it off: at this point the peaches are put in the oven and once cooked they are served at room temperature. The only pleasant dilemma now is choosing a sweet wine from among the many made in Piedmont.

De perzik, een vlezige en delicate vrucht, wordt in Piemonte voornamelijk geteeld in de provincie van Cuneo, met als belangrijkste plaatsen Canale en de omliggende gebieden van de provincie van Saluzzo, de provincie Turijn waar de Baldissero Torinese perzik vandaan komt, en de provincie Vercelli waar men de mooie Borgo D'Ale perzik heeft met het kenmerkende witte vruchtvlees. Perziken worden veel gebruikt in Piemontese schotels, en een traditionele favoriet is de gevulde perzik, de persi pien *genaamd. Die wordt gemaakt door de vrucht in twee helften te snijden (nadat de perzik geblancheerd werd in water en suiker), en de pit en een gedeelte van het vruchtvlees te verwijderen. Het vruchtvlees wordt gemengd met cacao, verkruimelde* amaretti *koekjes, eierdooiers, rum en suiker, en de perzik wordt met dit mengsel gevuld. Een krul boter maakt het af: de perzik wordt in de oven gezet en eenmaal gaar geserveerd op kamertemperatuur. Het enige dilemma is dan nog het kiezen van een van de vele zoete wijnen van Piemonte.*

piemonte
fritto misto fritto misto

4 lamb cutlets, 4 lamb ribs, 4 slices chicken breast, 200 g sausage, 200 g calf's liver, 200 g sweetbreads, 200 g brain, 8 slices *porcini* mushrooms, 8 slices aubergine, 8 slices apple, 8 *amaretti* biscuits, 8 cubes cooked semolina, flour, 4 eggs, breadcrumbs, oil for frying, salt

The authentic Piedmontese *fritto misto* is a labour of love, requiring great care when it comes to selecting the ingredients. Each ingredient must be dipped in flour, then beaten egg then breadcrumbs. Fry the ingredients in boiling oil in separate pans, drain well, salt only at the last minute and serve immediately.

4 lamskoteletjes, 4 lamsribjes, 4 plakken kippenborst, 200 gr worst, 200 gr kalfslever, 200 gr zwezerik, 200 gr hersentjes, 8 plakken *porcini* paddestoelen, 8 plakken aubergine, 8 plakken appel, 8 *amaretti*-koekjes, 8 blokjes gekookte semolina, bloem, 4 eieren, broodkruimels, olie voor het frituren, zout

Een authentieke *piemontese fritto misto* maken, is werk dat met liefde gedaan moet worden, omdat de ingrediënten met zorg moeten worden gekozen. Elk ingrediënt wordt eerst door de bloem gehaald, vervolgens door het geklopte ei en tot slot door de broodkruimels. Frituur de ingrediënten in kokende olie in aparte pannen, laat goed uitlekken, voeg op het allerlaatste moment zout toe en dien onmiddellijk op.

cuneo igp chestnuts
cuneo igp kastanjes

These are the main ingredient of many village festivals in the province of Cuneo and its valleys, due to the fact that over 30,000 hectares of land in this area are home to chestnut trees. They were once considered an important source of nourishment, as they could be eaten dried, boiled or ground into flour (which is why they were known as "poor man's bread"). Chestnuts can be used in many recipes, ranging from the sophisticated, such as *marron glacé* or Monte Bianco, to simple chestnut conserve, or savoury dishes. In fact they are also an ingredient in game dishes and can be used as a side dish too. This area also produces a particular kind of chestnut called *marrone*, which is bigger and rounder, with a less flattened shape. The outer skin is darker and striped, while the inner skin is thinner. A true example of street food are hot roast chestnuts, roasted in a special pan full of holes and served in a cone of paper: the stands are a tempting sight on display in the winter months in towns all over Piedmont.

Dit is het hoofdingrediënt van heel wat dorpsfestivals in de provincie van Cuneo en de omliggende valleien, een gevolg van het feit dat meer dan 30,000 hectare land plaats biedt aan kastanjebomen. Kastanjes werden vroeger gezien als een belangrijke voedselbron, aangezien ze droog en gekookt konden worden gegeten, en ook tot meel vermalen konden worden (daarom stonden ze bekend als "het brood van de armen"). Kastanjes worden gebruikt in vele verschillende recepten, van verfijnde gerechten zoals marron glacé of Monte Bianco, tot de eenvoudigere ingemaakte kastanjes, of hartige schotels. Ze vormen bovendien een ingrediënt in wildgerechten, en worden gebruikt als bijgerecht. Dit gebied produceert een speciaal type kastanje die marrone wordt genoemd, en die groter en ronder is, met een minder afgeplatte vorm. De buitenschil is donker en gestreept, terwijl de binnenschil dunner is. Een goed voorbeeld van straateten zijn de kastanjes die geroosterd worden in een speciale geperforeerde pan en geserveerd in een papieren puntzak: de kraampjes zijn heel aantrekkelijk tijdens de wintermaanden in veel plaatsen in Piemonte.

alba white truffle
witte truffel uit alba

The *Tuber magnatum pico* is undoubtedly one of the best known products worldwide. It is the main ingredient of many an unforgettable dish, as well as the star of important events such as Alba's Truffle Auction, where honoured guests compete for the precious fungi, bidding tens of thousands of euros at a time, or Alba's International Fair dedicated to the truffle, hosting various events with celebrity guests. When it comes to tracking them down, despite the inebriating aromas they release, due to the fact that they grow underground they are not at all easy to find. The *trifolau* (truffle hunter), accompanied by his faithful truffle hound, scours the woods, relying on the dog's keen sense of smell to locate truffles by oak, lime or cherry trees. At this point the *trifolau* carefully digs out the precious fungi, slivers of which are destined to enhance dishes such as *tajarin* pasta, risottos and even fried eggs.

De Tuber magnatum pico *is ongetwijfeld een van de bekendste producten ter wereld. Het is het hoofdingrediënt van een onvergetelijk gerechte, en de ster van belangrijke evenementen als de truffelveiling van Alba, waar geëerde gasten bieden op deze kostbare fungi, tot wel duizenden euro's per bod, of Alba's International Fair die gewijd is aan de truffel, met allerhande evenementen en beroemde gasten. Wat het opsporen van de truffels betreft, ondanks het bedwelmende aroma dat ze verspreiden zijn ze zeer moeilijk te vinden omdat ze ondergronds groeien. De* trifolau *(truffeljager), vergezeld van zijn trouwe truffelhond, struint de bossen af en vertrouwt op de uitstekende neus van de hond om truffels op te sporen bij eiken-, linde- of kersenbomen. De* trifolau *graaft de kostbare paddestoel voorzichtig op, zodat plakjes truffel gerechten als* tajarin pasta*, risotto's en zelfs gebakken eieren kunnen verrijken.*

piemonte
bonet *bonet*

4 eggs, 120 sugar, 40 g cocoa powder, 75 g crushed *amaretti* biscuits,
40 ml rum, 70 ml strong espresso coffee,
500 ml milk, 80 g caramel

Beat the eggs and sugar in a bowl, then add the cocoa, the stiffly beaten egg whites, the crushed *amaretti* biscuits, the rum, coffee and lastly the milk. Line the bottom and sides of a jelly mould with the caramel. Now fill the mould with the pudding mixture. Cook in a bain-marie in a preheated oven at 180 °C for around 30 minutes. Leave to cool before turning out to serve.

4 eieren, 120 gr suiker, 40 gr cacaopoeder,
75 gr verkruimelde *amaretti*-koekjes, 40 ml
rum, 70 ml sterke espressokoffie, 500 ml
melk, 80 gr karamel

Klop de eieren en de suiker in een kom, en voeg dan de cacao, het stijfgeklopte eiwit, de verkruimelde *amaretti*-koekjes, de rum, de koffie en ten slotte de melk toe. Bedek de bodem en de zijkanten van een puddingvorm met karamel en vul de vorm dan met het puddingmengsel. Kook ongeveer 30 minuten au bain-marie in een voorverwarmde oven op 180 °C. Laat afkoelen alvorens te serveren.

canestrelli biscuits
canestrelli-koekjes

These traditional sweet wafers, with their lattice-like pattern, date back to the end of the 17th century, and are made in some towns of the province of Biella, such as Crepacuore, and many towns in the Canavese area, and the Susa valley in the province of Turin. The main ingredients of *canestrelli* biscuits are flour, cocoa, sugar, butter, nutmeg, eggs, red wine and rum, with small variations depending on the area where they are made. Depending on the amount of cocoa used, the colour varies from dark brown to ochre. They are prepared using an engraved double iron or cast-iron griddle (the ones made in the Canavese area are engraved with flowers or animals). Balls of mixture are placed in the griddle, which is then placed directly on an open flame for a few minutes. Particularly crumbly and light, *canestrelli* are excellent with coffee, Barolo Chinato or, in the Canavese area, with Erbaluce di Caluso *passito*.

Deze traditionale zoete wafeltjes met het rasterpatroon dateren van het einde van de 17e eeuw. Ze worden in enkele plaatsen in de provincie Biella gemaakt zoals Crepacuore, en in vele plaatsen in het Canavese gebied en de Susa-vallei in de provincie Turijn. De voornaamste ingrediënten van canestrelli-*koekjes zijn bloem, cacao, suiker, boter, nootmuskaat, eieren, rode wijn en rum, met smaakverschillen naar gelang de plek van oorsprong. Afhankelijk van de hoeveelheid cacao die wordt gebruikt kan de kleur verschillen van donkerbruin tot oker. De wafeltjes worden gemaakt met een gegraveerde dubbele ijzeren of gietijzeren plaat (die uit het Canavese gebied zijn gegraveerd met bloemen of dieren). Ballen beslag worden op de plaat gelegd, die vervolgens enkele minuten in het open vuur wordt geplaatst.* Canestrelli *zijn uitzonderlijk licht en bros, en gaan heel goed samen met koffie, Barolo Chinato of, in het Canavese gebied, met Erbaluce di Caluso* passito.

nougat
nougat

A soft mixture of honey, sugar and vanilla – with the subsequent addition of toasted hazelnuts – is cooked very slowly in steam boilers to create this crunchy, very sweet, traditional delicacy. This, in a nutshell, is nougat, a typical sweet of the Langhe area and especially its capital Alba. Its distinctive and much-loved flavour and texture has brought further renown to a city already famous for its truffles. After cooking the resulting paste is poured into moulds and hand-stretched to obtain the well-known bars, which come in varying sizes. These are a must during the Christmas celebrations and can also be found at the many village festivals that are a tradition in the Langhe area. This age-old recipe, handed down from generation to generation, has many variations, such as neighbouring Asti's nougat with egg whites and rice wafers, or the chocolate covered variety. In short, there are many ways to make nougat, but the final result is always a sweet treat.

Om deze traditionele, uiterst zoete lekkernij te maken, wordt een zacht mengsel van honing, suiker en vanille – met later toegevoegde geroosterde hazelnoten – langzaam gekookt in stoomkokers. Dit is nougat in een notendop, een typische zoeternij uit de Langhestreek, en dan met name uit de hoofdstad Alba. De karakteristieke smaak en textuur hebben deze stad, die al vermaard was vanwege haar truffels, nog meer roem gebracht. Na het inkoken wordt de pasta in vormen gegoten en met de hand uitgerekt tot de karakteristieke repen, die in verschillende formaten verkrijgbaar zijn. Tijdens de kerstperiode is nougat een must, en men kan het vinden in de vele dorpsfestivals die traditioneel zijn in de Langhestreek. Het oude recept, dat van generatie op generatie wordt doorgegeven, kent vele variaties, zoals de nougat uit het nabijgelegen Asti, met eiwit en rijstwafeltjes, of met chocolade bedekte nougat. Kort gezegd: er zijn veel manieren om nougat te maken, maar het eindresultaat is altijd een zoete lekkernij.

Liguria

T hin and bony, as Italo Calvino evocatively described it, the Liguria region boasts changing landscapes: from the sun-drenched beaches of its two rivieras (Ponente and Levante), venture just a few kilometres inland and you will find a picturesque landscape characterized by olive trees, vineyards, terraces of prized produce and the heady fragrance of aromatic herbs such as basil, used to make the legendary *pesto*. How could we forget the vineyards of the Cinque Terre, in the province of La Spezia, where Sciacchetrà, one of the most prized *passito* wines is produced, or the renowned *taggiasca* olives, which are cultivated in the province of Imperia and parts of the province of Savona, and make an outstanding extra virgin olive oil? And while Genoa, ancient marine republic, is a magnet for tourists with its charming labyrinth of *carrugi* – narrow alleyways – and its delicious *focaccia di Recco*, towns like Portofino maintain their reputation as exclusive resorts, where the beauty of the coastal landscape has become associated with elegance and prestige.

D e regio Ligurië, door Italo Calvino treffend omschreven als dun en benig, heeft veranderlijke landschappen: van de zonovergoten stranden van de twee riviera's (Ponente en Levante), is het maar een aantal kilometer richting achterland om een pittoresk landschap van olijfbomen, wijngaarden, groenteterrassen en de bedwelmende geur van aromatische kruiden als basilicum – gebruikt in de legendarische pesto – te vinden. Hoe zou men de wijngaarden van de Cinque Terre, in de provincie van La Spezia kunnen vergeten, waar Sciacchetrà, een van de meestgeprezen passito-

wijnen vandaan komt, of de gerenommeerde taggiasca olijven, die geteeld worden in de provincie Imperia en in gedeelten van de provincie Savona en waarvan een uitmuntende extravergine olijfolie wordt gemaakt? En terwijl Genua, de oude zeerepubliek, een magneet is voor toeristen met haar charmante labyrint van carrugi – nauwe straatjes – en de heerlijke focaccia di Recco, hebben plaatsen als Portofino hun reputatie als exclusieve badplaatsen behouden, waar de schoonheid van de kust geassocieerd wordt met elegantie en prestige.

riviera ligure dop oil
riviera ligure dop olie

Talk about olive oil in Liguria and you touch on one of the most important aspects of the region's economy, as olive cultivation has sustained and characterised Liguria for centuries, even changing its landscape. Indeed the inland part of Liguria, especially the provinces of Imperia and Savona, is characterised by the steep slopes and terraces which are the olive tree's ideal habitat, particularly when it comes to the *taggiasca* variety. It is important to remember that Liguria's oil is protected by the Riviera Ligure DOP standard, which encompasses three areas: Riviera dei Fiori, which corresponds to the area around the province of Imperia; the Riviera del Ponente around Savona, where the *taggiasca* olive is grown, and Riviera del Levante, where the *lavagnina*, *razzola* and *pignola* varieties are grown. The oil from the olives of the first two areas is yellow in colour with a delicate fruity flavour and very low acidity; it is ideal with fish and in other traditional specialities such as *pesto*. The oil from Riviera del Levante, on the other hand, has a greenish colour and a slightly bitter aftertaste.

Olijfolie is een van de belangrijkste aspecten van de economie in Ligurië, en de teelt van olijven heeft de streek eeuwenlang onderhouden en gevormd, tot en met het landschap. Het binnenland van Ligurië, met name de provincies Imperia en Savona, worden inderdaad gekenmerkt door stijle heuvels en terrassen, de ideale omgeving voor olijfbomen en zeker die van de taggiasca *variant. Het is belangrijk om te onthouden dat de olijfolie uit Ligurië beschermd wordt door het Riviera Ligure DOP-waarmerk, dat drie gebieden omvat: Riviera dei Fiori, dus het gebied rondom de provincie Imperia; de Riviera del Ponente rondom Savona, waar de* taggiasca *olijf vandaan komt, en de Riviera del Levante, waar de* lavagnina, razzola *en* pignola*variëteiten worden geteeld. De olie uit de eerste twee gebieden is geel van kleur en heeft een delicate fruitachtige smaak en een laag zuurgehalte; deze olie is ideaal bij vis en in traditionele streekproducten als* pesto. *De olie uit Riviera del Levante daarentegen heeft een groenige kleur en een licht bittere nasmaak.*

liguria
pesto pesto

4 bunches basil, 2 cloves garlic, 20 g pine nuts, 60 g grated Parmigiano-Reggiano,
60 g grated *pecorino* cheese, 200 ml extra virgin olive oil,
sea salt

To make an authentic *pesto alla genovese* you will need a marble mortar and wooden pestle. Place around 60 basil leaves – washed and dried on a kitchen cloth – in the mortar with the garlic and salt. Start crushing everything using a gentle, circular motion. Add the pine nuts and cheese, then pour the oil in slowly. When the mixture has acquired a bright green colour and fairly runny consistency the *pesto* is ready.

4 bosjes basilicum, 2 teentjes knoflook, 20 gr pijnboompitten, 60 gr geraspte Parmigiano-Reggiano, 60 gr geraspte *pecorino* kaas, 200 ml extravergine olijfolie, zeezout

Voor authentieke *pesto alla genovese* heb je een vijzel met een houten stamper nodig. Stop ongeveer 60 basilicumblaadjes – gewassen en gedroogd op keukendoek – in de vijzel, samen met knoflook en zout. Vermaal dit alles met rustige, ronddraaiende bewegingen. Voeg de pijnboompitten en de kaas toe, en schenk dan de olie er langzaam bij. De *pesto* is klaar wannner het mengsel een heldergroene kleur heeft en een vrij vloeibare vorm.

anchovies
ansjovis

When it comes to fish caught in Liguria, anchovies are without a doubt one of the most common species. They are used in this region's cuisine as well as in that of neighbouring Piedmont: in the past they were salted and traded with the Piedmont region. Indeed, some people still remember the anchovy traders (*ac-ciugai*) who came from the valleys of southern Piedmont to barter for salt and anchovies in Liguria. It is no coincidence that anchovies, together with oil, became the main ingredients of the Piedmontese speciality *bagna càuda*. To return to Liguria, salted anchovies are an age-old tradition that dates back to the Middle Ages when this kind of fish was salted and packed in large barrels, to be stored in cellars. Nowadays the fish is gutted, and the heads removed, before they are coated in sea salt to draw off the remaining moisture. After that the fish is washed in water and salt, and then packed into suitable containers in layers with salt.

*De meest gevangen vissoort in Ligurië is ongetwijfeld de ansjovis. Die wordt in de plaatselijke keuken gebruikt en in die van het naburige Piemonte: in het verleden werden ze gezout en verhandeld in de regio Piemonte. Zo zijn er nog mensen die zich de ansjovishaandelaars (*acciugaio*) herinneren die uit de valleien van zuidelijk Piemonte kwamen om te handelen in zout en ansjovis uit Ligurië. Het is geen toeval dat ansjovis samen met olie, de belangrijste ingrediënten zijn van de Piemontese specialiteit bagna càuda. Terug naar Ligurië: gezouten ansjovis is een oude traditie die dateert uit de middeleeuwen, toen deze vis werd gezouten en in grote vaten werd opgeslagen in kelders. Tegenwoordig wordt de vis van kop en ingewanden ontdaan en bedekt met zeezout om het overgebleven vocht te verwijderen. Daarna wordt de vis gewassen in water en zout, en verpakt in blikjes tussen laagjes zout.*

genoese dop basil
genuese dop basilicum

Few aromatic herbs give off such an unmistakeable freshness and aroma as basil, thanks to the essential oils contained in its jagged green leaves. It must never be cut with a knife or added at the beginning of the cooking process: basil must be hand-torn and added to dishes once cooked, to avoid losing fragrance. This precious aromatic herb is something of a symbol of Liguria, with regards to both its cultivation – which was originally limited to the province of Genoa, but subsequently spread to the Ponente and Levante areas – and its presence in cuisine, with the famous *pesto*. Liguria has a particularly favourable climate for basil growing, and this has been further developed thanks to greenhouse cultivation, which allows a year-round production of Genoese DOP basil.

Er zijn niet veel kruiden die zo'n onmiskenbare versheid en aroma hebben als basilicum dankzij de essentiële oliën in de gekartelde groene blaadjes. Basilicum mag nooit met een mes worden gesneden of aan het begin van het kookproces in de pan worden toegevoegd: de blaadjes moeten met de hand worden gescheurd en aan het eind aan het gerecht worden toegevoegd, zodat de geur niet verloren gaat. Dit kostbare aromatische kruid is een soort symbool voor Ligurië, zowel wat het cultiveren betreft – ooit beperkt tot de provincie Genua, maar vervolgens ook verspreid naar de Ponente- en Levantegebieden – als het gebruik in de keuken, in de beroemde pesto. Het klimaat in Ligurië is precies goed voor de groei van basilicum, en door de teelt in broeikassen is het nu mogelijk om het hele jaar door te genieten van Genuese DOP-basilicum.

trenette met pesto trenette with pesto

350 g *trenette* pasta, 400 g *pesto*, salt

Cook the pasta in boiling salted water, drain when *al dente* and toss in the *pesto*. If you have time you can try another version of this recipe: in a large saucepan cook 2 potatoes – peeled, washed and diced – and 250 g of green beans. When these are half cooked, add the *trenette* pasta. In a serving dish dilute the *pesto* with a spoonful of cooking water. Drain the pasta and vegetables and put them in the serving dish, mix and serve immediately.

350 gr *trenette* pasta, 400 gr *pesto*, zout

Kook de pasta in kokend zout water, giet hem af wanneer hij *al dente* is en meng de *pesto* er-door. Wie meer tijd heeft, kan een andere versie van dit recept proberen: kook 2 aardappels – geschild, gewassen en in blokjes – en 250 gr groene bonen in een pan. Voeg wanneer deze groenten halfgaar zijn de *trenette* pasta toe. Verdun de *pesto* in een serveerschotel met een lepel van het kookvocht. Giet de pasta met groenten af en schep ze in de ser-veerschotel, goed mengen en meteen opdienen.

taggiasca olives
taggiasca olijven

This is certainly the best known variety of olive in Liguria, cultivated in an area which extends from the Valley of Albenga to the border with the Côte d'Azure. Take a short hop inland and you can admire the splendid terraces of olive trees that characterise this unique landscape. If you happen to visit the area during harvest-time, you will be able to see the vast nets spread out below the trees to catch the precious fruit as it falls to the ground. Olive cultivation in Liguria is an age-old tradition that dates back to the Middle Ages, when Benedictine monks planted the first olive trees in the area around Taggia, in the province of Imperia. Smaller than other cultivars and blackish purple in colour, the *taggiasca* olive, as well as producing oil, is very good pickled, made into pâté, or added to many of the region's specialities, such as the excellent rabbit *alla ligure*.

Dit is de bekendste olijvensoort in Ligurië. Ze wordt verbouwd in een gebied dat zich uitstrekt van de Albengavallei tot aan de grens met de Côte d'Azure. Een korte tocht richting binnenland en je kunt de mooie terrassen met olijfbomen bewonderen die zo karakteristiek zijn voor dit unieke landschap. Mocht je in de regio zijn tijdens de oogsttijd, dan kun je de grote netten zien die onder de bomen worden gespannen om de kostbare olijven op te vangen. Het verbouwen van olijven is een eeuwenoude traditie die teruggaat tot de middeleeuwen, toen Benedictijnse monniken de eerste olijfbomen plantten in het gebied rond Taggia, in de provincie Imperia. De taggiasca olijf is kleiner dan andere varianten en donkerpaars van kleur. Naast het gebruik ervan bij de productie van olie is ze ook erg lekker in ingemaakte, als paté, of toegevoegd aan een van de vele specialiteiten van de regio, zoals konijn alla ligure.

panzerotti zonder vlees meatless panzerotti

500 g sheets of fresh egg pasta, 1 kg chard or borage, 150 g *ricotta*, 2 eggs,
50 g grated Parmigiano-Reggiano, 1 clove garlic,
marjoram, nutmeg, salt

Boil the chard in a small amount of water, drain, squeeze and chop finely. In a bowl mix the chard with the *ricotta*, eggs, Parmigiano-Reggiano, chopped garlic and marjoram, and a grating of nutmeg. Season to taste. Cut out circles of pasta about 8 cm in diameter, place a spoonful of filling on each one and close them to form a half-moon shape. Cook in boiling salted water and serve as you please (with diced potatoes or a walnut sauce).

500 gr verse eierpasta in vellen, 1 kg snijbiet of bernagie, 150 gr *ricotta*, 2 eieren, 50 gr geraspte Parmigiano-Reggiano, 1 teentje knoflook, marjolein, nootmuskaat, zout

Kook de snijbieten in een kleine hoeveelheid water, giet ze af, pers het water eruit en hak fijn. Meng de snijbiet in een kom met de *ricotta*, de eieren, de Parmigiano-Reggiano, de gehakte knoflook en de marjolein, en rasp er wat nootmuskaat bij. Breng op smaak naar wens. Snijd cirkels uit de pasta met een diameter van ongeveer 8 cm, leg er een lepel van de vulling op en sluit ze in de vorm van een halve maan. Kook in gezout water en serveer naar wens (met aardappelblokjes of een walnotensaus).

focaccia di recco

focaccia di recco

If Naples is identified with its famous pizza, Recco, in the province of Genoa, is known for one of the most popular "poor" foods: the *focaccia* that bears its name. This product was created out of necessity: the people of Recco, while in flight from Saracen incursions, needed a foodstuff that was easy to prepare from flour, oil and cheese, and this is how this exquisite product came into being. A delicious, flat, golden bread with a cheese filling (usually soft cheeses such as *stracchino* or *crescenza*), it is a staple in the local bread shops, restaurants and Recco's *focaccia* bakeries. It is the pride of the town of Recco, which has recently created the brand-name Autentica Focaccia con il Formaggio di Recco (Authentic *focaccia* with Recco cheese). *Focaccia di Recco* is made by placing a layer of dough in a greased tin, spreading this with *crescenza* cheese, covering it with another layer of dough and then spreading that with more cheese. After sealing the edges of the dough small holes have to be poked in it. It is then sprinkled with oil and salt and put in a hot oven for approximately ten minutes, until the surface becomes golden.

Daar waar Napels geassocieerd wordt met de beroemde pizza, is Recco in de provincie Genua, bekend vanwege een van de populairste etenswaren voor "armen": de focaccia *met dezelfde naam. Dit product is uit noodzaak geboren: de inwoners van Recco, op de vlucht voor de Saraceense invasie, hadden voedsel nodig dat gemakkelijk gemaakt kon worden uit meel, olie en kaas. Het heerlijke, goudgele platte brood gevuld met kaas (meestal een zachte kaas zoals* stracchino *of* crescenza)*, is een standaardproduct in de plaatselijke bakkerijen en restaurants van Recco. Het is de trots van de stad Recco zelf, waar recentelijk de merknaam Autentica Focaccia con il Formaggio di Recco (Authentieke* focaccia *met Reccokaas) werd gecreëerd. Focaccia di Recco wordt gemaakt door een laag deeg uit te spreiden op een ingevet blik, daarover komt een laag* crescenza *kaas die weer wordt bedekt met nog een laag deeg en nog meer kaas. Nadat de randen zijn dichtgemaakt moeten er kleine gaatjes in het deeg geprikt worden. Het geheel wordt besprenkeld met olie en zout en tien minuten gebakken in een oven, totdat de bovenkant goudgeel van kleur is.*

sciacchetrà cinque terre doc
sciacchetrà cinque terre doc

In the province of La Spezia, on the border with Tuscany, we find the Cinque Terre, one of the most beautiful coastal zones of eastern Liguria. It is on this terrain, admiring the breathtaking views out to sea, that the Sciacchetrà Cinque Terre DOC comes into being. Sciacchetrà is a *passito* wine with a hint of apricot and honey, that is produced with bosco, vermentino and albarola grapes. Like all *passito* wines it is harvested late compared to the usual season, and the bunches are dried on special racks in well-aired rooms. A high quality wine, it demands a lot of hard work from wine-growers, both because of the inaccessible location of the vineyards, and the wine-making technique. Sciacchetrà, which earns the title of Riserva if it is aged for at least three years, is a sweet wine that can be sipped alone or enjoyed with local desserts such as Genoese *pandolce*, or mature cheeses.

In de provincie van La Spezia, op de grens met Toscane, bevindt zich de Cinque Terre, een van de mooiste kuststreken van oostelijk Ligurië. Dit is het terrein met adembenemende uitzichten op zee, waar de Sciacchetrà Cinque Terre DOC ontstaat. Sciacchetrà is een passito*-wijn met een vleugje abrikoos en honing. Ze wordt gemaakt van bosco, vermentino en albarola-druiven. Net als bij andere* passitos *wordt er laat geoogst ten opzichte van het gebruikelijke seizoen, en worden de trossen op speciale rekken gedroogd in goed geluchte ruimtes. Deze hoge kwaliteitswijn vraagt een grote inspanning van de wijnbouwers vanwege de ontoegankelijkheid van de wijngaarden en de techniek van het wijnmaken. Sciacchetrà, die de titel Riserva krijgt als hij meer dan drie jaar oud is, is een zoete wijn die zo gedronken kan worden, of als begeleider van plaatselijke desserts als de Genuese* pandolce, *of rijpe kazen.*

CINQUE TERRE
DENOMINAZIONE DI ORIGINE CONTROLLATA

Sciacchetrà

Lombardia

Considered one of Italy's most productive regions, with fashion capital Milan, Lombardy also offers picturesque and evocative landscapes. From the countryside of the Brianza area, to the exclusive resorts on Lake Maggiore, Lake Garda and Lake Como, with the splendid town of Cernobbio, to lush green valleys like the Valtellina and fascinating historical cities like Mantua, Cremona and Bergamo. For those who love wine, and sparkling wine in particular, the Lombardy region boasts two outstanding production areas: Franciacorta (in the province of Brescia) and Oltrepò Pavese (in the province of Pavia). Cheese fans will be delighted to discover prestigious Grana Padano and tender Taleggio. As for cured meats, there is Salame di Varzi and Bresaola della Valtellina, while pasta dishes include *pizzoccheri* and pumpkin-filled *tortelli*. Other local specialities include the hearty *casoeûla* (a cabbage and pork stew), fresh water fish dishes, *sbrisolona* – a crumbly hazelnut cake – and *panettone*, the traditional cake that is a must during the festive season.

L ombardije met de modestad Milaan wordt beschouwd als een van de productiefste regio's van Italië, maar Lombardije heeft ook pittoreske en evocatieve landschappen te bieden. Zo heb je het platteland van de Brianza regio de exclusieve oorden aan het Lago Maggiore, het Lago di Garda en het Lago di Como met de prachtige plaats Cernobbio en de weelderige groene valleien als de Valtellina en ten slotte fascinerende historische steden als Mantua, Cremona en Bergamo. Voor wijnliefhebbers, met name van mousserende wijnen, heeft Lombardije twee uitstekende wijngebieden te bieden: Franciacorta (in de provincie van Brescia) en Oltrepò Pavese (in de provincie Pavia). Kaasliefhebbers zullen hun hartje ophalen als ze de prestigieuze Grana Padano en de zachte Taleggio ontdekken. Wat fijne vleeswaren betreft, zijn er de Salame di Varzi en Bresaola della Valtellina, en onder de pastaschotels vinden we pizzoccheri en tortelli gevuld met pompoen. Andere plaatselijke specialiteiten zijn de hartige casoeûla (een stoofpot van kool en varkensvlees), gerechten met zoetwatervis, sbrisolona – een kruimelige hazelnootcake – en panettone, de traditionele cake die niet mag ontbreken tijdens de feestdagen.

grana padano dop
grana padano dop

This is certainly the most common Italian DOP cheese: exported worldwide, it is something of a symbol for Italian food. Its origins date back to the Middle Ages, in an area of present-day Lombardy which stretches from Milan to the river Po, bordered by the Ticino and Adda rivers. In accordance with production specifications it is now produced in other areas, such as Piedmont, Emilia Romagna, Trentino and Veneto. It is a hard, cooked cheese made from cow's milk in typical copper boilers and aged for a long time. Its unmistakeable forms are branded with a four-leaf clover and a diamond. Grana Padano DOP is lovingly cared for during the whole maturing process, which lasts from a minimum of a year to more than two. Straw yellow in colour, with a strong, but not sharp flavour, it is used in many dishes, though it is also excellent eaten on its own.

Dit is zonder enige twijfel de meestvoorkomende Italiaanse DOP-kaas, geëxporteerd over de hele wereld en een symbool voor de Italiaanse keuken in het algemeen. De oorsprong ervan dateert uit de middeleeuwen, in een gebied van het huidige Lombardije dat zich uitstrekte van Milaan tot aan de Po-rivier en begrensd wordt door de rivieren Ticino en Adda. In navolging van de productierichtlijnen wordt de kaas nu ook in andere gebieden geproduceerd, zoals in Piemonte, Emilia-Romagna, Trentino en Veneto. Het is een harde kaas van koeienmelk die in de karakteristieke koperen kookvaten gekookt werd en die lange tijd heeft mogen rijpen. De herkenbare vorm wordt gemerkt met het teken van een klaver en een diamant. Grana Padano DOP wordt gedurende de hele rijpingsperiode, die van minimaal een jaar tot meer dan twee jaren duurt, met zorg gevolgd. De kaas is strogeel van kleur met een sterke, maar niet scherpe smaak. Hij wordt gebruikt in vele gerechten, maar is ook lekker om zo te eten.

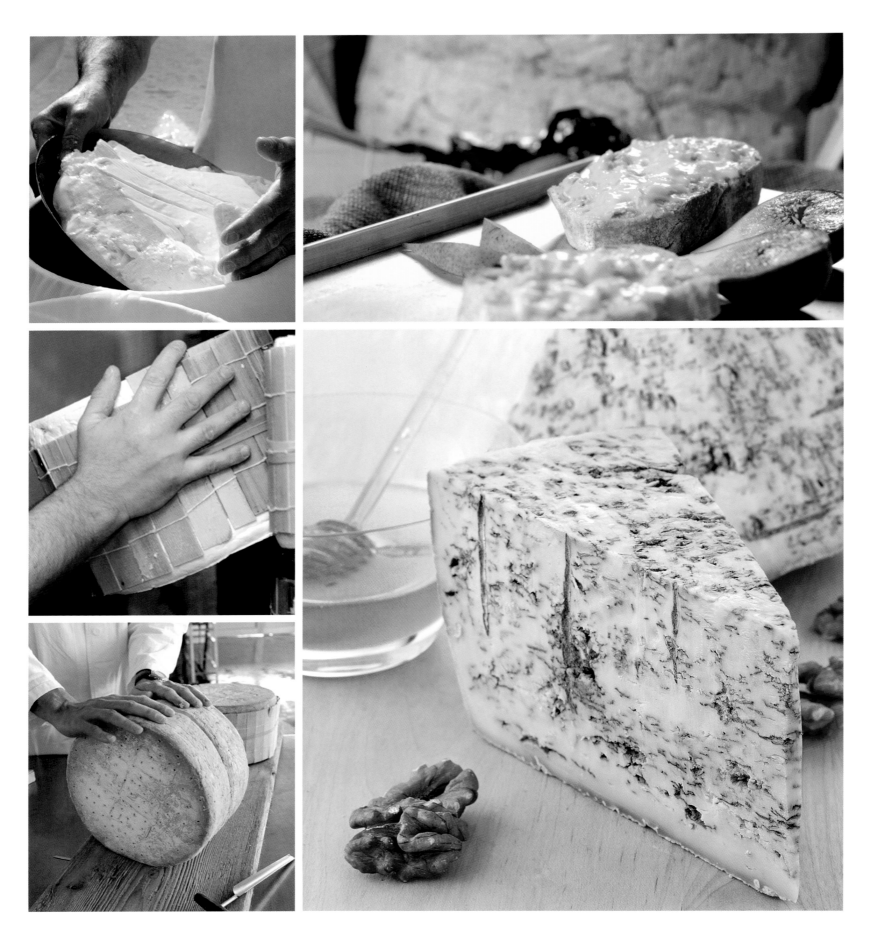

gorgonzola dop

gorgonzola dop

This is one of the most famous marbled cheeses, the varieties that present blue veining created by the insertion of edible moulds. Creamy, with a soft texture, that in some cases is more compact, sweet but also sharp, Gorgonzola DOP is a real delicacy which can enhance a "poor" food such as *polenta*, as well as more elaborate dishes such as risottos, crêpes, flans and quiches. It is made with cow's milk in various provinces of Lombardy and Piedmont and is recognisable for its aluminium foil wrapper, which is branded with the consortium logo. While the sweeter version is excellent simply spread on bread, or eaten with raw vegetables such as celery, the more mature, sharper version is delicious with full-bodied or *passito* wines such as Trentino's Vino Santo or Moscato Passito, where the contrast gives rise to some unique taste sensations.

Dit is een van de beroemdste geaderde kazen, van de blauwgeaderde variëteit die ontstaat door de toevoeging van eetbare schimmel. Smeuïg, met een zachte textuur, in sommige gevallen wat compacter, zoet maar ook scherp: Gorgonzola DOP is een ware delicatesse die "arme" gerechten als polenta *kan verrijken, maar die zich ook thuis voelt in uitgebreidere gerechten zoals risotto's, crêpes, flans en quiches. De kaas wordt in verschillende provincies in Lombardije en Piemonte van koeienmelk gemaakt, en hij is herkenbaar aan de verpakking van aluminiumfolie met het logo van het consortium. De zoetere versie is heerlijk op brood of met rauwe groenten zoals selderij, terwijl de wat oudere, scherpere versie lekker is met gecorseerde of* passito*-wijnen als Vino Santo of Moscato Passito uit Trentino, die voor unieke smaakcontrasten zorgen.*

lombardia
pizzoccheri pizzoccheri

400 g *pizzoccheri* pasta, 250 g potatoes, 250 g savoy cabbage, 1 clove garlic, 1 onion, sage, 150 g grated Bitto cheese, 100 g grated Parmigiano-Reggiano, butter, extra virgin olive oil, salt

Pizzoccheri are a type of pasta made from buckwheat. Peel, wash and dice the potatoes. Wash and slice the cabbage. Cook the potatoes and cabbage in boiling salted water for 10 minutes then add the *pizzoccheri*. Put the oil and a knob of butter in a pan and lightly fry the chopped garlic and onion and the sage. Drain the *pizzoccheri* and vegetables and make a layer of these in a buttered oven dish. Add a little of the fried onion mixture and a sprinkling of cheese, and continue in this way until you have used all the ingredients, finishing with a layer of cheese. Brown in the oven and serve.

400 gr *pizzoccheri*-pasta, 250 gr aardappelen, 250 gr savooiekool, 1 teentje knoflook, 1 ui, salie, 150 gr geraspte Bitto-kaas, 100 gr geraspte Parmigiano-Reggiano, boter, extra-vergine olijfolie, zout

Pizzoccheri is een type pasta die van boekweitmeel gemaakt wordt. Schil en was de aardappelen en snijd ze in stukjes. Was en snijd de kool. Kook de aardappelen en de kool 10 minuten in gezout water en voeg dan de *pizzoccheri* toe. Schenk de olie in een pan met een klontje boter en bak de gehakte knoflook samen met de ui en de salie. Giet de *pizzoccheri* en groenten af, en leg een laag in een ingevette ovenschaal. Voeg wat van het gebakken uienmengsel toe met wat kaas, en herhaal dit tot alle ingrediënten opgebruikt zijn, met als laatste laag de kaas. Laat bruin worden in de oven en dien op.

taleggio dop
taleggio dop

Taleggio DOP has been produced in Lombardy since the 10th century, in the valley of Bergamo from which it takes its name, and also in Veneto and Piedmont. It is a soft cheese from the *stracchino* cheese family, the name of which comes from the cows being tired (in Italian *stracche*) on their return from the summer pastures. It has a typical rectangular shape, and the rosy coloured rind is branded with the traditional logo: four circles with three T's and a number, to trace the dairy farm that produced it. The ageing process, which lasts at least 35 days, takes place on wooden planks, in rooms that reproduce the environmental conditions of the natural caves where this cheese was originally placed to rest. It has a sweet, slightly aromatic flavour, and is a whitish-straw yellow colour inside. It is widely used in Italian cuisine because of its soft texture, which makes it an ideal filling, as well as a good table cheese.

Taleggio DOP wordt al sinds de 10e eeuw geproduceerd in Lombardije, in de eerste plaats in de vallei van Bergamo waar de naam vandaan komt, en daarnaast ook in Veneto en Piemonte. Het is een zachte kaas van de stracchino *familie, een aanduiding die afkomstig is van het feit dat de koeien vermoeid (in het Italiaans* stracche*) terugkeerden van de zomerweiden. Hij heeft een typische rechthoekige vorm, en de roze korst draagt het traditionele logo: vier cirkels met drie T's en een nummer waarmee de producerende zuivelboerderij getraceerd kan worden. Het rijpingsproces, dat minstens 35 dagen duurt, vindt plaats op houten planken in ruimtes die de omgeving nabootsen van de natuurlijke grotten waarin de kaas oorspronkelijk te rijpen werd gelegd. Hij heeft een zoete, enigszins aromatische smaak, en een witgele stroachtige kleur van binnen. De kaas wordt veel gebruikt in de Italiaanse keuken, omdat hij door de zachte textuur ideaal is als vulling, maar het is ook een prima kaas voor op tafel.*

bresaola della valtellina igp

bresaola della valtellina igp

In the province of Sondrio, along with Valchiavenna, Valtellina is undoubtedly one of the most beautiful valleys in Lombardy. Valtellina boasts many typical products, from apples to wine, *pizzoccheri* and *bresaola*. The latter has linked its name to the valley, becoming well-known throughout Italy. Bresaola della Valtellina IGP is a cured meat obtained from prize cuts of beef that are salted, placed in brine to rest and finally encased, before being left to dry and age. Valtellina's dry, windy microclimate, the determining factor in this final stage, is what creates the unique result. Bresaola della Valtellina IGP has a bright red colour and a delicate flavour. It is ideal for dishes that combine delicate and fresh flavours, from the classic *carpaccio* to little roulades filled with cream cheese, and more elaborate dishes such as first and main courses.

Valtellina, in de provincie Sondrio is samen met Valchiavenna een van de mooiste valleien in Lombardije. Valtellina heeft vele traditionele producten, van appels tot wijn en van pizzoccheri *tot* bresaola*. De laatste is via zijn naam verbonden aan de vallei, en bekend in heel Italië. Bresaola della Valtellina IGP is een fijne vleeswaar die gemaakt wordt van de beste stukken rundvlees die gezout worden en te rusten gelegd in pekelwater. Vervolgens worden ze in bakken gedroogd en gerijpt. In dit laatste stadium is het droge, winderige microklimaat van Valtellina de factor die het unieke resultaat bepaalt. Bresaola della Valtellina IGP heeft een helderrode kleur en een delicate smaak. Hij is ideaal voor gerechten waarin delicate smaken gecombineerd worden met verse producten, zoals de klassieke* carpaccio *of kleine rolletjes gevuld met roomkaas, maar ook voor uitgebreidere schotels, eerste gerechten en hoofdgerechten.*

lombardia
potato gnocchi aardappelgnocchi

1 kg potatoes, 300 g flour, 1 egg, salt

Wash the potatoes, and cook them unpeeled in abundant salted water. Once cooked, peel them while they are still hot and mash them. Then put the mash on a board, add the flour and season with salt. Mix for a few minutes then add the egg. Knead until you have a soft, springy mixture. Roll this into strips not much wider than a finger, then cut these into 2 cm pieces. Roll these pieces off the back of a fork, pressing gently with your index finger. Lay the *gnocchi* out on a floured board. Cook in abundant boiling salted water, and as they rise to the surface drain them on a slatted spoon and put them into the serving dish. Dress with the desired sauce.

1 kg aardappelen, 300 gr bloem, 1 ei, zout

Was de aardappelen en kook ze in de schil in overvloedig gezout water. Schil ze wanneer ze gaar en nog warm zijn en pureer ze. Schep de puree op een plank, voeg de bloem toe en breng op smaak met zout. Meng alles een paar minuten en voeg dan het ei toe. Kneed het deeg tot een zacht, elastisch mengsel. Rol dit in reepjes die niet dikker zijn dan een vinger, en snijd het in stukjes van 2 cm. Rol deze stukjes over de achterkant van een vork terwijl je licht met de wijsvinger aandrukt. Leg de *gnocchi* opzij op een met bloem bestrooid werkblad. Kook ze in ruim gezout water, en schep ze, wanneer ze aan het oppervlak komen, met een schuimspaan uit de pan en in de serveerschotel. Opdienen met saus naar keuze.

varzi dop salami
varzi dop salami

Salami is one of Italy's most popular traditional products: this is borne out by the fact that practically all regions of Italy boast their own local varieties. Salame di Varzi DOP (which takes its name from a town in the province of Pavia, in the heart of the Oltrepò Pavese area) is a high quality product, prepared with prime cuts of selected meat and entirely natural ingredients. The meat is coarsely minced and then combined with little cubes of fat and a special salting mixture which includes sea salt, black pepper corns, a garlic infusion and filtered red wine. These ingredients are then stuffed into an animal gut casing and left to age. Once aged the salami is ready to be cut into the inviting slanted slices, showing its typical dark red colour studded with little white cubes of fat, and sampled with a slice of good home made bread and a glass of wine, perhaps Bonarda dell'Oltrepò Pavese.

Salami is een van de populairste traditionele producten uit Italië, wat bevestigd wordt door het feit dat vrijwel elke regio in Italië prat gaat op een plaatselijke variant. Salame di Varzi DOP (waarvan de naam afkomstig is van een plaats in de provincie Pavia, in het hart van de Oltrepò Pavese-streek) is een streekproduct van hoge kwaliteit, gemaakt met de beste stukken vlees en alleen maar natuurlijke ingrediënten. Het vlees wordt grof gemalen en gemengd met kleine blokjes vet en een speciaal zoutmengsel met ondermeer zeezout, korrels zwarte peper, een knoflookaftreksel en gefilterde rode wijn. Met deze ingrediënten worden vervolgens dierlijke ingewanden gevuld die daarna gaan rijpen. Eenmaal oud genoeg is de salami klaar om schuin afgesneden te worden in verleidelijke plakjes, zodat de typische donkerrode kleur met de kleine stukjes vet goed te zien is. Eet de salami met een snee zelfgebakken brood en een glas wijn, bijvoorbeeld Bonarda dell'Oltrepò Pavese.

cremona mostarda
cremona mostarda

Many Italian regions boast a version of this traditional fruit pickle (as well as the Cremona variety, in Mantua it is made only using apples, in Carpi it is prepared with grape must and then there are those made in Vicenza, Tuscany, Sicily, etc.). Cremona *mostarda* is undoubtedly the best known and most popular. It is prepared with fruit in season which is covered with sugar syrup and essential oil of mustard. The result is a unique combination of the sweet taste of sugar and the bite of mustard. It is served with many traditional dishes from Lombardy, such as boiled meats, cured meats and cheeses. Even though Cremona *mostarda* is now mostly produced industrially, there are some family-owned shops that still prepare this delicious pickle like they did in the old days preserving the goodness and age-old flavour of this exquisite speciality.

Vele Italiaanse regio's kennen een versie van dit traditionele ingemaakte fruit (naast de cremonese versie, worden er in Mantua alleen maar appels voor gebruikt, terwijl men het in Carpi bereidt met druiven; er zijn ook varianten uit Vicenza, Toscane, Sicilië, enz.). Cremona mostarda is ongetwijfeld de bekendste en populairste. Ze wordt gemaakt met seizoensfruit dat wordt bedekt met suikersiroop en mosterdolie. Het resultaat is een unieke combinatie van het zoet van de suiker en de pittigheid van de mosterd. De mostarda wordt geserveerd bij vele traditionele gerechten uit Lombardije, zoals gekookt vlees, fijne vleeswaren en kazen. Ook al wordt de Cremona mostarda tegenwoordig voornamelijk op industriële wijze geprepareerd, er bestaan nog enkele familiebedrijfjes die deze verfijnde fruitspecialiteit nog op de ouderwetse manier en met behoud van de goede smaak maken.

lombardia
casoeûla casoeûla

750 g savoy cabbage, 400 g pork spare ribs, 150 g *luganega* sausage, pig's trotters, ear and snout, 150 g chopped onion, carrot and celery, 20 g tomato puree, white wine, meat stock, butter, salt, pepper

Boil the trotters, ear and snout, cleaned and scraped, in abundant water for at least an hour. Lightly fry the chopped vegetables in the butter, then add the drained trotters, ear and snout, tomato puree and white wine. Taste for salt and pour in the stock. Cook over a low heat for at least an hour. Wash the cabbage, cut it into strips and cook in a little water for 10 minutes. Then add it to the meat, along with the ribs and sausage. Cover and cook for a further 40 minutes.

750 gr savooiekool, 400 gr varkensribbetjes, 150 gr *luganega*worst, varkenspoot, varkensoor en varkenssnuit, 150 gr gesnipperde ui, wortel en selderij, 20 gr tomatenpuree, witte wijn, vleesbouillon, boter, zout, peper

Kook de varkenspoot, het varkensoor en de varkenssnuit schoongemaakt en schoongeschraapt minstens een uur in veel water. Bak de gesnipperde groenten licht in de boter en voeg dan poot, oor en snuit, tomatenpuree en witte wijn toe. Proef of er voldoende zout is toegevoegd en schenk de bouillon erbij. Kook dit minstens een uur op een laag pitje. Was de kool, snijd hem in reepjes en kook dit 10 minuten in wat water. Voeg de kool toe aan het vlees, samen met de ribbetjes en de worst, doe de deksel op de pan en laat nog eens 40 minuten koken.

lombardia

perch
baars

Lombardy's many lakes offer a wide variety of fresh water fish, which are used to make some sumptuous traditional dishes. The perch has to be one of the most common and best known species of fresh water fish: it was already renowned in Roman times, and appears to have originated from Mesopotamia; it was also one of the Ancient Egyptians' favourite foods. It can be fished in all of Lombardy's lakes except Lake Garda, but one of the finest kinds is found in Lake Maggiore. The perch is a medium-sized, oval shaped fish, which can reach 45 cm in length. Its meat is white, compact and beautifully flavoured. Depending on the environment, the climate and its diet, it can take on different characteristics. The perch is not to be confused, however, with the sunfish, which only reaches 20 cm in length, has a more rounded shape and very colourful, iridescent skin, or the black bass, that has an elongated, robust body, more compact laterally, and can reach 50 cm in length. Perch is excellent fried or in first courses such as risotto.

De vele meren van Lombardije bieden een grote variëteit aan zoetwatervissen, waarmee heerlijke traditionele gerechten bereid kunnen worden. De baars is een van de frequent voorkomende en bekendere zoetwatervissen: hij was al befaamd ten tijde van de Romeinen, en lijkt afkomstig te zijn geweest van Mesopotamië; hij behoorde ook tot het favoriete voedsel van de oude Egyptenaren. Men kan op baars vissen in alle meren van Lombardije op het Lago di Garda na, maar de mooiste exemplaren komen uit het Lago Maggiore. De baars is een middelgrote, ovaalvormige vis die tot 45 cm lang kan worden. Het vlees is wit, compact en heel smaakvol. Afhankelijk van de omgeving, het klimaat en het dieet kan de vis verschillende smaakkenmerken hebben. Men moet de baars trouwens niet verwarren met de zonnebaars, die maar 20 cm lang kan worden, een rondere vorm heeft en een veelkleurige huid, of de zwarte baars, die een uitgestrekter en compacter lichaam heeft en die 50 cm lang kan worden. Baars is heerlijk als hij gebakken is of in eerste gerechten als risotto.

monza luganega sausage
monza luganega worst

Sausages are one of the best-loved meat products in Lombardy and particularly in Brianza, where they take the name *luganega* and are the main ingredient of one of the traditional local risotto. The name gives away its southern origins (the Lucania area of the Basilicata region) and according to tradition it was brought north by Roman soldiers. Unlike other traditional sausages, the *luganega* sausage is prepared using a mixture of meat and fat (the latter in smaller amounts than usual), to which salt, pepper, stock, white wine and grated Grana Padano DOP are added. This is what makes it so flavoursome, and particularly suited to being cooked in wine, grilled or used to enrich soups and risottos. To prepare this last dish, it has to be taken out of its gut casing and broken into small pieces, then cooked in a frying pan with butter, to melt the fatty parts. The rice is then toasted in this fat, taking on the rich flavour of the sausage.

Worst behoort tot de meest geliefde vleesproducten in Lombardije, met name in Brianza, waar het de naam luganega *draagt en het het voornaamste ingrediënt is in de plaatselijke risotto. De naam verraadt de zuidelijke oorsprong (de Lucaniastreek in Basilicata) en de traditie wil dat het Romeinse soldaten waren die de worst meegebracht hebben. In tegenstelling tot andere traditionale worsten wordt de* luganega*worst gemaakt met een mengsel van vlees en vet (het laatste in veel kleinere hoeveelheden dan gewoonlijk), waaraan zout, peper, bouillon, witte wijn en geraspte Grana Padano DOP worden toegevoegd. Daardoor is de worst zo smaakvol, en zeer geschikt om gekookt te worden in wijn, gegrild te worden of toegevoegd aan soepen en risotto's. Bij dit laatste gerecht moet de worst uit het omhulsel worden gehaald en in kleine stukjes gebroken worden. Die worden in een koekenpan met wat boter gebakken zodat het vetgedeelte smelt. De rijst wordt vervolgens in dit kookvet gebakken, zodat het de rijke smaak van de worst kan opnemen.*

sbrisolona cake sbrisolona cake

200 g butter, 200 g sugar, 2 eggs, few drops vanilla essence, grated zest of 1 lemon, 250 g white flour, 150 g maize flour, 150 g almond flour, salt

In a bowl mix the butter and sugar then add the eggs, vanilla essence, a pinch of salt and the lemon zest. Mix and add the flours, then bring the mixture together rapidly using your hands. The resulting crumbly mixture should be placed in a buttered, floured cake tin. Bake the cake in a preheated oven at 170 °C for around 20 minutes. Leave to cool and break into pieces before serving.

200 gr boter, 200 gr suiker, 2 eieren, enkele druppels vanille-essence, gerapte schil van 1 citroen, 250 gr witte bloem, 150 gr mais-meel, 150 gr amandelmeel, zout

Meng de boter en de suiker in een kom en voeg vervolgens de eieren, de vanille-essence, een snuifje zout en de citroenrasp toe. Meng en voeg de verschillende soorten meel toe, en kneed alles met de hand snel door elkaar. Het resulterende kruimelige beslag legt u in een ingevet en met bloem bestrooid bakblik. Bak de cake ongeveer 20 minuten in een voorverhitte oven op 170 °C. Laat afkoelen en breek in stukken alvorens te serveren.

provolone valpadana dop
provolone valpadana dop

Even though this cheese originates from the South of Italy, as shown by the various varieties of *provola* produced in many southern regions, Provolone Valpadana DOP is produced in Lombardy, Veneto, Trentino and Alto Adige. It is a spun cheese, like *caciocavallo*, *scamorza* and mozzarella, made with cow's milk and in many different shapes: melon/pear, salami and conic/trunk shaped. Its weight can vary from half a kilo to 100 kg. Depending on how long it ages and the rennet used it can have a sweet or sharp flavour and can therefore be eaten with various foods. The sweeter variety is ideal with light dishes, while the sharper kind is better suited to flavoursome dishes. In particular, mature Provolone Valpadana DOP is especially good melted, or like many spun cheeses, cut into slices and grilled.

Ook al komt deze kaas oorspronkelijk uit het zuiden van Italië, zoals bewezen wordt door de vele varianten provola *die geproduceerd worden in de zuidelijke regio's, wordt Provolone Valpadana DOP gemaakt in Lombardije, Veneto, Trentino en Alto Adige. Het is een gesponnen kaas, net als* caciocavallo, scamorza *en mozzarella. Ze wordt gemaakt van koeienmelk en is te vinden in vele verschillende vormen: meloen/peer, salami en kegelvormig. Het gewicht kan variëren van een halve tot 100 kilo. Afhankelijk van de ouderdom en het gebruikte stremsel kan de smaak zoet of scherp zijn, en kan de kaas dus bij verschillende gerechten worden gebruikt. De zoetere versie is ideaal met lichtere gerechten, terwijl de scherpere variant beter tot zijn recht komt in schotels met veel smaak. Oude, rijpe Provolone Valpadana DOP is vooral geschikt om te smelten, of, zoals veel andere gesponnen kazen, om in plakjes te snijden en te grillen.*

valtellina igp apples
valtellina igp appels

Protected by the IGP standard, the Valtellina apple crop, one of Lombardy's high quality products, is what gives the countryside in the province of Sondrio its distinctive character. Two varieties are cultivated: the Golden Delicious (the classic yellow-green apple with its sweet white flesh) and Stark Delicious (with red skin and a floury texture). Apple cultivation in Valtellina is an age-old tradition that expanded considerably in the 1950s. It is a fruit that has multiple uses in cooking, not only as a dessert (from the classic apple cake to strudel), but also as the main ingredient in dishes such as the delicate green apple risotto. The apple is a good all-rounder in cooking, lending a touch of freshness and lightness to many a dish, for example fish, meats such as game, and starters, not forgetting jams, sauces, jellies and drinks.

De Valtellina-appelteelt, beschermd door het IGP-waarmerk en een van Lombardijes kwaliteitsproducten, maakt het landschap in de provincie van Sondrio zo karakteristiek. Er worden twee variëteiten geteeld: de Golden Delicious (de klassieke geelgroene appel met het zoete witte vruchtvlees) en de Stark Delicious (met rode schil en een melige textuur). Appelteelt in Valtellina is een oude traditie die enorm werd uitgebreid in de jaren vijftig van de vorige eeuw. Het fruit kan op vele manieren worden gebruikt tijdens het koken, en niet alleen als nagerecht (de klassieke appeltaart en strudel), maar ook als hoofdingrediënt in gerechten zoals de verfijnde groene-appel-risotto. De appel is een goede all-rounder bij het koken, die frisheid en lichtheid aan schotels, bijvoorbeeld aan vis, vlees en wild, en voorgerechten kan toevoegen, en niet te vergeten gebruikt wordt in jam, sausen, puddings en drankjes.

panettone
panettone

Panettone, which has now become a symbol of the Christmas festivities abroad as well as in Italy, is a time-consuming and complex cake to make. One key ingredient is the "wild yeast" that pastry chefs keep secret and hand down through the generations. *Panettone* is a slow-rising cake (the process takes at least 4 days), enriched with butter, eggs, candied peel and raisins. The Milanese version is tall and almost cylindrical, while the other versions, above all those made in Piedmont, are shorter and before baking they are covered in an almond or hazelnut frosting. The ideal accompaniment to *panettone* has to be a glass of Moscato or Prosecco, though it is also utterly delicious dipped into a cup of hot chocolate.

Panettone *is inmiddels ook buiten Italië het symbool voor Kerstmis geworden, en het is een tijdrovend en ingewikkeld gebak om te maken. Een van de sleutelingrediënten is de "wilde gist" die geheim wordt gehouden door banketbakkers en doorgegeven van generatie op generatie.* Panettone *is een langzaam rijzend gebak (het rijzen duurt minstens 4 dagen) dat verrijkt is met boter, eieren, gekonfijte vruchten en rozijnen. De Milanese versie is hoog en vrijwel cylindrisch, terwijl andere versies, vooral die uit Piemonte, korter zijn en voor het bakken met een amandel- of hazelnootglazuur bedekt werden. De ideale begeleiding voor* panettone *is een glas Moscato of Prosecco, maar het is ook heerlijk om te dippen in een kop warme chocolade.*

mortara liver pâté
mortara leverpaté

Mortara and Vigevano are two of the most important towns in the Lomellina area, a small strip of the Pianura Padana in the province of Pavia. The name of the former is linked to two goose products: salami and pâté, as geese have been bred in this area since the 16th century. Their arrival dates back to some Jewish communities settling in the area – with pork being out of the question they began to rear geese. This led to local butchers inventing a goose salami that soon became the pride of the town. As well as salami Mortara's other high quality product is goose liver pâté. The very elaborate production process entails baking the pâté in the oven in a terrine. Once it has cooled it is placed in glass containers. Delicious sliced, this pâté is traditionally served with great *passito* wines such as Picolit from Friuli, Tuscan Vin Santo or Ramandolo.

Mortara en Vigevano zijn twee van de belangrijkste plaatsen in het Lomellina-gebied, een smalle strook van de Pianura Padana in de provincie Pavia. De naam van de eerste is verbonden aan twee ganzenproducten: salami en paté, aangezien ganzen al sinds de 16e eeuw in deze regio worden gehouden. Hun intrede gaat terug op enkele Joodse gemeenschappen die zich vestigden in de regio – aangezien men geen varkensvlees mocht eten, begon men met het houden van ganzen. De plaatselijke slagers vonden vervolgens een ganzensalami uit die al snel de trots van het stadje werd. Naast salami heeft Mortara ook een ander kwaliteitsproduct, de ganzenleverpaté. De zeer uitgebreide bereiding houdt onder meer in dat de paté in de oven in een terrine wordt gebakken, en eenmaal afgekoeld overgebracht wordt in glazen containers. Deze paté, die heerlijk is in plakjes, wordt traditioneel geserveerd met een goede passito-wijn zoals Picolit uit Friuli, Toscaanse Vin Santo of Ramandolo.

franciacorta docg
franciacorta docg

This magic name brings to mind an equally important area, where the most famous Italian sparkling wines come to life: Franciacorta in the province of Brescia, in the heart of Lombardy. This is a key wine-making area, which produces the bottle-fermented brut *spumante* of the same name, Franciacorta DOCG *spumante*, made from chardonnay, pinot bianco and pinot nero grapes. It comes in a wide variety of different versions, including Millesimato, Rosè, Saten, and Riserva, more or less brut, meaning that it can be served with many dishes, from starters to cheese based desserts. Delicious with raw fish (shellfish and seafood), liver pâté, delicate first courses and meat main courses, Franciacorta DOCG can undoubtedly accompany the whole meal. It is straw yellow in colour with greenish nuances, with a fine, persistent perlage, and a bouquet that recalls white flowers, citrus fruits and crusty bread, varying according to the exact wine.

Deze magische naam is verbonden met een beroemd gebied, waar de beroemdste Italiaanse mousserende wijn tot leven komt: Franciacorta, in de provincie Brescia in het hart van Lombardije. Dit is een belangrijk wijngebied waar de fles-fermenterende brut spumante *van dezelfde naam, Franciacorta DOCG* spumante*, gemaakt van chardonnay, pinot bianco en pinot nero druiven, vandaan komt. Er zijn vele verschillende varianten, waaronder Millesimato, Rosè, Saten en Riserva, min of meer brut, wat betekent dat ze bij een hele reeks gerechten geserveerd kunnen worden, van voorgerechten tot op kaas gebaseerde nagerechten. Heerlijk bij rauwe vis (zeevruchten), leverpaté, verfijnde eerste gerechten en hoofdgerechten met vlees, zo kan Franciacorta DOCG geserveerd worden bij de gehele maaltijd. De kleur is strogeel met groenige nuances, met een fijne, aanhoudende perlage en een bouquet dat aan witte bloemen, citrusvruchten en grof brood doet denken, afhankelijk van de wijn in kwestie.*

Veneto

The sea, lakes, cities of art, hills and mountains: the Veneto region is guaranteed to astound even the most demanding visitor. Take Venice and its lagoon, or Verona, the city of Romeo and Juliet, where you can admire the Arena and then venture out of town to explore the magnificent Palladian villas in the province of Vicenza, or be literally spellbound by the breathtaking beauty of the Dolomites. And from the food and wine point of view the Veneto region is second to none: from the opulent Amarone della Valpolicella to the delicate Soave, the harmonious Prosecco di Conegliano Valdobbiadene and the sweet Recioto della Valpolicella, from *radicchio* (the varieties from Treviso and Castelfranco) to extra virgin olive oil from Garda, from Asiago cheese to Monte Veronese – a full spectrum of flavours and aromas will delight the palate of the most discerning gourmet. Traditional dishes include *bacalà alla vicentina* (salted cod), *bigoli pasta*, *risi e bisi* (rice with peas), and *mandorlato* and *pandoro*, typical sweets for the festive season.

D e zee, de meren, de kunststeden, de heuvels en bergen: de regio Veneto zal zelfs de meest veeleisende bezoeker versteld doen staan. Neem Venetië en haar lagune, of Verona, de stad van Romeo en Julia, waar je de Arena kunt bewonderen en vervolgens buiten de stad op avontuur kunt gaan op zoek naar de magnifieke Palladiaanse villa's in de provincie van Vicenza, of letterlijk betoverd kunt worden door de adembenemende schoonheid van de Dolomieten. Wat eten en wijn betreft doet Veneto voor niets onder: van de opulente Amarone della Valpolicella tot de delicate Soave, de harmonieuze Prosecco di Conegliano Valdobbiadene en de zoete Recioto della Valpolicella, van radicchio (in de variëteiten uit Treviso en Castelfranco) tot de extravergine olijfolie uit Garda, van Asiago kaas tot Monte Veronese – een volledig spectrum aan smaken en aroma's zal het gehemelte van zelfs de meest veeleisende gourmet strelen. Traditionele gerechten zijn bacalà alla vicentina (gezouten kabeljauw), bigoli pasta, risi e bisi (rijst met erwten), en mandorlato en pandoro, karakteristiek gebak voor de feestdagen.

monte veronese dop

monte veronese dop

This is a cow's milk cheese with a delicate flavour, produced in the Monti Lessini area in the province of Verona. It can be made from full fat or semi-skimmed milk (in which case it is known as Monte Veronese *d'allevo*), from the Black Pied breed of cow. The former produces a fresh cheese which matures for a period from 25 to 60 days, and is white in colour and with irregular eyes. The latter variety is aged from between three to six months to create Monte Veronese DOP *d'allevo mezzano* (medium), and from six months to more than two years for Monte Veronese DOP *d'allevo vecchio* (mature). This variety is fragrant, with a straw yellow colour and a granular texture, which makes it perfect for grating. Depending on its level of maturity, Monte Veronese goes perfectly with the best red and white wines from the Veneto region and neighbouring Friuli Venezia Giulia.

Deze kaas met een delicate smaak wordt van koeienmelk gemaakt in de Monti Lessini streek in de provincie Verona. De kaas kan met volle of met halfvolle melk gemaakt worden (in dat geval heet de kaas Monte Veronese d'allevo*), van de zwartbonte melkkoe. De volle melk vormt de basis voor een verse kaas die een periode van 25 tot 60 dagen wordt gerijpt, en die wit van kleur vormt met onregelmatige gaten. De kaas van halfvolle melk wordt drie tot zes maanden gerijpt om Monte Veronese DOP* d'allevo mezzano *(belegen) te maken, en zes maanden tot meer dan twee jaar voor Monte Veronese DOP* d'allevo vecchio *(oud). Deze laatste is geurig, met een strogele kleur en een korrelige textuur, wat perfect is voor het raspen. Afhankelijk van de ouderdom is Monte Veronese perfect te combineren met de beste rode en witte wijnen uit Veneto en het naburige Friuli Venezia Giulia.*

treviso igp red radicchio
treviso igp rode radicchiosla

This has to be the most characteristic produce grown in the Treviso countryside, in the area between Treviso and Castelfranco Veneto. The production standard numbers three varieties: Early Red Treviso Radicchio IGP, Late Red Treviso Radicchio IGP and Variegated Castelfranco Radicchio IGP. The first is picked as of September, and its heavily veined leaves are white with characteristic bright red tips. This variety is crunchy and slightly bitterish in flavour. The late kind is harvested in November after two frosts, which bring on the wine red colour of the leaves. Castelfranco radicchio has creamy-white leaves with nuances that range from light purple to bright red. Its delicate flavour varies from sweet to pleasantly bitterish. All three varieties lend themselves to a great many dishes, from the classic risotto *alla trevigiana* to seared *radicchio*.

Dit is het meest kenmerkende gewas dat geteeld wordt op de akkers van Treviso, in het gebied tussen Treviso en Castelfranco Veneto. Volgens de productievoorschriften bestaan er drie variëteiten: Vroege Rode Treviso Radicchio IGP, Late Rode Treviso Radicchio IGP en Gevarieerde Castelfranco Radicchio IGP. De eerste wordt geplukt in september en heeft zwaar geaderde witte bladeren met een karakteristieke rode punt. Deze variëteit is knapperig en een beetje bitter van smaak. De late variëteit wordt in november geoogst, na twee vorstperiodes die de wijnrode kleur in de bladeren veroorzaken. Castelfranco radicchio *heeft crèmewitte bladeren met nuances die lopen van lichtpaars tot helderrood. De fijne smaak gaat van zoet tot aangenaam bitter. Alledrie de variëteiten zijn zeer geschikt voor vele verschillende gerechten, van de klassieke risotto* alla trevigiana *tot gebakken* radicchio.

bassano dop white asparagus
bassano dop witte asperge

Bassano del Grappa, a small town in the province of Vicenza, is home to the white asparagus, one of the best-loved spring vegetables in the Veneto region and indeed elsewhere. Tender, delicate and rich in vitamin C, the Bassano DOP White Asparagus leaves practically no waste, and is grown in soil rich in natural properties (in ten towns), ensuring its outstanding quality. It features in countless recipes, from starters to main courses with meat or fish, thanks to its perfectly balanced bitter-sweet flavour. It can be boiled and served with hard-boiled eggs, dressed with a drizzle of extra virgin olive oil and vinegar, or used as the main ingredient in risotto, or as a gratin, or with egg-based sauces. It should be remembered that white asparagus is a highly perishable product, which should be stored in the correct manner and eaten as soon as possible after picking. In the shops it is sold in handy bunches, which bear the logo of the producers' consortium.

Bassano del Grappa is een klein plaatsje in de provincie Vicenza, en de thuisplek van de witte asperge, een van de meest geliefde lentegroenten in Veneto en elders. Aangezien ze zacht, delicaat en rijk aan vitamine C is, blijft er van de Bassano DOP Witte Asperge praktisch geen afval over. De planten groeien in grond die rijk is aan natuurlijke eigenschappen (op tien plaatsen) zodat de uitzonderlijke kwaliteit gewaarborgd blijft. De asperge komt voor in talrijke recepten, van voorgerechten tot hoofdgerechten met vlees of vis, dankzij de perfecte balans tussen bitter en zoet. Ze kunnen gekookt worden en vervolgens geserveerd met hardgekookte eieren, opgemaakt met wat extravergine olijfolie en azijn, of gebruikt als hoofdingrediënt in risotto, of als een gratin, of met sauzen op eierbasis. Denk eraan dat witte asperge niet lang houdbaar is, en dat hij op juiste wijze bewaard moet worden en zo vers mogelijk gegeten. In de winkel worden asperges verkocht in handige bosjes die het logo van het consortium dragen.

bigoli pasta bigoli pasta

500 g soft wheat flour, 200 g water, salt

Make a well in the flour, add the salt and gradually pour in the warm water, mixing to create a smooth but fairly stiff dough, which should then be covered and put in the fridge to rest for at least an hour. After that the dough should be passed through the traditional utensil known as a *bigolaro* (or alternatively using a mincer without blades and fitted with a disc with large holes). This should create thick spaghetti, around 25-30 cm long. The *bigoli* should be cooked in boiling salted water and served with the flavoursome sauces typical to Veneto cuisine, such as sardines or duck.

500 gr zachte tarwebloem, 200 gr water, zout

Maak een kuiltje in de bloem, voeg het zout toe en schenk het warme water er geleidelijk aan in, meng het tot een glad maar vrij stevig deeg dat vervolgens wordt afgedekt. Zet dit minstens een uur in de koelkast. Daarna moet het deeg door het traditionele keukengerei dat een *bigolaro* heet worden gedaan (gebruik als alternatief een molen zonder messen en met een schijf met grote gaten) om dikke spaghetti te maken met een lengte van ongeveer 25-30 cm. De *bigoli* moeten gekookt worden in gezout water en geserveerd met de smaakvolle sauzen die kenmerkend zijn voor de keuken van Veneto, zoals *sarde* of eend.

bacalà alla vicentina
bacalà alla vicentina

Although cod is not fished in the Adriatic, salt cod – *baccalà* – is a long, established tradition in the Veneto region, dating back to the Middle Ages. Legend has it that salt cod was introduced into the area by a Venetian sea captain returning from a voyage to Norway. In Vicenza *baccalà* becomes *bacalà alla vicentina* (with only one "c"), a highly-prized local speciality. It is made using the dried version of the fish (known as *stoccafisso*), rather than the salted version. The classic recipe involves leaving the fish to soak for two or three days, then cleaning it and cutting it into pieces. At this point, chopped onion, anchovies and parsley are gently fried together, and the pieces of cod are floured and covered in this mixture. Then milk, grated Grana Padano DOP cheese, salt and if desired pepper, are added. A drizzle of oil on top to finish off, and then the dish is cooked very slowly for around four hours. It should be served with the ubiquitous *polenta*.

Alhoewel er niet op kabeljauw gevist wordt in de Adriatische zee, is gezouten kabeljauw of baccalà *een gevestigde traditie in Veneto die teruggaat tot de middeleeuwen. Volgens de legende werd de gezouten kabeljauw geïntroduceerd in het gebied door een Venetiaanse kapitein die terugkeerde van een reis naar Noorwegen.* Baccalà *in Vicenza wordt* bacalà alla vicentina *(met een enkele "c"), een veelgeprezen plaatselijke specialiteit. Het wordt gemaakt met de gedroogde versie van de vis (bekend als* stoccafisso*), in plaats van de gezouten versie. In het klassieke recept wordt de vis twee tot drie dagen geweekt, vervolgens schoongemaakt en in stukken gesneden. Gesnipperde ui, ansjovis en peterselie worden licht gebakken, en de stukken kabeljauw met bloem worden bedekt met dit mengsel. Vervolgens worden melk, geraspte Padano DOP-kaas, zout en indien gewenst peper, toegevoegd. Na een scheutje olijfolie moet het gerecht heel langzaam ongeveer vier uur koken. Het wordt geserveerd met de alomtegenwoordige* polenta.

veneto grappa
grappa

grappa

Obtained by distilling grape must, in the Veneto region *grappa* is a long, well-established country tradition: it is one of the typical tipples of Italy's northern regions, where people would drink a shot or two to warm up and fortify the spirits. Over time *grappa* has gone from country tradition to refined spirit, boasting a geographic designation, and offering a range of highly original single grape variety products with different ageing and maturing periods. *Grappa* should be sampled in the traditional round-bottomed glass, and is not only drunk after a meal — it can also be used to accompany sweets, such as dark chocolate. Bearing witness to the dedication that goes into this product, and its fine quality, the Veneto region now boasts the Istituto Grappa Veneta and the Accademia della Grappa e delle Acqueviti, bodies committed to carrying out research and training, and safeguarding and promoting *grappa*.

Grappa *wordt gemaakt door druivenresten te distilleren, en in Veneto is* grappa *een lange, gevestigde traditie en een van de vaste borrels in het noorden van Italië. Daar nam men een of twee glaasjes grappa tot zich om warm te worden en het gemoed te sterken. In de loop der tijden is* grappa *veranderd van een landelijke traditie in een geraffineerde drank, met een geografische aanduiding en een reeks zeer originele producten gebaseerd op aparte druivensoorten met verschillende verouderingsperiodes.* Grappa *dient gedronken te worden in het traditionele glas met de ronde boden, en wordt niet alleen gedronken na de maaltijd, maar ook bij zoetigheden als pure chocolade. Ter bevestiging van de toewijding die wordt besteed aan dit product en de kwaliteit ervan, kent de regio Veneto tegenwoordig het Istituto Grappa Veneta en de Accademia della Grappa e delle Acqueviti, twee instituten die onderzoek doen en trainingen aanbieden om de* grappa *te promoten en bewaken.*

amarone della valpolicella doc

amarone della valpolicella doc

amarone della valpolicella doc

Made from different types of grapes from the Valpolicella area, a historic wine-making area in the province of Verona, this wine is highly prized all round the world. Amarone della Valpolicella DOC is a dry red wine made from partially dried corvina, molinara and rondinella grapes. After the drying process, which takes until January, with the grapes laid out on special racks, the fruit is crushed and fermented, before ageing in barrels. Amarone takes its name from the fact that it is the dry version of Recioto della Valpolicella DOC, a sweet *passito* wine made from the same grapes, with fermentation interrupted before all the sugars are converted into alcohol. It is a great wine with an intense ruby red colour and a velvety palate, robust and full-bodied, and capable of preserving its qualities for many years. It is an ideal accompaniment for game dishes and mature cheeses, or to drink on important occasions, especially in the case of the Riserva version, which is aged for at least four years.

Deze wijn, gemaakt van verschillende druiven uit de Valpolicellastreek, een historisch wijngebied in de provincie Verona, wordt wereldwijd geprezen. Amarone della Valpolicella DOC is een droge rode wijn die gemaakt wordt van gedeeltelijk gedroogde corvina-, molinara- en rondinella-druiven. Na het droogproces, dat duurt tot januari en waarbij de drijven op speciale rekken uitgelegd worden, wordt het fruit geperst en gefermenteerd alvorens te rijpen in vaten. De naam Amarone komt van het feit dat het de droge versie is van de Recioto della Valpolicella DOC, een zoete passito *wijn die gemaakt wordt van dezelfde druiven, en waarbij de fermentatie wordt onderbroken voordat alle suikers zijn omgezet in alcohol. Dit is een fantastische wijn met een intense robijnrode kleur en een fluwelen afdronk, robuust en vol, en in staat om jarenlang een goede kwaliteit te behouden. Het is de ideale begeleider voor wildgerechten en rijpe kazen, of om te drinken tijdens belangrijke gelegenheden, vooral de Riserva-versie die minstens vier jaar oud is.*

veneto pandoro

pandoro

Classic Christmas cake, like Lombardy's *panettone*, this is another time-consuming recipe, with its slow rising process using wild yeast. The spongy mixture of flour, yeast, sugar, eggs and butter, all strictly high quality ingredients, is left to rise several times over a few days. It is baked in traditional dome-like tins with a star-shaped base and left to cool. To savour its full flavour and soft, fluffy texture it should be kept in a warm place for at least half an hour before serving, and then dusted with a generous amount of icing sugar and cut into slices.

Deze klassieke kerstcake kent, net als de panettone *uit Lombardije, een tijdrovend recept, met een langzaam rijsproces en het gebruik van wilde gist. Het sponsachtige mengsel van bloem, gist, suiker, eieren en boter, allemaal ingrediënten van de hoogste kwaliteit, rijst enkele malen in de loop van een aantal dagen. De* pandoro *wordt gebakken in traditionele koepelvormige bakvormen met een stervormige bodem, en dan afgekoeld. De beste manier om de volle smaak en de zachte pluizige textuur te proeven is door de cake een half uur van tevoren op kamertemperatuur te laten komen, dan uitgebreid poedersuiker eroverheen te strooien en in plakken te snijden.*

moleche crabs
moleche krabben

As well as the produce from its inland areas, the Veneto region also has a rich tradition of marine cuisine, thanks to its Adriatic coastline and lagoon. One outstanding seafood speciality is *moleche* crabs. These crabs (which belong to the green crab species) are fished just as they are changing their shells, and are therefore particularly tender. They are a classic speciality of the Venetian lagoon, where they can be sampled in the traditional manner: soaked in beaten egg and then fried in oil. They should be served hot and crunchy, maybe with some *polenta*, and accompanied with a light red wine or a glass of Prosecco di Conegliano di Valdobbiadene DOC.

Naast de producten uit het achterland kent de Veneto regio ook een rijke traditie in vis en zeevruchten, dankzij de Adriatische kustlijn en de lagune. Een bijzondere zeevruchtenspecialiteit zijn de moleche *krabben. Deze krabben (die tot de groene krabbensoort horen) worden gevangen wanneer ze van schild veranderen en bijgevolg uitzonderlijk zacht zijn. Ze zijn een traditionele specialiteit van de Venetiaanse lagune, waar ze op traditionele wijze gegeten kunnen worden: ondergedompeld in geklopt ei en vervolgens gefrituurd in olie. Ze dienen heet en knapperig gegeten te worden, eventueel met wat* polenta*, en vergezeld van een lichte rode wijn of een glas Prosecco di Conegliano di Valdobbiadene DOC.*

veneto
padovana hen
padovanakip

Characterised by an unmistakeable tuft of feathers on its head, this breed has an instantly likeable look about it. It appears to date back to the Middle Ages, when a nobleman from Padua, on a journey to Poland, was struck by its curious appearance and brought a few hens back to Italy. Nowadays, after risking extinction in favour of more productive species, the Padovana variety is regulated by strict production standards, ensuring that it is kept free range and fed a cereal-based diet. The breeding area is restricted to a number of towns in the provinces of Padua and Venice, where the breeders have set up an association called Pro Avibus Nostris. The plumage may vary in colour (black, white, golden, etc.) and the meat has a very delicate flavour. The classic speciality made using the meat is *a la canavéra* – involving a rich stuffing and an elaborate cooking process.

Deze kippensoort, met de onmiddellijk herkenbare pluk veren op het hoofd, heeft een innemend uiterlijk. De herkomst van de kip schijnt terug te gaan tot de middeleeuwen, toen een edelman uit Padua tijdens een reis naar Polen getroffen werd door het opmerkelijke uiterlijk en enkele kippen meenam naar Italië. Tegenwoordig, na met uitsterven bedreigd te zijn geweest door de opkomst van productievere soorten, wordt de Padovana gereguleerd door strenge normen die ervoor zorgen dat de kip vrije uitloop geniet en een dieet krijgt dat op granen is gebaseerd. Het fokgebied is beperkt tot een aantal plaatsen in de provincies Padua en Venetië, waar de fokkers een vereniging in het leven hebben geroepen met de naam Pro Avibus Nostris. Het verenpak kan variëren in kleur (zwart, wit, goudkleurig, enz.) en het vlees heeft een zeer delicate smaak. De traditionele specialiteit die met het vlees gemaakt wordt is a la canavéra *– met een rijke vulling en een uitgebreid kookproces.*

prosecco di conegliano doc
prosecco di conegliano doc

With its heady bouquet, this is one of the most pleasing, delicate sparkling wines on the Italian wine-making panorama. It is produced in an area of the Veneto region which numbers 15 towns in the province of Treviso. The grape variety used to make this wine is prosecco (with the addition of other, minor varieties), a variety which has been present in these hills for more than two centuries. Prosecco is produced in various versions – *tranquillo*, *frizzante* or *spumante* (the last can be Extra Dry or Brut, depending on the level of dryness) – and is characterized by its unmistakeable light straw yellow colour, wonderful fruity, flowery bouquet, and fine perlage. Prosecco *spumante* can be drunk with delicate dishes such as vegetable-based starters, fish, seafood and white meat, or throughout the meal, alternating between the brut and extra dry versions depending on the type of dishes served. If the wine is produced in the subzone of Cartizze it is given the classification Superiore di Cartizze, a truly outstanding *spumante*.

Deze wijn met een bedwelmend bouquet is een van de aangenaamste fijne mousserende wijnen van Italië. De wijn wordt geproduceerd in een gebied in de Veneto regio met daarin 15 plaatsen in de provincie Treviso. De druivensoort voor deze wijn is de prosecco (met toevoeging van andere, mindere variëteiten), een soort die al meer dan twee eeuwen voorkomt in deze heuvels. Prosecco wordt gemaakt in verschillende versies – tranquillo, frizzante *of* spumante *(de laatste kan zowel extra droog als brut zijn) – en wordt gekenmerkt door de onmiskenbare strogele kleur, het aangenaam fruitige, bloemige bouquet en de fijne perlage.* Prosecco *spumante komt goed tot zijn recht bij fijne voorgerechten op basis van groenten, vis, zeevruchten en witvlees, en gedurende de rest van de maaltijd, wisselend tussen de brut en extra droge soorten afhankelijk van de soort schotel. Wanneer de wijn geproduceerd wordt in de subregio Cartizze, dan krijgt hij de klassificatie Superiore di Cartizze, een waarlijk uitmuntende* spumante.

veneto mandorlato
mandorlato

Mandorlato is a traditional Christmas speciality in the Veneto region (Verona and Treviso). A special, very tempting festive treat, it is also used crumbled as an ingredient in puddings and icecream. It is hard but crumbly, and fairly laborious to make. The ingredients are acacia honey, sugar, egg white, peeled, lightly toasted almonds and very fine rice paper to line the bottom of the tin. It is cooked in copper pots, slowly and at a constant temperature, then poured into traditional round moulds and left to cool.

Mandorlato *is een traditionele kerstspecialiteit uit de Veneto-regio (Verona en Treviso). Deze speciale verleidelijke traktatie wordt ook verkruimeld gebruikt als ingrediënt in pudding en ijs. De* mandorlato *is hard, maar kruimelig, en tamelijk omslachtig in de bereiding. De ingrediënten zijn acaciahoning, suiker, eiwit, geschilde en licht geroosterde amandelen en zeer dun rijstpapier voor op de bodem van het bakblik. Het gerecht wordt bereid in koperen potten, langzaam en op een constante temperatuur, en vervolgens in de traditionele ronde vormen gegoten en afgekoeld.*

trentino alto adige

This area is two regions in one: to the south Trentino with the province of Trento, a stone's throw from the majestic Dolomites, by the splendid Valle dei Laghi, and to the north Alto Adige with the province of Bolzano, its valleys and towns like Merano and Vipiteno. This is an area of stunning landscapes, fascinating history and wonderful gastronomic delicacies. In Trento the past has left the legacy of the beautiful Castello del Buonconsiglio, while food and wine lovers can explore the Strada del Vino e dei Sapori to discover some of the area's exceptional products: from Trento *spumante* to Vino Santo Trentino, from Trentino apples to soft fruit. Heading north, in Alto Adige, the panorama is breathtaking, with Val Venosta, Val Gardena, Val Pusteria and towns like Merano, where visitors can recharge their batteries at the local spa, or sample traditional dishes like *canederli* (bread dumplings) with *speck*, *spätzle* (a kind of *gnocchi* made with flour), apple strudel and excellent Alpine cheeses, washed down with a glass of fragrant Traminer Aromatico (Gewürztraminer).

D it gebied omvat twee regio's: in het zuiden is er Trentino met de provincie Trento, op een steenworp afstand van de majestueuze Dolomieten, bij de prachtige Valle dei Laghi, en in het noorden vinden we Alto Adige met de provincie Bolzano, de valleien en plaatsen als Merano en Vipiteno. Dit gebied heeft prachtige landschappen, een fascinerende geschiedenis en heerlijke gastronomische delicatessen. In Trento heeft het verleden het mooie Castello del Buonconsiglio achtergelaten, en liefhebbers van goed eten en goede wijn kunnen de Strada del Vino e dei Sapori ontdekken op zoek naar enkele van de uitzonderlijke producten uit de streek: van spumante *Trento* tot *Vino Santo Trentino*, van appels uit Trentino tot zacht fruit. Richting Alto Adige in het noorden is het panorama adembenemend, met Val Venosta, Val Gardena, Val Pusteria en plaatsen als Merano, waar bezoekers zichzelf kunnen heruitvinden in het plaatselijke kuuroord, of traditionele gerechten proberen zoals canederli *(broodknoedel)* met spek, spätzle *(een soort* gnocchi *gemaakt van bloem)*, apfelstrudel en uitstekende alpenkazen, met een glas geurige Traminer Aromatico *(Gewürztraminer)* erbij.

val di non dop apples
val di non dop appels

This is the first and (for now) only Italian apple to gain the prestigious "protected designation of origin" status. It is grown in the enchantingly picturesque area of Val di Non in Trentino, which offers the ideal terrain for this wonderful fruit. There are three varieties: Rennet, Red Delicious and Golden Delicious, grown by thousands of local farmers according to the traditional methods (apples have traditionally been grown in the area for centuries). The farmers have also set up consortiums, such as the well-known Melinda label. The three varieties stand out for their different characteristics: the Rennet has a green and rusty red skin, with slightly acidic flesh, and is perfect for making strudel, apple cake, fritters or a delicious risotto; while Red Delicious, with its typical red skin, is renowned for its fresh flavour and floury texture, and Golden Delicious, the most popular of all, is characterised by its unmistakeable yellow skin and sweet, juicy, crunchy consistency.

Dit is de eerste en (vooralsnog) enige Italiaanse appel met de prestigieuze status "beschermde oorsprongsaanduiding". De appel groeit in de betoverende, pittoreske streek Val di Non in Trentino, het ideale terrein voor deze vrucht. Er zijn drie variëteiten: Rennet, Red Delicious en Golden Delicious, die volgens traditionele methodes in grote hoeveelheden worden geteeld door de plaatselijke boeren (appels groeien al eeuwenlang in het gebied). De boeren hebben ook consortiums opgezet, zoals het bekende Melinda label. De drie variëteiten zijn onderling verschillend: de Rennet heeft een groene en roestrode schil, met lichtzuur vlees, en is perfect voor het maken van strudel, appeltaart, gebakken appeltjes of een heerlijke risotto, terwijl de Red Delicious, met de kenmerkende rode schil, befaamd is voor de verse smaak en melige textuur; de Golden Delicious is de populairste, gekarakteriseerd door de onmiskenbare gele schil en de zoete, sappige en knapperige beet.

canederli dumplings canederli knoedels

200 g stale bread, 100 g *speck*, 150 ml milk, 2 eggs,
1 onion, 40 g flour, parsley, meat stock, nutmeg,
30 g butter, salt, pepper

Mix the diced bread with the milk and eggs in a bowl, season with pepper and nutmeg and leave to rest for around 2 hours. Lightly fry the finely chopped onion, add the diced *speck* and mix together in the pan. Add this mixture to the bread, along with the chopped parsley and flour. Use the mixture to make balls around 5 cm in diameter. Roll them in flour then cook in boiling stock for around 15 minutes. This typical dish from Alto Adige and Trentino can be served in broth or drained and dressed with melted butter and sage.

200 gr oud brood, 100 gr spek, 150 ml melk,
2 eieren, 1 ui, 40 gr bloem, peterselie, vleesbouillon, nootmuskaat, 30 gr boter, zout, peper

Meng het in blokjes gesneden brood met de melk en de eieren in een kom, breng op smaak met peper en nootmuskaat en laat ongeveer 2 uur rusten. Bak de gesnipperde ui licht, voeg de spek-dobbel-steentjes toe en meng alles in de pan. Voeg dit mengsel toe aan het brood, samen met de gehakte peterselie en de bloem, en gebruik dit mengsel om ballen van ongeveer 5 cm doorsnee te maken. Rol deze door de bloem en kook ze ongeveer 15 minuten in bouillon. Dit traditionele gerecht uit Alto Adige en Trentino kan zowel in bouillon als uitgelekt met wat gesmolten boter en salie geserveerd worden.

savoy cabbage
savooiekool

This is one of the most popular vegetables in Trentino Alto Adige, used to make tangy sauerkraut, one of the region's signature dishes. To make this the cabbage has to ferment, which is what gives it its characteristic tang. After being picked, normally around the end of September or beginning of October, the cabbages are left to dry out for about a week, then cleaned and cut into strips. These strips are placed in containers with a mixture of salt and herbs, weighted down and left to ferment for five weeks. Sauerkraut is excellent cooked, and served with pork, cured meats, sausage or *cotechino*, or raw: in this case the best way to savour its flavour and sensory characteristics – it is packed with vitamins and minerals – is to rinse it and simply dress it with a drizzle of olive oil.

Dit is een van de populairste groenten in Trentino Alto Adige, waarmee het pittige sauerkraut wordt gemaakt, een typisch gerecht voor de regio. Voor sauerkraut moet de kool fermenteren zodat hij de karakteristieke smaak krijgt. Na het oogsten, meestal einde van september of begin oktober, worden de kolen ongeveer een week gedroogd, schoongemaakt en in reepjes gesneden. Deze reepjes worden in vaten gedaan samen met een mengel van zout en kruiden, met gewichten verzwaard en vijf weken met rust gelaten om te fermenteren. Sauerkraut smaakt heerlijk gekookt, en geserveerd met varkensvlees, fijne vleeswaren, worst of cotechino, of rauw: in dat laatste geval is het het beste voor het waarderen van de smaak en andere karakteristieken – de kool bevat veel vitamines en mineralen – om het af te spoelen en eenvoudig af te werken met een beetje olijfolie.

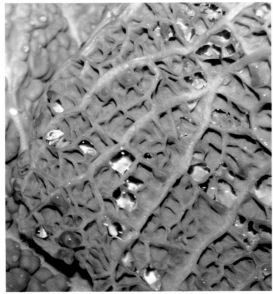

strudel strudel

300 g flour, 200 g butter, 1 egg, 1 yolk, 150 g sugar, the grated zest of 1 lemon, 600 g apples, 50 g breadcrumbs, 40 g raisins, 20 g pine nuts, 40 ml rum, cinnamon, icing sugar, salt

Mix the flour with the butter, egg, 100 g of sugar, two thirds of the lemon zest and a pinch of salt. Leave the dough to rest in the fridge for an hour. Peel and slice the apples. Put them in a bowl with the remaining sugar, breadcrumbs, the previously soaked raisins, a pinch of cinnamon and the remaining lemon zest. Roll out the dough into a thin sheet, place the filling on top and roll it up. Brush the strudel with egg yolk and bake in a preheated oven at 180 °C for 35 minutes. Dust with icing sugar.

300 gr bloem, 200 gr boter, 1 ei, 1 eierdooier, 150 gr suiker, geraspte schil van 1 citroen, 600 gr appels, 50 gr broodkruimels, 40 gr rozijnen, 20 gr pijnboompitten, 40 ml rum, kaneel, poedersuiker, zout

Meng de bloem met boter en ei, 100 gr suiker, tweederde van de citroenrasp en een snuifje zout. Laat het deeg een uur in de koelkast rusten. Schil de appels en snijd ze in plakjes. Schep de appel in een kom met de overgebleven suiker, de broodkruimels, de geweekte rozijnen, een snuifje kaneel en de rest van de citroenrasp. Rol het deeg uit tot een dun vel, leg de vulling erop en rol het op. Smeer eierdooier over de strudel en bak 35 minuten in een voorverhitte oven op 180 °C. Bestrooi tot slot met poedersuiker.

vino santo trentino doc
vino santo trentino doc

The Trentino area has a long-standing wine-making tradition, and Vino Santo Trentino is one of its most outstanding products. It is a partially dried wine – *passito* – made with grapes of the nosiola variety from Valle dei Laghi, an area which extends from Lake Garda to Vezzano. To make this kind of wine the grapes are harvested in October and laid out on racks or hung in rows to dry until Easter, thus enabling the water to evaporate and the sugars to become more concentrated. The grapes are then destemmed and crushed, before being pressed. The resulting must is placed in little barrels, where it remains for 5-6 months to ferment. It then remains in these barrels to age for several years, until bottling (usually after four to six years). The wine is golden yellow in colour with a bouquet that recalls dried fruit and honey. It can be drunk with biscuits, or blue-veined cheeses or *foie gras*, or simply enjoyed on its own.

De Trentino regio kent een lange traditie in het maken van wijn, en Vino Santo Trentino is een van haar bekendere producten. Dit is een gedeeltelijk gedroogde wijn – passito – gemaakt van nosioladruiven uit Valle dei Laghi, een gebied dat zich uitstrekt van Lago di Garda tot Vezzano. Voor het maken van dit type wijn worden de druiven in oktober geoogst en op rekken gelegd of in rijen opgehangen om te drogen tot Pasen zodat het water kan verdampen en de suikers geconcentreerder zijn. De druiven worden vervolgens van steel ontdaan en geplet, en vervolgens geperst. De resulterende pulp wordt in kleine vaten gedaan, waar het 5-6 maanden fermenteert. Daarna blijft het nog een aantal (meestal vier tot zes) jaar in deze vaten, totdat de wijn gebotteld wordt. De wijn is goudgeel van kleur met een bouquet van gedroogd fruit en honing. Hij kan gedronken worden met koekjes, of bij blauwgeaderde kazen of foie gras, of gewoon op zichzelf.

speck alto adige igp
spek alto adige igp

This is the true ambassador of the Alto Adige region, so much so that it bears the name of the region, a guarantee of the quality and flavour of the product. Indeed the region's weather plays a fundamental role in the production of *speck*, which originated from the practice of salting and smoking meat in order to preserve it. Technically-speaking *speck* is a lightly smoked raw ham, which is aged for 22 weeks. Carefully-selected haunches of pork are boned and branded to signal the date of the start of production, then salted (for around three weeks) and smoked. The smoking process is a delicate one, and is what gives the *speck* its unmistakeable aroma. It is then aged in the bracing air of the Alto Adige valleys, during which time a thin covering of mould forms: this indicates that the ageing process is proceeding correctly and that the *speck* is not drying out too fast. After a final check Speck Alto Adige IGP is branded and ready to be sampled – preferably thinly sliced, along with a glass of Traminer Aromatico.

Spek is de ware ambassadeur van de Alto Adige regio, in zoverre dat het zelfs de naam ervan draagt als garantie van kwaliteit en smaak. Het weer in de regio speelt een grote rol in het maken van spek, dat zijn ontstaan vindt in het gebruik het vlees te zouten en roken om het te conserveren. Technisch gesproken is spek een lichtgerookte rauwe ham die 22 weken heeft gerust. Zorgvuldig geselecteerde heupstukken van het varken worden ontbeend en gebrandmerkt om het begin van het productieproces vast te leggen, vervolgens (ongeveer drie weken) gezout en gerookt. Het roken is een nauwkeurig werk dat het herkenbare aroma aan de spek geeft. De spek wordt vervolgens in de frisse lucht van de Alto Adige valleien gerijpt, waarbij een dun laagje schimmel ontstaat; deze schimmel duidt aan dat het verouderingsproces naar wens verloopt en dat de spek niet te snel uitdroogt. Na een laatste controle wordt de spek Alto Adige IGP gemerkt en is hij klaar om geproefd te worden, het liefst in dunne plakjes met een glas Traminer Aromatico.

trentingrana
trentingrana

trentingrana

Trentingrana (or Grana del Trentino, in view of the fact that it belongs to the Grana Padano DOP family) is a hard, crumbly, cooked cow's milk cheese, which has been produced in the province of Trento since 1926. It is closely linked to the local area and the excellent quality forage to be found there: these are two vital ingredients when it comes to producing top quality milk and an end product with a delicate, fragrant flavour, which is ideal in any kind of recipe. The production process, from the arrival of the milk from two milkings to the final ageing, follows strict regulations and is supervised by laboratory technicians, dairymen, expert cheese agers and the taster who uses a little hammer to test the compactness of the cheeses, and a needle to assess their aromatic qualities. The round forms, which weigh between 30 and 38 kg, can be aged for a period that goes from a year and a half to more than two years.

Trentingrana (of Grana del Trentino, aangezien de kaas tot de Grana Padano DOP-familie hoort), is een harde kruimelige kaas van koeienmelk die sinds 1926 in de provincie Trento wordt gemaakt. De kaas is nauw verbonden met de locatie en de hoge kwaliteit van de grasweiden daar: twee vitale ingrediënten voor het produceren van kwaliteitsmelk, zodat het eindresultaat een delicate en geurige smaak heeft, ideaal voor elk gerecht. Het productieproces, van de aankomst van de melk uit twee melkbeurten tot het uiteindelijke rijpen, gebeurt volgens strenge reguleringen en wordt gecontroleerd door laboratoria, zuivelboeren, kaasexperts en proevers, die met een klein hamertje de compactheid van de kaas testen en met een naald de geurkwaliteit. De ronde vorm die tussen de 30 en 38 kg weegt, kan rijpen gedurende een periode van anderhalf tot meer dan twee jaar.

alto adige gewürztraminer doc
alto adige gewürztraminer doc

One of the most aromatic and fragrant white wines of all, this is made with the grape variety of the same name which is cultivated in the hills of Alto Adige, in the province of Bolzano, above all around the town of Termeno. Greenish in colour tending to straw yellow, with an intense bouquet of roses and lavender, and a full flavour, pleasingly aromatic and dry, it makes an excellent aperitif, or an accompaniment to dishes featuring *speck*, seafood or other not excessively fatty foods. It should be served in white wine glasses of medium width and with a slightly curving top edge, in order to fully appreciate its richly heady bouquet. The grape variety used to make it is characterized by small bunches with characteristic pinkish grapes, the aromatic qualities of which persist during fermentation and thus arrive intact in the wine.

Deze wijn is de meest aromatische en geurige wijn van allemaal, gemaakt van de druivensoort met dezelfde naam die verbouwd wordt in de heuvels van Alto Adige in de provincie Bolzano, met name rond de plaats Termeno. De wijn, groenig neigend naar strogeel van kleur met een intens bouquet van rozen en lavendel, en met een volle smaak die aangenaam droog en aromatisch is, is een perfect aperitief, maar ook geschikt als begeleider van gerechten met spek, zeevruchten of andere niet uitzonderlijk vette schotels. De wijn moet geserveerd worden in wijnglazen van middelgrote doorsnee en met een licht gebogen rand, zodat het bedwelmende bouquet het best tot zijn recht komt. De gebruikte druivensoort wordt gekenmerkt door de kleine trossen van enigszins roziggekleurde druiven, waarvan de aromatische kwaliteiten het fermentatieproces overleven zodat ze doorgegeven worden aan de wijn.

puzzone di moena
puzzone di moena

This is the Trentino Alto Adige region's most famous cheese, and it is produced in the area around the towns of Moena and Capitello in Val di Fassa (Trento). It takes its name (which translates as "stinker") from its intense aroma, and indeed in the Ladin language *spretz tzaorì* means "flavoursome cheese". Made from the milk of brown Alpine cows, it is pressed, salted and left to age in a cool, damp setting for around three months (it can be aged for a year at the most). During this period the forms of *puzzone di Moena*, which weigh about 9 kg and are 30-35 cm in diameter, are regularly turned, and washed with warm brine. The rind is brown, soft and fairly thin, and the flavour is sweet with a bitterish aftertaste, which becomes more intense and piquant in the mature version. Its flavour is ideally accompanied with full-bodied reds, while in cooking it is exquisite served with *polenta* or mashed potato.

Dit is de beroemdste kaas uit de Trentino Alto Adige regio, geproduceerd in het gebied rondom de plaatsen Moena en Capitello in Val di Fassa (Trento). De naam (te vertalen als "stinker") komt van het intense aroma; in de Ladintaal betekent spretz tzaorì *"smaakvolle kaas". De kaas is gemaakt van de melk van bruine alpenkoeien en ze wordt geperst, gezouten en ongeveer drie maanden lang te rusten gelegd in een koele en vochtige omgeving (maximale duur is een jaar). Tijdens deze periode worden de vormen van de* puzzone di Moena, *die ongeveer 9 kg wegen met een doorsnee van 30-35 cm, regelmatig gedraaid en gewassen in warm pekelwater. De korst is bruin, zacht en redelijk dun, en de smaak is zoet met een lichtbittere nasmaak die intenser en pittiger wordt in de oudere kazen. De smaak gaat prima samen met stevige rode wijnen, terwijl het bij het koken goed geserveerd kan worden met* polenta *of aardappelpuree.*

friuli venezia giulia

ocated in the far North East of Italy, the Friuli Venezia Giulia region is a crossroads of different cultures, the traces of which can be seen in its cities, from Cividale del Friuli to Trieste, Gorizia, Pordenone, Aquileia and Udine. This legacy also comes through in the area's traditional produce and cuisine, which blends western tastes with Middle-european influences. And while wine plays an important role, with renowned whites and established, prestigious DOC productions, from Colli Orientali to Collio, with genuine delights like Picolit and Ramandolo DOCG, the region's traditional gastronomic specialities reveal the characteristics of an area which boasts coastline, hills and mountains. We therefore go from the fish of the gulf of Trieste to *polenta*, from Prosciutto San Daniele to Montasio cheese, from *frico* (cheese crisps) to *gubana* (a fruity cake). Those who love coffee and cafés will enjoy the historic haunts of Trieste, frequented in the past by poets and writers like James Joyce and Italo Svevo, and bearing witness to a region, and a city, that is a melting pot of different experiences and cultures.

De regio Friuli Venezia Giulia in het noordoosten van Italië is een kruispunt van verschillende culturen, waarvan de sporen terug te vinden zijn in de verschillende steden, van Cividale del Friuli tot Triëste, Gorizia, Pordenone, Aquileia en Udine. Deze erfenis is ook zichtbaar in de traditionele plaatselijke producten en keuken, waarin westerse smaken gecombineerd worden met invloeden uit centraal Europa. Ook wijn speelt een belangrijke rol, met befaamde witte wijnen en gevestigde prestigieuze DOC's, van Colli Orientali tot Collio, met ware genoegens als Picolit en Ramandolo DOCG, en de gastronomische specialiteiten van de regio tonen aspecten van een gebied dat zee, heuvels en bergen heeft. We kunnen daarom van de vis uit de Golf van Triëste naar polenta *gaan, van Prosciutto San Daniele naar Montasio-kaas, van* frico *(kaaschips) naar* gubana *(een fruitige taart). Voor wie van koffie en cafés houdt, zijn er de historische plekken van Triëste, in het verleden bezocht door dichters en schrijvers als James Joyce en Italo Svevo, en getuigen van een regio en een stad die een smeltkroes is van verschillende ervaringen en culturen.*

prosciutto san daniele dop

prosciutto san daniele dop

San Daniele is a lovely little town in the province of Udine, up on a hill about 250 metres above sea level. It can be reached by taking the Strada dei Castelli e del Prosciutto, a picturesque route leading to the capital of *prosciutto*. San Daniele is famous throughout the world for its *prosciutto crudo*, safeguarded by the DOP standard, and the area's outstanding microclimate is what confers the product its unique character during the ageing process. So how is Prosciutto San Daniele DOP made? It all starts with a haunch of pork, the weight of which is fundamental when it comes to determining the length of the salting period. The meat is washed, massaged, pressed and left to rest. Then it is washed again and left to cure, during which time master ham-makers check that everything is proceeding according to production regulations. All in all great care and attention go into making a product which has no equals anywhere in the world.

San Daniele is een lieflijk plaatsje in de provincie Udine, gelegen op een heuvel op 250 meter boven zeeniveau. Het plaatsje is te bereiken door de Strada dei Castelli e del Prosciutto te volgen, een schilderachtige route die naar de hoofdstad van de prosciutto *leidt. San Daniele is wereldberoemd vanwege de* prosciutto crudo, *met het DOP-waarmerk, en het uitstekende microklimaat van het gebied geeft het product zijn unieke karakter tijdens het rijpen. Hoe wordt Prosciutto San Daniele DOP gemaakt? Om te beginnen is er het lendestuk van een varken, waarvan het gewicht bepalend is voor de lengte van de zoutingsperiode. Vervolgens wordt het stuk gewassen, gemasseerd, geperst en te rusten gelegd. Na nog een wassing laten de meester-hammakers de ham weer rusten, ondertussen controlerend of alles volgens norm verloopt. Er wordt heel veel zorg en aandacht besteed aan dit product, dat dan ook zijn weerga niet kent in de wereld.*

friuli venezia giulia

polenta polenta

500 g maize flour, 1.5 l water, salt

For many years *polenta* was the staple food for those living in the mountains. If possible it should be prepared in a copper pot and cooked over an open fire or on a stove. Pour the maize flour in a steady stream into the water, which should be salted just before it comes to the boil to avoid lumps forming during cooking. Stir frequently with a wooden spoon and cook for around two hours (the time depends on the type of flour). Once ready the *polenta* should be firm and compact enough to be turned out onto a board and served in this way. *Polenta* can be served with cheeses, sausage, stew or game dishes.

500 gr maismeel, 1.5 l water, zout

Polenta was jarenlang het vaste voedsel voor iedereen die in de bergen woonde. Het hoorde bereid te worden in een koperen pan en gekookt boven een open vuur of op een fornuis. Schenk, om zo klonten te voorkomen, het maismeel in een geleidelijke ononderbroken stroom in het water dat werd gezout op het moment dat het aan de kook kwam. Regelmatig roeren met een houten lepel en ongeveer twee uur laten koken (de kooktijd is afhankelijk van het soort meel). Eenmaal gaar is de *polenta* klaar om geserveerd te worden wanneer hij stevig en compact genoeg is om omgekeerd te worden op een plank. *Polenta* kan geserveerd worden met kaas, worst, stoofpot of wildgerechten.

montasio dop
montasio dop

Hay, milk and mountain air: these are the three ingredients that go into Montasio, a DOP cheese made in the Friuli Venezia Giulia region which was first recorded at the end of the 18th century. The production area extends from Belluno to Treviso and some parts of the provinces of Padua and Venice, and it takes its name from the mountain of the same name in Friuli. It is made from cow's milk and its characteristics vary according to the three different ageing periods it can undergo. The three versions are: Montasio *fresco*, which is aged for two months and has a soft, delicate flavour; Montasio *mezzano*, aged for a period from five to ten months, with a more aromatic flavour, and lastly, Montasio *stagionato*, which is aged for more than ten months, and has a decidedly stronger, more piquant flavour. This is therefore a versatile cheese, which can be eaten fresh or grated, and is ideal for making traditional Friuli dishes like the delicious cheese crisps known as *frico*.

Hooi, melk en berglucht: dat zijn de drie ingrediënten van Montasio, een DOP-kaas uit Friuli Venezia Giulia die voor het eerst werd vermeld aan het eind van de 18e eeuw. Het productiegebied strekt zich uit van Belluno tot Treviso en sommige stukken van de provincies Padua en Venetië, en de naam is afkomstig van de gelijknamige berg in Friuli. De kaas wordt gemaakt van koeienmelk en het karakter verandert afhankelijk van de drie verschillende leeftijden. Die drie zijn: Montasio fresco*, die twee maanden heeft gerijpt en die een zachte, fijne smaak heeft; Montasio* mezzano, gerijpt tijdens een periode van vijf tot tien maanden, met een aromatischer smaak, en tot slot Montasio* stagionato*, die meer dan tien maanden heeft gerijpt, wat een zeer sterke, pikante smaak oplevert. De kaas is daardoor zeer veelzijdig en kan zowel vers als geraspt gegeten worden. Hij is ideaal voor traditionele gerechten als de heerlijke kaaschips uit Friuli bekend als* frico.*

gubana
gubana

gubana

This originated as a traditional Easter sweet, and its name almost certainly derives from the Slovenian word *guba*, meaning "fold". There are various recipes, and the best known are those of Cividale and the Valli del Natisone area. The former features a puff pastry made of flour, eggs, sugar, *grappa*, butter and salt, with a filling of walnuts, raisins, pine nuts, orange and citron zest, prunes and dried figs, sugar, eggs, butter, wine, spices and breadcrumbs. The latter differs in terms of the dough, which is made of flour, sugar, brewers' yeast, eggs, lemon zest, milk, breadcrumbs, butter and salt, while the filling remains the same. A key characteristic of a good *gubana* is its spiral shape, made by rolling up the cylinder of dough and filling. The baking, which was once done exclusively in public ovens, takes place at a moderate temperature.

Dit gebak was oorsponkelijk een zoetigheid voor Pasen, en de naam is vrijwel zeker afkomstig van het Sloveense woord voor "vouw". Er bestaan verscheidene recepten, waarvan de meest bekende die uit Cividale en het Valli del Natisone-gebied zijn. Bij het eerste recept wordt bladerdeeg gebruikt dat gemaakt is van bloem, eieren, suiker, grappa, boter en zout, met een vulling van walnoten, rozijnen, pijnboompitten, citroen- en sinaasappelrasp, pruimen en gedroogde vijgen, suiker, eieren, boter, wijn, specerijen en broodkruimels. De tweede versie verschilt qua deeg, waarvoor bloem, suiker, brouwersgist, eieren, citroenrasp, melk, broodkruimels, boter en zout worden gebruikt, terwijl de vulling dezelfde is. Een kenmerkende eigenschap van goede gubana is de spiraalvorm, die gemaakt wordt door de cilinder van deeg en vulling op te rollen. Het bakken, dat vroeger enkel plaatsvond in openbare ovens, gebeurt op een middelmatige temperatuur.

friuli venezia giulia

ramandolo docg
ramandolo docg

ramandolo docg

The pride of Friuli's wine production, and not only Friuli, Ramandolo is the region's first and only DOCG. It is an outstanding *passito* wine, golden yellow in colour and with a heady bouquet that recalls honey and dried apricots. Wonderful to drink on its own, slowly sipped, it also creates some incredible taste sensations when combined with savoury products like mature cheeses, Prosciutto San Daniele DOP with figs, *foie gras* or traditional Friuli cakes like *gubana*. The vineyards where verduzzo friulano grows are a sight to behold, on picturesque terraces around the town of Nimis, and part of the town of Tarcento, in the province of Udine, which represent a subzone of the Colli Orientali del Friuli area. Like all *passito* wines, the grapes are left to dry out on the vine (the late harvest is carried out between 15 and 30 October) or in special rooms, where they are placed on racks.

Ramandolo is de eerste en enige DOCG uit Friuli en de trots van de wijnproductie, die niet alleen in deze regio gebeurt. Deze uitstekende passito wijn is goudgeel van kleur en heeft een bedwelmend bouquet dat doet denken aan honing en gedroogde abrikozen. De wijn is heerlijk om op zichzelf te drinken met kleine nipjes, en hij zorgt voor heerlijke smaakcontrasten wanneer hij gecombineerd wordt met hartige producten als rijpe kaas, Prosciutto San Daniele DOP met vijgen, foie gras of traditionele taarten uit Friuli zoals de gubana. De wijngaarden waar de verduzzo friulano groeit, zijn een bezienswaardigheid, op schilderachtige terrassen rond de plaats Nimis, en een gedeelte van de plaats Tarcento in de provincie Udine, een subregio van het Colli Orientali del Friuli-gebied. Net als bij andere passito wijnen blijven de druiven aan de stok om te drogen (de late oogst vindt plaats tussen 15 en 30 oktober) of in speciale ruimtes waar ze aan rekken worden gehangen.

friuli venezia giulia

emilia romagna

A burst of energy and joviality: these are the characteristics that best sum up this region. Maybe it's the sparkle of Lambrusco or the flavour of Parmigiano-Reggiano, the sweetness of Prosciutto Crudo di Parma DOP or the succulence of Mortadella Bologna IGP, or maybe the hills of Bologna or the Adriatic coast, but Emilia Romagna is a flourish of outstanding quality products produced in the nine provinces that comprise the region (and the two historic areas of Emilia and Romagna should not be confused).

And so we come to the *tortellino* of Bologna, the sumptuous *lasagne*, traditional balsamic vinegar (from Modena and Reggio Emilia), eel from the Valleys of Comacchio, cured meat speciality Culatello DOP di Zibello, *piadina romagnola*, a flat bread, if possible filled with delicious Squaquarone, a local soft cheese. This is a region that offers a cornucopia of surprises to both food-lovers and visitors interested in history and culture: cities like Bologna, Ferrara and Ravenna, to name but a few, are a wonderful example.

Deze regio kan het best gekenmerkt worden als een uitbarsting van energie en jovialiteit. Misschien is het de sprankeling van de Lambrusco of de smaak van Parmigiano-Reggiano, de zoetheid van de Prosciutto Crudo di Parma of de sappigheid van de Mortadella Bologna, of misschien komt het door de heuvels van Bologna of de Adriatische kust, maar Emilia Romagna kent een weldaad van uitstekende kwaliteitsproducten in de negen provincies die samen de regio uitmaken (en de twee historische gebieden Emilia en Romagna, die niet verward mogen worden). We komen nu uit bij de tortellino *uit Bologna, de heerlijke* lasagne, *de traditionele balsamico-azijn (uit Modena en Reggio Emilia), paling uit de Comacchio vallei, de fijne vleesspecialiteit Culatello di Zibello, de* piadina romagnola, *een plat brood dat gevuld kan zijn met Squaquarone, een plaatselijke zachte kaas. Deze regio heeft een overvloed aan verrassingen te bieden aan liefhebbers van gastronomie en bezoekers die geïnteresseerd zijn in geschiedenis en cultuur: steden als Bologna, Ferrara en Ravenna, om maar een paar te noemen, zijn perfecte voorbeelden.*

prosciutto crudo di parma dop

prosciutto crudo di parma dop

Sweet-tasting, wafer-thin rosy slices that melt in the mouth: this is the taste sensation of a freshly-carved sliver of Parma ham. This unique product starts life in pig farms in 11 regions of central and northern Italy. The production process, which follows "denomination of protected origin" regulations, takes place in an area of the province of Parma. One of the secrets of the unique flavour of Prosciutto Crudo di Parma DOP is the area's ideal climate for curing the hams, which after being trimmed, are salted and left to rest for 60-80 days. Then they are washed and dried, left for an initial curing period and lastly greased with a lard paste.

The hams are then cured, and at the end of the curing period comes the tasting ritual: the inspectors insert a horse-bone needle into the ham, which they smell to assess the outcome of the curing process. Lastly, after being cured for 12 months, the characteristic five-pointed brand can be applied.

De zoete smaak van flinterdunne roze plakjes die smelten in de mond: dat is de unieke smaakervaring van een versgesneden plak Parmaham. Dit unieke product begint zijn carrière op een van de varkensboerderijen in 11 regio's in Midden- en Noord-Italië. Het productieproces volgens de "beschermde oorsprongsbenaming"-normen, vindt plaats in een gebied in de provincie Parma. Een van de geheimen van de unieke smaak van Prosciutto Crudo di Parma DOP is het ideale klimaat van deze regio voor het rijpen van de hammen, die, nadat ze gesneden zijn, worden ingewreven met zout, waarna ze 60-80 dagen rusten. Vervolgens worden ze gewassen en gedroogd. Hierop volgt een eerste rijpingsperiode, en tot slot worden ze ingesmeerd met vet.

De ham wordt vervolgens gerijpt, en aan het einde van deze periode komt het proefritueel: de inspecteur steek een naald van paardenbot in de ham en ruikt eraan om het resultaat van het rijpingsproces te beoordelen. Na 12 maanden te zijn gerijpt kan het karakteristieke vijfpuntige merk aangebracht worden.

emilia romagna

parmigiano-reggiano dop

parmigiano-reggiano dop

In production for more than eight centuries, this is one of the definitive icons of Italian food. Parmigiano-Reggiano is a cooked hard cheese made in the provinces of Parma, Reggio Emilia, Modena, Bologna and Mantua. The secret of its extraordinary flavour lies in the natural pasture consumed by the cows, the use of raw milk without any kind of additives, and the slow ageing process, creating a product of supreme quality. Crumbly and mouthwateringly good, Parmigiano-Reggiano can be consumed at various stages of the ageing process: from a minimum of 12 months (*nuovo*), between 12 and 18 months (*maturo*), between 18 and 24 months (*vecchio*) and from 24 to 36 months (*stravecchio*). The average weight of a wheel of Parmigiano-Reggiano is around 39 kilos, and with 16 litres of milk needed to produce 1 kilo of the end product, around 550 litres of milk go into making a whole cheese. A bounteous burst of flavour packed with nutritional goodness, Parmigiano-Reggiano is a thing of infinite variety.

*Deze kaas wordt al meer dan acht eeuwen geproduceerd, en het is een van de iconen van de Italiaanse keuken. Parmigiano-Reggiano is een gekookte harde kaas die in de provincies Parma, Reggio Emilia, Modena, Bologna en Mantua geproduceerd wordt. Het geheim van de uitzonderlijke smaak zit in de natuurlijke weidegrassen die de koeien grazen, het gebruik van rauwe melk zonder enige toevoegingen en het langzame rijpingsproces, met als resultaat een product van hoge kwaliteit. Parmigiano-Reggiano is kruimelig en zo lekker dat het water je in de mond loopt, en hij kan gegeten worden gedurende de verschillende stadia van het verouderingsproces: van minimum 12 maanden (*nuovo*), tussen 12 en 18 maanden (*maturo*), tussen 18 en 24 maanden (*vecchio*) en van 24 tot 36 maanden (*stravecchio*). Het gemiddelde gewicht van een wiel Parmigiano-Reggiano is ongeveer 39 kg, en aangezien er 16 liter melk nodig is om 1 kilo eindproduct te produceren, is er dus ongeveer 550 liter melk nodig voor het maken van een hele kaas. Een weldadige smaakexplosie die vol goede eigenschappen zit; Parmigiano-Reggiano is een product van oneindige afwisseling.*

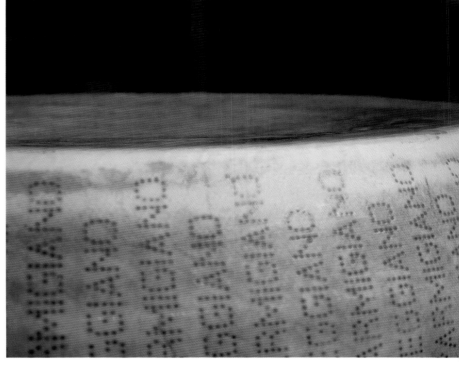

lambrusco
lambrusco

When it comes to Lambrusco, it would be more correct to talk about "Lambruscos" in the plural, in view of the fact that in the province of Modena alone there are three DOC wines made from this grape variety (sorbara, grasparossa di Castelvetro and salamino di Santacroce). This vivacious, generous, sweetish, sparkling wine is perfectly in tune with the character of the locals. It makes a great accompaniment for ham (if possible Prosciutto Crudo di Parma DOP or Culatello di Zibello DOP), Parmigiano-Reggiano DOP and then the classics of Modena cuisine – *tortellini in brodo, cotechino, bollito*, etc. But Modena Lambrusco is not the only variety, as in the province of Reggio Emilia we find Reggiano DOC Lambrusco and Reggiano DOC Lambrusco Salamino. Lambrusco is a multifaceted, eminently drinkable wine which is popular throughout the world, and in recent years it has been enjoying a renaissance thanks to the efforts of important winemakers, who are devoting great care to its production.

Wat Lambrusco betreft zou het correcter zijn om te spreken van "Lambrusco's" in het meervoud, aangezien er alleen al in de provincie Modena drie DOC-wijnen zijn die van deze druivensoort worden gemaakt (sorbara, grasparossa di Castelvetro en salamino di Santacroce). Deze levendige, weelderige, zoetige en bruisende wijn is perfect afgestemd op het karakter van de plaatselijke bevolking. De wijn is de perfecte begeleiding bij ham (zo mogelijk Prosciutto Crudo di Parma DOP of Culatello di Zibello DOP), Parmigiano-Reggiano DOP en voor bij de klassiekers uit de keuken van Modena – tortellini in brodo, cotechino, bollito, enz. Maar Modena Lambrusco is niet de enige variant, aangezien we ook in de provincie van Reggio Emilia Reggiano DOC Lambrusco en Reggiano DOC Lambrusco Salamino kunnen vinden. Lambrusco heeft vele gezichten, het is bovendien een zeer drinkbare wijn die populair is in de hele wereld. De laatste jaren maakt ze een renaissance door dankzij de inspanningen van vooraanstaande wijnproducenten die veel aandacht besteden aan de productie.

tortellini tortellini

For the pasta: 400 g 00 flour type, 4 eggs. For the filling: 150 g pork meat, 80 g *prosciutto crudo*, 50 g *mortadella*, 80 g grated Parmigiano-Reggiano, 1 egg, nutmeg, salt, pepper
For serving: 2 l capon broth, grated Parmigiano-Reggiano

The original *tortellini* recipe is a long and complicated business. Firstly you need to make the sheets of egg pasta, using one egg for every 100 g of flour. This dough should be left to rest while you prepare the filling, mixing minced pork, *prosciutto crudo*, *mortadella*, grated Parmigiano-Reggiano, egg, salt, pepper and nutmeg. The pasta dough should be rolled out to a thickness of 6-10 mm then cut into 3 cm squares. Place a little ball of filling in the centre of each square then close to form a triangle, before rolling this around your left index finger to create the classic *tortellino* shape. To make *tortellini alla bolognese*, cook and serve in a tasty chicken or capon broth, with a grating of Parmigiano-Reggiano.

Voor de pasta: 400 gr bloem type "00", 4 eieren. Voor de vulling: 150 gr varkensvlees, 80 gr *prosciutto crudo*, 50 gr *mortadella*, 80 gr geraspte Parmigiano-Reggiano, 1 ei, nootmuskaat, zout, peper. Voor het serveren: 2 l kapoenbouillon, geraspte Parmigiano-Reggiano

Het oorspronkelijke recept voor *tortellini* is een lange en ingewikkelde onderneming. Eerst moeten de vellen eierpasta gemaakt worden, met een ei voor elke 100 gr bloem. Dat deeg moet rusten. Intussen maakt u de vulling door gemalen varkensvlees te mengen met *prosciutto crudo*, *mortadella*, geraspte Parmigiano-Reggiano, ei, zout, peper en nootmuskaat. Het pastadeeg rolt u tot een dikte van 6-10 mm. Vervolgens snijdt u het in vierkantjes van 3 cm. Leg een balletje van de vulling in het midden van elk vierkantje en vouw het dicht tot een driehoek. Rol het vervolgens over de linker wijsvinger om de klassieke *tortellino*-vorm te maken. Kook en serveer *tortellini alla bolognese* in kippen-of kapoenbouillon, met een geraspte Parmigiano-Reggiano.

traditional balsamic vinegar
traditionele balsamico-azijn

Made from grape must, not wine, balsamic vinegar is one of the best-loved Italian products. It is important to distinguish between simple balsamic vinegar, which is made with the addition of a quantity of vinegar that has been aged for at least ten years, and traditional balsamic vinegar, which is created by cooking the grape must from a number of varieties, including trebbiano and lambrusco, grown in the provinces of Modena and Reggio Emilia. The process is lengthy and laborious: the must is cooked at 90°C, and then the resulting liquid is decanted into a series of casks of differing sizes and woods. The vinegar is decanted continuously, year after year, and aged for at least 12 years. The result is unique in terms of flavour and aroma, and a few drops of this exceptional elixir are a delicious addition to shavings of Parmigiano-Reggiano, strawberries, salads and risottos, or even chocolate. Italy currently has two "protected denomination of origin" products: Aceto Balsamico Tradizionale di Modena DOP and Aceto Balsamico Tradizionale di Reggio Emilia DOP.

Balsamico-azijn, gemaakt van druivenpulp in plaats van wijn, is een van de meest geliefde Italiaanse producten. Er moet een onderscheid gemaakt worden tussen eenvoudige balsamico-azijn die gemaakt wordt door het toevoegen van een hoeveelheid azijn die minstens tien jaar oud is, en de traditionele balsamico-azijn, die gemaakt wordt van gekookte druivenpulp van een aantal soorten, waaronder de trebbiano en lambrusco die groeien in de provincies Modena en Reggio Emilia. Het proces is tijdrovend en omslachtig: de pulp wordt gekookt op 90 °C, en de overgebleven vloeistof wordt overgebracht in een reeks vaten van verschillende maten en houtsoorten. De azijn wordt voortdurend overgeheveld, jaar na jaar, en is uiteindelijk minstens 12 jaar oud. Het resultaat is uniek in termen van smaak en aroma, en enkele druppels van dit uitzonderlijke elixer zijn een heerlijke toevoeging aan geschaafde Parmigiano-Reggiano, aardbeien, salades en risotto's, en zelfs aan chocolade. Italië heeft momenteel twee producten met een "beschermde oorsprongsbenaming": traditionele balsamico-azijn uit Modena en traditionele balsamico-azijn uit Reggio Emilia.

modena igp sour cherries
modena igp zure kersen

Many towns in the provinces of Modena and Bologna produce a special jam using the sour cherries grown in the towns that belong to the production regulations for this variety. As the name suggests, sour cherries have a slightly more acidic, bitter flavour than the normal variety. Very popular in icecream, the jam made from the Modena IGP cherries lends itself to the preparation of cakes and tarts, as well as cordials, puddings and conserves – the fruit is not normally eaten fresh. Another popular speciality in the Modena area involves putting the cherries (after removing the stalks) directly into jars with sugar. Once filled the jars are left in the sun until all the sugar melts. This is done between May and July so the cherries can be enjoyed in the autumn.

In vele plaatsen in de provincies Modena en Bologna wordt er een speciale jam gemaakt met de zure kersen die groeien in de plaatsen die tot de beschermde oorsprongsbenaming horen voor deze soort. Zoals de naam al doet vermoeden, hebben deze kersen een zuurdere, meer bittere smaak dan de gewone kers. De jam die hiervan gemaakt wordt, is heel populair in ijs en zeer geschikt voor het maken van taarten en cake, maar ook voor likeuren, pudding en conserven – vers wordt de vrucht vrijwel niet gegeten. Bij een andere populaire specialiteit in de buurt van Modena worden de kersen (na het verwijderen van de steel) rechtstreeks in potten met suiker gestopt. De volle potten worden in de zon gezet totdat alle suiker gesmolten is. Dit wordt gedaan tussen mei en juli, zodat de kersen gegeten kunnen worden in de herfst.

culatello di zibello dop
culatello di zibello dop

The king of cold cuts, as it is often dubbed, Culatello di Zibello DOP is one of the most highly renowned products of the Emilia Romagna region, and is safeguarded by a "denomination of protected origin" standard that also decrees the towns where it can be produced. It is made from the most prized part of the haunch of the pig, which is boned and then painstakingly processed, before being left to rest and then put in the skins to create its classic pear shape. The distinctive feature of this delicacy is the curing process, thanks to the climate of this particular area, in the province of Parma on the banks of the Po, with its foggy winters and stifling summers. Once the curing process, which takes at least a year, has finished, Culatello di Zibello DOP is ready to be sampled, thinly sliced on some good homemade bread, or with some ripe black figs, and accompanied by a glass of dry Malvasia Colli di Parma.

Culatello di Zibello DOP wordt de koning van de fijne vleeswaren genoemd, en het is een van de meest gerenommeerde producten uit Emilia Romagna, beschermd door de "beschermde oorsprongsbenaming" die ook aanduidt in welke plaatsen de vleeswaar mag worden geproduceerd. De culatello wordt gemaakt van het mooiste lendestuk van het varken, dat ontbeend en uiterst nauwkeurig verwerkt wordt voordat men het laat rusten. Men stopt het dan in de huiden waardoor de klassieke peervorm ontstaat. Het onderscheidende aspect van deze delicatesse is de rijping, met dank aan het specifieke klimaat in dit gebied in de provincie Parma aan de oevers van de Po, met haar mistige winters en drukkend hete zomers. Wanneer het rijpingsproces na ongeveer een jaar voltooid is, kan de Culatello di Zibello DOP geproefd worden, liefst in dunne plakjes op zelfgebakken brood, of met enkele rijpe donkere vijgen en een glas droge Malvasia Colli di Parma.

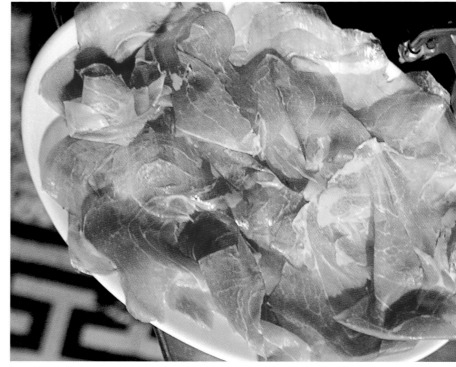

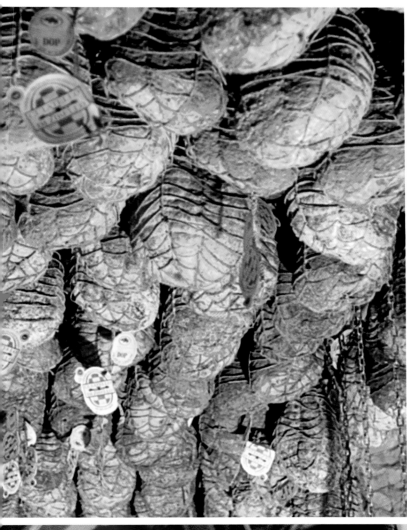

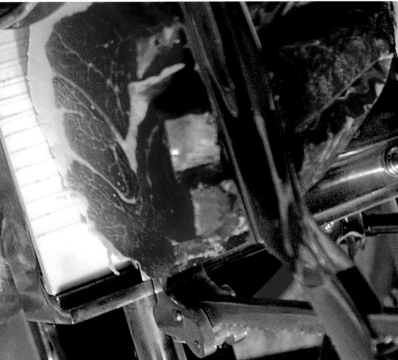

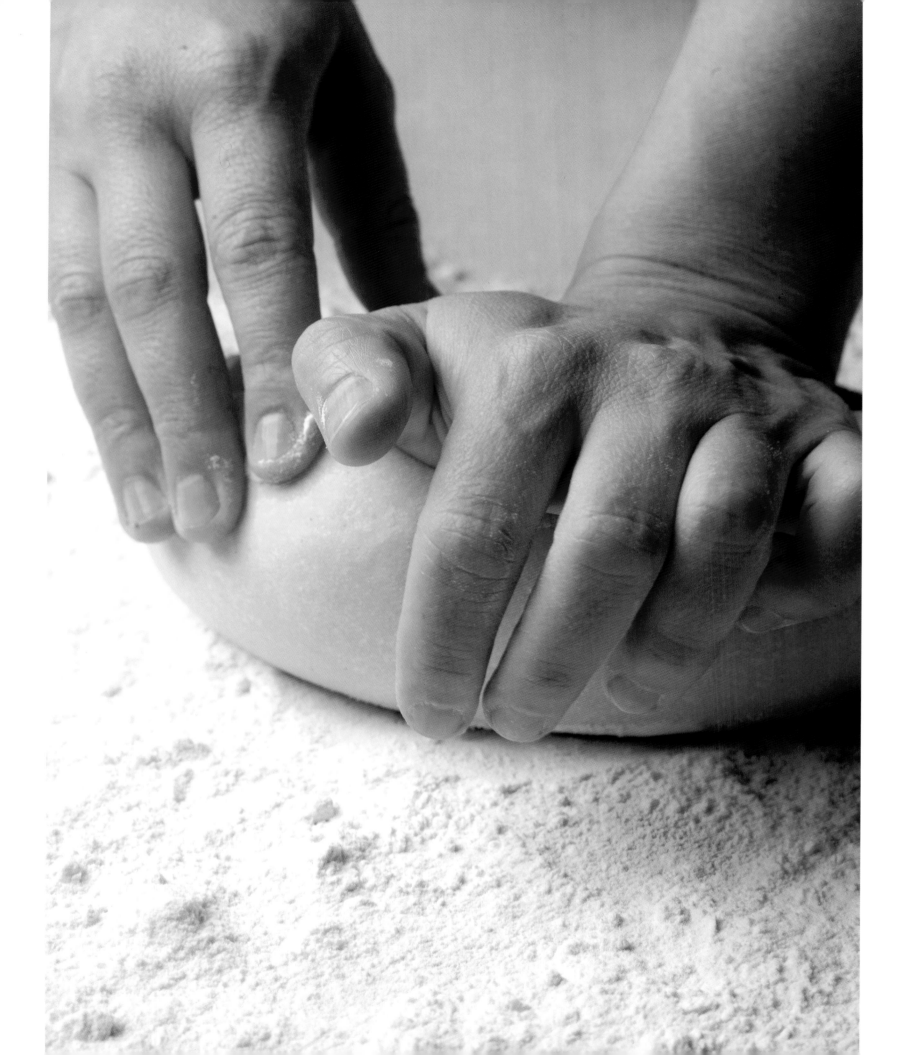

lasagne alla bolognese lasagne alla bolognese

400 g fresh egg *lasagne*, 500 g ragu, 1 l white sauce,
grated Parmigiano-Reggiano,
butter, salt

Parboil the *lasagne* in boiling salted water, drain and dry on a cloth. Butter an oven dish and spread a few spoonfuls of ragu and white sauce on the bottom, cover with a layer of *lasagne*, then a thin layer of white sauce, and a generous helping of ragu and Parmigiano-Reggiano, creating at least six layers. Finish off with a layer of pasta topped with ragu mixed with a little white sauce, a few knobs of butter and a dusting of cheese. Cook in a preheated oven at 180 °C for 25-30 minutes.

400 gr verse eier*lasagne*, 500 gr *ragù*, 1 l
witte saus, geraspte Parmigiano-Reggiano,
boter, zout

Kook de *lasagne*bladen halfgaar in gezout water, laat ze uitlekken en drogen op een keukendoek. Vet een ovenschaal in en schep een paar lepels *ragù* en witte saus op de bodem, bedek met een laag *lasagne*, vervolgens een dun laagje witte saus, en een flinke hoeveelheid *ragù* en Parmigiano-Reggiano. Maak op deze manier minstens zes lagen, en sluit af met een laag pasta met daarom *ragù* gemengd met een beetje witte saus, wat klontjes boter, en de geraspte kaas. Bak 25-30 minuten in een voorverwarmde oven op 180 °C.

mortadella bologna igp
mortadella bologna igp

A genuine Italian food icon *mortadella* is one of the best-selling, best-loved cured meats in Italy. Traditionally associated with the city of Bologna, it is actually produced in seven regions of Italy. A homely product with an unmistakeable flavour, it is now safeguarded by the IGP standard. Mortadella Bologna IGP is produced using a blend of pork that is minced and seasoned with salt and pepper corns or ground pepper. The production process involves preparing the meat mixture and the pieces of fat, blending the paste and stuffing it into the skins, before it is cooked and cooled. It is either cylindrical or oval in shape and once sliced presents its typical pink hue and delicate flavour. It is perfect for creating succulent rolls, or cut into cubes it makes tasty finger food for aperitifs, with a good glass of Lambrusco Reggiano or Lambrusco di Modena.

Mortadella *is een van de best verkochte en meest geliefde vleeswaren van Italië en een icoon van Italiaans eten.* Mortadella *is traditioneel verbonden met de stad Bologna, maar wordt eigenlijk in zeven regio's in Italië geproduceerd. Het is een eenvoudig product met een herkenbare smaak, en inmiddels beschermd door de IGP-norm. Mortadella Bologna IGP wordt geproduceerd met een mengsel van gemalen varkensvlees, op smaak gebracht met zout en peperkorrels of gemalen peper. De bereiding omvat het voorbereiden van het vleesmengsel met stukjes vet, het fijnmalen van dit mengsel om de omhulsels te vullen, en tot slot het koken en afkoelen. De vorm is cilindrisch of ovaal, en gesneden plakken hebben een typische roze kleur en verfijnde smaak. Mortadella is perfect voor het maken van overheerlijke broodjes, of als blokjes bij een aperitief met een goed glas Lambrusco Reggiano of Lambrusco di Modena.*

squaquarone di romagna
squaquarone di romagna

Spread onto a *piadina romagnola* (a sort of pitta bread made of flour, lard and water), this is a typical example of popular country fare that has now become modern street food. Squaquarone is a soft rindless cheese, made of cow's milk, which must be eaten in the space of a few days. Produced in the provinces of Ravenna, Forlì-Cesena, Rimini and Bologna, its oozing consistency is also evoked by its name, which recalls the Italian word for melting. As well as on a *piadina* it is wonderful with crêpes and timballes, but also in filled pasta like *cappelletti*. It is also delicious served with *mostarda* (a fruit pickle). It has a sweet, delicate flavour with a slightly acidic finish, and a glass of Albana secco di Romagna represents a perfect accompaniment.

De Squaquarone, gesmeerd op de piadina romagnola *(een soort pittabrood gemaakt van bloem, vet en water), is een typisch voorbeeld van plattelandsvoedsel dat inmiddels tot de moderne straatkeuken behoort. Squaquarone is een zachte kaas van koienmelk en zonder korst die binnen enkele dagen gegeten moet worden. De kaas wordt gemaakt in de provincies Ravenna, Forlì-Cesena, Rimini en Bologna, en de dunne textuur zit ook vervat in de naam, die doet denken aan het Italiaans voor smelten. De kaas is niet alleen lekker met een* piadina, *maar ook met crêpes en timballes, en in gevulde pasta zoals* cappelletti. *Ook lekker geserveerd met* mostarda *(ingemaakt fruit). De smaak is zoet en verfijnd, met een licht-zurige nasmaak die goed samengaat met een glas Albana secco di Romagna.*

SQUAQUARON

comacchio eels
comacchiopaling

At the mouth of the river Po, between the provinces of Ravenna and Ferrara, we find one of Italy's most beautiful natural areas – the Po Delta Natural Park. This is where the country's longest river, before meeting the Adriatic Sea, gives rise to a natural area boasting many different species of fauna, above all fish and lush vegetation. It is a fascinating ecosystem, the different areas of which are linked by waterways, and the waters of the Po are home to the Comacchio eel, one of the most renowned and prized species of fish not only in Romagna but also in neighbouring Veneto. With a high fat content but a unique flavour, eel is a genuine speciality, so much so that it is a traditional Christmas or New Year dish. It can be enjoyed fried, in stew, soused or, as they do in Comacchio, marinaded. This method involves cutting the eel into pieces then baking them on a spit. Once cooled the slices of eel are put into a brine made of water, vinegar, bay leaves and salt.

Tussen de provincies Ravenna en Ferrara aan de monding van de Po vinden we een van de mooiste natuurgebieden van Italië – het Natuurpark van de Po-delta. Hier creëert de langste rivier van het land alvorens in de Adriatische zee te verdwijnen, een natuurgebied met vele verschillende diersoorten, vooral vis, en een weelderige vegetatie. Het is een fascinerend ecosysteem waarin de verschillende gedeelten onderling verbonden zijn door waterwegen. In het water van de Po kan men Comacchiopaling vinden, een van de meest geprezen en beroemde vissoorten, niet alleen in Romagna, maar ook in het naburige Veneto. Met een hoog vetgehalte maar ook een unieke smaak is de paling een echte specialiteit, zozeer zelfs dat het een traditioneel kerst- of nieuwjaarsgerecht is. De paling kan gebakken worden, of verwerkt in stoofpot, gepekeld of, zoals ze in Comacchio zelf doen, gemarineerd. Hierbij wordt de paling in stukken gesneden en vervolgens aan het spit bereid. De afgekoelde plakken paling worden vervolgens ingemaakt in pekelwater met azijn en laurier.

cotechino sausage
cotechinoworst

Cotechino, a traditional sausage from the Emilia region, made its first appearance in 1511. It contains a mixture of pork, including striated muscle, pork fat and rind. These ingredients are minced then placed in a mixer where they are blended and seasoned with salt, pepper and spices, before being encased in natural pork gut. The sausages are then placed in ovens to dry. In the shops they can be found ready-cooked and vacuum-packed, while if bought raw they need to be boiled slowly in abundant water for at least two hours. During the cooking process it is important to remove the fat that comes to the surface using a slotted spoon, to make sure the sausage does not burst. Once cooked the sausages should be drained, skinned and cut into thick slices. *Cotechino* is traditionally served with lentils and mashed potato, or appetising fruit *mostarda*.

Cotechino is een traditionele worst uit Emilia die voor het eerst op het toneel verscheen in 1511. Hij bevat een mengsel van varkensvlees, inclusief spierweefsel, varkensvet en zwoerd. Deze ingrediënten worden gemalen, in een blender gemengd met zout, peper en specerijen, en vervolgens gebruikt voor het vullen van natuurlijke varkensdarm. De worsten worden in een oven gedroogd. In de winkel zijn ze al gekookt verkrijgbaar in vacuümverpakking, maar wanneer de worst rauw wordt gekocht, moet hij eerst langzaam 2 uur in water gekookt worden. Tijdens het koken is het belangrijk het vet dat aan het oppervlak komt drijven, uit de pan te scheppen met een schuimspaan zodat de worst niet openspringt. De gekookte worst moet dan nog uitlekken en ontveld worden, en kan vervolgens in dikke plakken worden gesneden. *Cotechino* wordt traditioneel geserveerd met linzen en aardappelpuree, of met een heerlijke fruit mostarda.*

toscana

n the collective imagination Tuscany conjures up visions of stunning rural landscapes, farmhouses set amidst fields of golden corn, rolling hills covered in vineyards of outstanding prestige and beauty, the silent presence of ancient olive groves, and tall cypresses standing guard at the side of country roads. From the Tyrrhenian coast to the wonderful Crete Senesi, the Val d'Orcia, Maremma or Garfagnana, Tuscany offers the finest products you could wish for: outstanding quality extra virgin olive oil, wines like Brunello and Chianti, cured meats like Lardo di Colonnata IGP, cereals like spelt, traditional cakes like *panforte* and *castagnaccio*, without forgetting the legendary Florentine steak or *ribollita*. A roll-call of the region's towns and cities is like dipping directly into the Middle Ages or the Renaissance: Florence, Siena, Lucca, Pisa, Volterra, Montepulciano, Montalcino, the Etruscan Coast, Val di Chiana, Argentario, and the Isle of Elba.

n ons collectieve bewustzijn roept Toscane beelden op van imposante landschappen, boerderijen temidden van gouden korenvelden, glooiende heuvels bedekt met wijngaarden van onbetwiste faam en schoonheid, de stille aanwezigheid van eeuwenoude olijfbomen, en ranke cipressen die op wacht staan langs landwegen. Van de Tyrrheense kust tot de schitterende Crete Senesi, de Val d'Orcia, de Maremma of de Garfagnana, Toscane biedt het beste dat men zich kan wensen: extravergine olijfolie van de allerhoogste kwaliteit, wijnen als Brunello en Chianti, fijne vleeswaren als Lardo di Colonnata, graanproducten als spelt, traditioneel gebak als panforte en castagnaccio, en niet te vergeten de legendarische florentijnse biefstuk of de ribollita. Noem enkele steden en dorpen op en het is alsof je een duik neemt in de Middeleeuwen of de Renaissance: Florence, Siena, Lucca, Pisa, Volterra, Montepulciano, Montalcino, de Etruskische kust, Val di Chiana, Argentario, en het eiland Elba.

tuscan extra virgin olive oil
toscaanse extravergine olijfolie

This is one of the cornerstones of the Mediterranean diet, and practically all the regions of Italy, from Puglia to Tuscany, from Liguria to Sicily, produce their own characteristic oil from locally-grown olives. When it comes to Tuscany, foodies will find a variety of different olive oils, bearing the "protected denomination of origin" and "typical geographic indication" standards. These include DOP Chianti Classico, Terre di Siena e Lucca, and the IGP Toscana label. Olive oil production is a fascinating ritual that takes place in various different stages: from the olive harvest, to crushing in the mills with the traditional millstones, to the extraction of the oil, which is then filtered and left to rest. Once ready for use Tuscan extra virgin olive oil is the key ingredient in a wide range of traditional dishes, from a simple *bruschetta* made with delicious Tuscan bread, to sumptuously hearty soups such as *ribollita*, *pappa al pomodoro* and *panzanella*.

Dit is de hoeksteen van het mediterraanse dieet, en vrijwel elke regio in Italië, van Apulië tot Toscane, van Ligurië tot Sicilië, produceert zijn eigen karakteristieke olie van de plaatselijke olijven. In Toscane kunnen liefhebbers een uitgebreide variatie vinden aan olijfolies die onder de norm "beschermde oorsprongsbenaming" of "beschermde geografische aanduiding" vallen.
Dat zijn onder meer DOP Chianti Classico, Terre di Siena e Lucca, en het IGP Toscanalabel. Het maken van olijfolie is een fascinerend ritueel dat verschillende stadia kent: van het oogsten van de olijven over het pletten in de molens met de traditionele molenstenen tot het onttrekken van de olie die men vervolgens filtert en laat rusten. Toscaanse extravergine olijfolie is het sleutelingrediënt in een hele reeks traditionele gerechten, van eenvoudige bruschetta *gemaakt van heerlijk toscaans brood, tot heerlijke hartige soepen als* ribollita, *en van* pappa al pomodoro *tot* panzanella.

garfagnana igp spelt

garfagnana igp spelt

Positioned between the Apuan Alps and the Tuscan-Emilian Apennines, Garfagnana is a beautiful area of Tuscany, in the province of Lucca, characterised by woodland country, natural caves and many medieval towns and villages of great charm and fascinating history. It lends its name to many typical products, including spelt, an age-old cereal which can be considered the ancestor of all modern crops. Spelt is cultivated according to precise production specifications which allow only organic methods of cultivation. Once polished – the skin removed from each grain – spelt is used in delicious soups, quiches and salads. It can also be ground and used to make pasta, bread or traditional, flavoursome biscuits. Like many cereals or pulses it needs to be soaked in water for a few hours, before use, to soften it, and then drained.

Tussen de Apuaanse alpen en de Toscaanse-Emiliaanse Apennijnen bevindt zich het mooie gebied Garfagnana in de provincie Lucca, dat gekarakteriseerd wordt door bosland, natuurlijke grotten en vele charmante middeleeuwse steden en dorpen met een fascinerende geschiedenis. De naam keert terug in vele producten, met name in de tarwesoort spelt, die de voorvader is van alle huidige soorten. Spelt wordt verbouwd volgens precieze specificaties die alleen maar organische methoden toelaten. Wanneer het graan van het vel is ontdaan, kan de spelt gebruikt worden in heerlijke soepen, quiches en salades. Gemalen spelt wordt gebruikt voor het maken van pasta, brood of traditionele smaakvolle koekjes. Net als vele andere granen of peulvruchten moet de spelt zachter gemaakt worden door hem een aantal uren te weken in water en uit te laten lekken voor gebruik.

castagnaccio cake castagnaccio cake

200 g chestnut flour, 250 ml water, 50 g pine nuts, 100 g raisins,
the zest of an orange cut into strips, rosemary,
extra virgin olive oil, salt

Mix the chestnut flour with a pinch of salt and 3 spoonfuls of oil. Pour the water in slowly. Mix with a whisk until you get a fairly runny, lump-free batter. Add 40 g pine nuts and the raisins plumped up in hot water. Grease the bottom of a cake tin with a little olive oil, pour in the mixture, top with the remaining pine nuts, some pieces of rosemary and the orange zest. Bake in a preheated oven at 180 °C for around 45 minutes. The *castagnaccio* is ready when it has dried out and a slight crust has formed on the surface.

200 gr kastanjebloem, 250 ml water, 50 gr pijnboompitten, 100 gr rozijnen, sinaasappelschil in reepjes, rozemarijn, extravergine olijfolie, zout

Meng de kastanjebloem met een snuifje zout en 3 lepels olie. Schenk er geleidelijk het water bij. Klop het met een garde tot een vrij dun beslag zonder klontjes. Voeg 40 gr pijnboompitten toe en de in heet water geweekte rozijnen. Vet de bodem van een cakeblik in met wat olijfolie, giet het beslag erin, en bedek het met de overgebleven pijnboompitten, wat rozemarijn en de sinaasappelschil. Bak 45 minuten in een voorverwarmde oven op 180 °C. De *castagnaccio* is gereed als hij droog is en er een dun korstje is ontstaan.

2000

BRUNELLO
DI MONTALCINO

Denominazione di Origine Controllata e Gara

Imbottigliato per il
Consorzio del Vino Brunello di Montalc
Montalcino - Italia

brunello di montalcino docg
brunello di montalcino docg

Just the name of this town in Val d'Orcia, a UNESCO World Heritage Area that is one of the most beautiful parts of Tuscany, evokes the tantalising vision of a swirling balloon glass releasing the characteristic Brunello bouquet. Brunello di Montalcino DOCG, protected by "controlled and guaranteed denomination of origin" has to be one of the best known wines in Italy and throughout the world. Brunello is made in the town of Montalcino from sangiovese grapes, and must comply with the precise rules set down in its production regulations: for example it must be aged in wood for two years and can only be sold from five years after harvest. Brunello di Montalcino is characterized by a deep ruby red colour, which becomes almost garnet with ageing. It is a full-bodied, harmonious wine, with a broad, elegant bouquet featuring hints of vanilla and spices. It is a wine for important dishes, especially roast meats, game and mature cheeses.

Alleen al de naam van deze plaats in Val d'Orcia, die op de UNESCO werelderfgoedlijst staat en die een van de mooiste plekken in Toscane is, is genoeg om betoverende beelden op te roepen van grote wijnglazen waarin de zwierige Brunello zijn karakteristieke bouquet vrijgeeft. Brunello di Montalcino, beschermd door de "gecontroleerde en beschermde oorsprongsaanduiding", is haast zeker een van de bekendste wijnen in Italië en in de rest van de wereld. Brunello wordt in de plaats Montalcino gemaakt van sangiovese druiven, en de wijn moet voldoen aan een aantal strenge normen: ze moet bijvoorbeeld twee jaar gerijpt worden in houten vaten en mag pas vijf jaar na de oogst verkocht worden. Brunello di Montalcino wordt gekenmerkt door een donkere robijnrode kleur, die bijna granaatrood wordt bij oudere wijnen. Het is een gecorseerde wijn, harmonieus en met een breed en elegant bouquet met hints van vanille en specerijen. Ze is bijzonder geschikt voor belangrijke schotels, vooral van geroosterd vlees, wild en rijpe kaas.

florentine steak
florentijnse biefstuk

The true star of Valdichiana, the area of Tuscany that borders on Umbria and includes towns such as Montepulciano and Chianciano Terme, is the majestic Chianina ox, an ancient, much-loved breed. The meat from this animal, which can grow to a height of around 1.80 metres, is the source of the famed Florentine steak, or *costata alla fiorentina* (cut from the lumbar region). To be truly Florentine, the steak must have a central T-bone, with fillet on one side and sirloin on the other. It is usually around 3 cm thick and the weight can vary from 600 to 800 grams. It is grilled on each side for five minutes, without seasoning, then once cooked it is seasoned (traditionally with sea salt), and served with a drizzle of Tuscan extra virgin olive oil. A twist of black pepper and a generous glass of a full-bodied wine (Brunello di Montalcino, naturally, or Chianti Classico) round off one of Tuscan cuisine's most succulent dishes.

De enige echte ster van Valdichiana, het gebied in Toscane dat grenst aan Umbrië met plaatsen als Montepulciano en Chianciano Terme, is de majestueuze Chianina os, een oud en geliefd ras. Het vlees van dit dier, dat tot wel 1.80 meter groot kan worden, is de bron van de befaamde Florentijnse biefstuk of costata alla fiorentina *(gesneden van de lendenen). Een echte Florentijnse steak moet het middenbot hebben, met de haas aan de ene zijde en het lendestuk aan de andere. De biefstuk heeft meestal een dikte van ongeveer 3 cm en een gewicht dat kan variëren van 600 tot 800 gram. Hij wordt aan elke zijde vijf minuten gegrild, zonder toevoegingen, en eenmaal gaar wordt er zout overheen gestrooid (meestal zeezout) en een scheutje toscaanse extravergine olijfolie. Wat verse zwarte peper en een genereus glas stevige wijn (Brunello di Montalcino, natuurlijk, of Chianti Classico) maken een van de sappigste gerechten van de Toscaanse keuken af.*

pratomagno zolfino beans
pratomagno zolfinobonen

This particular yellow-skinned variety of bean is farmed between the provinces of Arezzo and Florence, in the Pratomagno area. It is much appreciated in Italian cuisine, because of its delicate flavour and the thin skin that enables it to be cooked without the usual soaking. The *zolfino* bean is a symbol of the gastronomic excellence of this area, yet it almost became extinct. Now, as often happens, thanks to the dedication of a few farmers, it is being rediscovered. The best way to eat *zolfino* beans is simply boiled and served with a little extra virgin oil and bread, naturally Tuscan. Not to worry if there are any leftovers: these can be mixed with other vegetables and pulses to make *ribollita* – literally "reboilled" – a tasty country soup so-called because it used to be prepared with leftover vegetables. Next to the bowl of steaming *ribollita* a glass of good Chianti is a must.

Deze bijzondere, geelkleurige bonensoort wordt verbouwd tussen de provincies Arezzo en Florence, in de Pratomagno streek. De boon wordt zeer gewaardeerd in de Italiaanse keuken vanwege de delicate smaak en de dikke huid die ervoor zorgt dat de boon gekookt kan worden zonder te doorweken. De zolfinoboon is een symbool van het hoge gastronomische niveau van deze streek, maar was ooit vrijwel uitgestorven. Nu, dankzij de toewijding van een aantal boeren, is de boon herontdekt. De beste manier om zolfinobonen te eten is eenvoudigweg gekookt en geserveerd met wat extravergine olijfolie en Toscaans brood. Geen zorgen als er bonen over zijn; de restjes kunnen gemakkelijk gemengd worden met andere groenten en peulvruchten om de ingrediënten te worden van de ribollita – letterlijk "opnieuw gekookt" – een smaakvolle plattelandssoep die haar naam te danken heeft aan het feit dat ze bereid wordt met overgebleven groenten. Naast de kom dampende ribollita is een goed glas Chianti een noodzaak.

orbetello botargo
orbetello botargo

Take some fish roe, salt it, let it rest and then dry it for two weeks, and what you get is botargo, a genuine delicacy (the name comes from Arabic and it means salted fish eggs). If made from the roe of the grey mullet fished in the months of August and September in the splendid lagoon of Orbetello, in the province of Grosseto, by the magnificent Argentario promontory, then the result is supreme. Orbetello botargo, one of the most sought-after, prized varieties, has origins that date back to the 16th century and was probably created by the Spanish. It is delicious grated or thinly sliced on spaghetti, lending dishes the aroma of sea air and fish. It is sold in transparent vacuum-packs that show off its attractive amber red colour.

Neem wat viskuit, zout het, laat het rusten en droog het dan twee weken, en het resultaat is botargo, een ware delicatesse (de naam komt uit het Arabisch en betekent gezouten viseieren). De botargo is bijzonder uitmuntend wanneer ze gemaakt wordt van de kuit van de grijze harder, die in de maanden augustus en september in de prachtige lagune van Orbetello gevangen wordt, in de provincie Grosseto bij de adembenemende Argentariokaap. Orbetello botargo, een veelgevraagde variant, dateert uit de 16e eeuw en werd waarschijnlijk ontdekt door de Spanjaarden. Ze smaakt heerlijk geraspt of in dunne plakjes over spaghetti, en ze geeft schotels een aroma van zeelucht en vis. Ze wordt in transparante vacuümverpakking verkocht zodat de aanlokkelijke amberrode kleur goed te zien is.

ribollita soup ribollita soep

700 g Tuscan kale, 150 g fresh white beans, 2 potatoes, 3 ripe tomatoes, 1 stalk celery, 1 onion, 1 carrot, thyme, pork rind, 4 slices Tuscan bread, extra virgin olive oil, salt, pepper

This soup is called *ribollita* because it originally referred to any left-over, reheated vegetable soup. Nowadays it is prepared like this: lightly fry the carrot, onion and celery cut into pieces in a little oil. Add the tomatoes, thyme and peeled, diced potatoes. Add the sliced cabbage, beans and pork rind. Cover with 2 litres of cold water. Salt and cook for around 2 hours. Place the bread on the bottom of an earthenware dish, pour in the soup and put it in the oven to brown. Finish with freshly ground pepper and a drizzle of oil.

700 gr Toscaanse kool, 150 gr verse witte bonen, 2 aardappels, 3 rijpe tomaten, 1 stengel selderij, 1 ui, 1 wortel, tijm, varkenszwoerd, 4 plakken Toscaans brood, extra-vergine olijfolie, zout, peper

Deze soep draagt de naam *ribollita* omdat het oorspronkelijk verwees naar elke overgebleven, opgewarmde groentesoep. Tegenwoordig wordt het als volgt gemaakt: fruit de in stukjes gesneden wortel, ui en selderij licht in een beetje olie. Voeg de tomaten, tijm en de ontvelde tomatenblokjes toe, en daarna de gesneden kool, de bonen en de zwoerd. Vul aan met 2 liter koud water, voeg zout toe en laat het ongeveer 2 uur koken. Leg het brood op de bodem van een aardewerken schaal, schenk de soep erover en zet in de oven. Werk af met versgemalen peper en wat olie.

altopascio traditional bread
altopascio traditioneel brood

In Tuscany bread is an age-old and well established tradition, which comes to the fore when used in dishes such as *panzanella* and *pappa con il pomodoro* or with soups or dips. Dining without bread is unthinkable in Tuscany, and one of the most renowned varieties is that of Altopascio in the province of Lucca. Like all Tuscan bread, the Altopascio variety is made without salt and using a special yeast called *la sconcia*, following the old bread-making traditions. This natural yeast, and the use of fine Tuscan flours combine to create an exceptional bread that comes in two shapes: rectangular (*bozza*) or elongated (*filone*), with a soft consistency and a crunchy crust that makes it ideal for *bruschetta*, canapés and to accompany Tuscan cured meats. Altopascio, like many other Italian towns, is part of an association called Città del Pane (bread towns), that aims to promote the many different types of bread produced in specific areas of the Italian peninsula.

Brood is een oude en gevestigde traditie in Toscane, wat duidelijk wordt wanneer men over gerechten spreekt als panzanella *en* pappa con il pomodoro *of over soepen en fondues. Een diner zonder brood is ondenkbaar in Toscane, en een van de gerenommeerde broodsoorten is die van Altopascio in de provincie Lucca. Net als alle andere Toscaanse broden wordt het Altopasciobrood zonder zout gemaakt en met behulp van een speciaal gist dat* la sconcia *heet, volgens oude broodtradities. Die natuurlijke gist en het gebruik van fijne Toscaanse bloem resulteren in een uitzonderlijk brood in twee verschillende vormen: rechthoekig (*bozza*) of langwerpig (*filone*), met een zachte consistentie en een knapperige korst waardoor het ideaal is voor het maken van* bruschetta *en canapés en voor de begeleiding van fijne Toscaanse vleeswaren. Altopascio, net als vele andere Italiaanse plaatsen, maakt deel uit van een associatie die Città del Pane (broodsteden) heet, en die de vele verschillende soorten broden uit de uiteenlopende gebieden van het Italiaanse schiereiland wil promoten.*

pappardelle with hare
pappardelle met haas

600 g egg *pappardelle* pasta, 1 hare, 150 g chopped carrot, celery and onion, bay leaves, parsley,
300 ml red wine, 150 ml milk, meat stock, grated Pecorino Toscano cheese,
extra virgin olive oil, salt, pepper

Bone the hare and cut it into small pieces. Lightly fry the chopped vegetables with a little oil, then add the meat and brown it. Pour over the red wine and let it evaporate over a high heat, then add the milk, season with salt and pepper, cover and turn down the heat. Cook for around an hour, adding small quantities of hot stock if necessary. Cook the *pappardelle* in boiling salted water, drain when *al dente* then toss in the hare sauce and serve with a generous helping of Pecorino Toscano cheese.

600 gr *pappardelle* eierpasta, 1 haas, 150 gr gehakte wortel, selderij en ui, laurierblaadjes, peterselie, 300 ml rode wijn, 150 ml melk, vleesbouillon, geraspte Pecorino Toscano kaas, extravergine olijfolie, zout, peper

Been de haas uit en snij het vlees in kleine stukjes. Fruit de gehakte groenten licht in een beetje olie, voeg dan het vlees toe en bak het bruin. Schenk de rode wijn erbij en laat die verdampen boven een hoog vuur. Voeg vervolgens melk, zout en peper naar smaak toe, dek af en zet het vuur weer lager. Laat ongeveer een uur koken, en voeg zonodig kleine beetjes bouillon toe. Kook de *pappardelle* in gezout kokend water, giet af wanneer de *pasta al dente* is en schep de saus met haas erdoor. Serveer met Pecorino Toscanokaas.

lardo di colonnata igp

lardo di colonnata igp

The marble quarries of Colonnata in the province of Massa Carrara, as well as providing some of the finest marble in the world, have also been at the heart of the creation of a preservation system which has produced an exceptional quality product: Lardo di Colonnata IGP. The earliest origins of this cured meat, made from pork, date back to the time when the marble quarriers, out of pure necessity, found that marble tubs were the ideal container to preserve the *lardo* they needed as sustenance during the long days spent working in the quarries. The tubs, hollowed-out blocks of marble, are rubbed with garlic and seasoning, then the thick slices of *lardo* are placed inside, alternating with layers of seasoning (salt, black pepper, garlic rosemary, sage, etc.). Subsequently the tub is closed with a slab of marble and left to rest for at least six months. The result is a product with an unmistakable flavour that is at its best sampled thinly sliced on fragrant, warm homemade bread.

De marmergroeven van Colonnata in de provincie van Massa Carrara hebben niet alleen het mooiste marmer ter wereld geleverd, maar ze vormen ook de basis voor de creatie van een manier van conservering die tot een uitzonderlijk kwaliteitsproduct heeft geleid: Lardo di Colonnata IGP. De vroegste origines van deze vleeswaar van varkensvlees stammen uit de tijd dat de marmerhouwers uit pure noodzaak ontdekten dat marmeren kuipen ideaal waren voor het conserveren van de lardo waarmee ze zich voedden tijdens de lange dagen van zware arbeid in de groeve. De kuipen, uitgeholde blokken marmer, worden ingewreven met knoflook en specerijen, en vervolgens worden de dikke plakken lardo erin gelegd, afgewisseld met een laag kruiden en specerijen (zout, zwarte peper, knoflook, rozemarijn, salie, enz.). De kuip wordt vervolgens afgedekt met een stuk marmer en minstens zes maanden met rust gelaten. Het eindproduct met de onmiskenbare smaak is het lekkerst in dunne plakken op geurig, warm, zelfgebakken brood.

caciucco fish soup caciucco vissoep

1 kg cleaned fish for soup (mullet, tub gurnard, scorpion fish, dog fish, weever fish…), 500 octopus, cuttlefish, baby octopus and cleaned mussels, 300 g tomatoes, 300 ml red wine, 500 ml fish stock, 1 onion, 1 carrot, 1 stalk celery, 2 cloves garlic, parsley, slices of toasted Tuscan bread, powdered chilli, extra virgin olive oil, salt, pepper

Lightly fry the chopped onion, carrot, celery and garlic, then pour over the wine and steam it off. Add the diced tomatoes and after a few minutes the seafood, then the various types of fish, finishing with the most delicate, then cover and bring to the boil with a few ladlefuls of fish stock. Season and add the chilli and chopped parsley. Put some bread in each plate, place the fish on top and cover with a ladleful of the soup.

1 kg schoongemaakte vis voor soep (harder, rode poon, schorpioenvis, hondshaai, pieterman…), 500 gr inktvis, octopus, baby-octopus en schoongemaakte mosselen, 300 gr tomaten, 300 ml rode wijn, 500 ml visbouillon, 1 ui, 1 wortel, 1 stengel selderij, 2 teentjes knoflook, peterselie, sneden geroosterd Toscaans brood, chilipoeder, extravergine olijfolie, zout, peper

Fruit de gehakte ui, wortel, selderij en knoflook, schenk de wijn erover en laat die verdampen. Voeg eerst de tomatenblokjes toe, enkele minuten later de zeevruchten en vervolgens de verschillende soorten vis met de delicaatste als laatste. Dek af en breng aan de kook met een paar lepels visbouillon. Breng op smaak en voeg de chili en de gehakte peterselie toe. Leg wat brood op elk bord met daarop de vis, en schep de soep eroverheen.

tuscan dop suino cinto pig
toscaans dop suino cinto varken

Known mostly as Cinta Senese, this is a breed of saddleback pigs with time-honoured origins: as shown by its inclusion in the *Buon Governo* fresco by Ambrogio Lorenzetti, in the Palazzo Comunale di Siena, a work that dates back to the 14th century. Bred in the wild, the Cinta Senese almost became extinct, replaced by the white breed (the Tuscan saddleback has black skin and a typical lighter band around the chest). Its meat is delicious – because it lives mainly in the wild, meaning that it feeds naturally and develops the right ratio of fat and lean meat. In Tuscany it is the most popular meat for making ham, salami, lard, *capocollo*, *finocchiona* and other delicious cured meats, to be eaten with hearty Tuscan bread and a glass of good red wine such as Rosso di Montalcino, Rosso di Montepulciano or Chianti Classico.

Dit ras saddlebackvarken, bekend is onder de aanduiding Cinta Senese, kent een lange en illustere geschiedenis, zoals het feit bewijst dat het is opgenomen in het 14e-eeuwse fresco van Ambrogio Lorenzetti met de naam Buon Governo, *te zien in het Palazzo Comunale di Siena. De in het wild gefokte Cinta Senese waren praktisch uitgestorven en vervangen door een wit ras (de Toscaanse* saddleback *heeft een zwarte huid en een kenmerkende lichtere streep rondom de borst). Het vlees is heerlijk – met name omdat het hoofdzakelijk in het wild leeft, en dus natuurlijk eet en de juiste verhouding van vet en mager vlees ontwikkelt. Dit varkensvlees is het meest gewilde vlees in Toscane voor het maken van ham, salami, varkensvet,* capocollo, finocchiona *en andere heerlijke vleeswaren, die goed smaken met stevig Toscaans brood en een goed glas rode wijn, bijvoorbeeld Rosso di Montalcino, Rosso di Montepulciano of Chianti Classico.*

pici pasta
pici pasta

This traditional home-made pasta is the hallmark of the province of Siena and the Aretino area. The name often changes depending on the town they are made in (for example in Montalcino they are called *pinci*). They look like irregular spaghetti, and are individually stretched out by hand. The dough is made from wheat flour, water and salt and is no easy task for inexpert hands. *Pici* are served with duck, mushroom and tomato sauces. The most typical dish is *pici all'aglione* – in a garlic, hot pepper and tomato sauce topped with a generous grating of *pecorino* and served with a glass of good Tuscan red wine. The ancestors of *pici* have been found in an Etruscan tomb in Tarquinia where a servant is portrayed bringing a plate of this chunky spaghetti to the table.

Deze traditionele pasta is een kenmerk van de provincie Siena en de streek van Aretino. De naam verandert afhankelijk van de plaats waar de pasta vandaan komt (in Montalcino wordt de pasta pinci *genoemd). De pasta ziet eruit als onregelmatige spaghetti die een voor een met de hand worden uitgerekt. Het deeg wordt gemaakt van tarwemeel, water en zout, en het is zeker geen zaak voor beginners.* Pici *worden geserveerd met eend, paddestoelen en tomatensausen. Het meest kenmerkende recept is de* pici all'aglione *– in een saus met knoflook, hete peper en tomaat, rijkelijk afgemaakt met geraspte* pecorino *en geserveerd met een glas Toscaanse rode wijn. De voorvader van de* pici *is aangetroffen in een Etruskische tombe in Tarquinia waar een bediende is afgebeeld die een schotel met deze grote spaghetti naar de tafel draagt.*

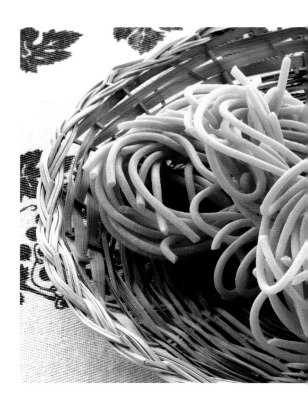

red mullet alla livornese rode harder alla livornese

8 gutted, scaled red mullets, 800 g tomatoes, 1 onion, 2 cloves garlic, chopped parsley, flour, extra virgin olive oil, salt, pepper

Rinse and dry the fish well. Fry the garlic and onion in a little oil, then remove the garlic, add the peeled tomatoes, without the seeds, in pieces, season with salt and pepper and cook for around 20 minutes. Flour the mullet and brown it in a pan with 3 spoonfuls of oil, then place in a terracotta dish, forming a single layer. Sieve the sauce and pour it over the fish. Cook over a moderate heat for about 10 minutes, then dust with the chopped parsley, finish with a drizzle of olive oil and serve.

8 schoongemaakte, ontschubde rode harders, 800 gr tomaten, 1 ui, 2 teentjes knoflook, gehakte peterselie, bloem, extravergine olijfolie, zout, peper

Spoel de vis af en dep hem goed droog. Bak de knoflook en de ui in een beetje olie, verwijder de knoflook en voeg de gepelde tomatenstukjes zonder de zaadjes toe, breng op smaak met zout en peper en laat ongeveer 20 minuten koken. Haal de vis door de bloem en bak hem in een pan bruin met drie lepels olie, en leg hem vervolgens in een enkele laag in een terracottaschaal. Zeef de saus en schenk die over de vis. Laat ongeveer 10 minuten op matig vuur koken, besprenkel met de gehakte peterselie en een scheutje olijfolie en serveer.

vino nobile montepulciano docg

vino nobile montepulciano docg

A city and a wine. Since Etruscan times Montepulciano has been closely associated with the wine of the same name and its vineyards. And it makes for a stunning combination, with an enchanting area and a fascinating city that boasts art, history and tradition, with splendid examples being Palazzo del Capitano and Pozzo dei Grifi e dei Leoni. This area – apart from the lower reaches of the Chiana Valley – is the birthplace of Vino Nobile di Montepulciano DOCG, a wine produced from different grape varieties, such as prugnolo gentile, canaiolo nero, Chianti malvasia and trebbiano toscano. It must age in oak or chestnut barrels for at least two years, while after three years of ageing it earns the title Riserva. Vino Nobile di Montepulciano DOCG is an outstanding red, with an intense garnet colour that acquires orangey notes as it ages, and a full bodied, smooth palate; it is ideal with flavoursome red meat and game dishes such as wild boar.

Een stad en een wijn. Al sinds de Etrusken wordt Montepulciano sterk geassocieerd met de gelijknamige wijn en de wijngaarden. Het is dan ook een prachtige combinatie, de betoverende omgeving en de fascinerende stad die kan bogen op kunst, geschiedenis en traditie, met prachtige voorbeelden als Palazzo del Capitano en Pozzo dei Grifi e dei Leoni. De streek – met uitzondering van de lager gelegen gedeelten van de Chiana Vallei – is de geboorteplek van de Vino Nobile di Montepulciano DOCG, een wijn die gemaakt wordt van verschillende druivensoorten waaronder de prugnolo gentile, canaiolo nero, Chianti malvasia en trebbiano toscano. De wijn moet minstens twee jaar rijpen in eikenhouten of kastanjehouten vaten, terwijl er drie jaar nodig is voor de Riserva-titel. Vino Nobile di Montepulciano DOCG is een uitmuntende rode wijn, met een intense granaatrode kleur die met de ouderdom oranje accenten krijgt, en een volle, zachte afdronk; ideaal voor rood vlees en wildgerechten zoals wild zwijn.

pecorino toscano dop
pecorino toscano dop

Produced in the whole of Tuscany (but also in Umbria, in two towns in the provinces of Terni and Perugia, and in Lazio in the province of Viterbo), Pecorino Toscano DOP is made from sheep's milk, with an ageing process that can vary greatly in length. It comes in round forms that weigh between 1 and 3.5 kg, with a rind that can be whey yellow if it is less mature, or intense yellow with ageing. It is often found with a red or black rind due to being spread with tomato concentrate or ash (a process that is now almost entirely substituted by waxing). The flavour changes depending how long it is aged (from no less than twenty days for a tender texture to four months and over for a semi-firm texture). Soft *pecorino* has a delicate flavour, whereas the semi-firm version is more intense and pronounced. Mature *pecorino* is widely used for grating but both the soft and mature versions are often eaten with honey or jam.

Pecorino Toscano DOP wordt in heel Toscane geproduceerd (ook in Umbrië, in twee plaatsen in de provincies Terni en Perugia, en in Lazio in de provincie Viterbo), op basis van schapenmelk en met een rijpingsproces van zeer uiteenlopende duur. De vorm is rond, het gewicht ligt tussen 1 en 3,5 kg, en de korst is weiwit bij jonge kaas, en diepgeel bij oudere kaas. Hij kan ook gevonden worden met een rode of zwarte korst, die ontstaat wanneer er tomatenconcentraat of as op wordt gesmeerd (die handelswijze is inmiddels praktisch verdwenen en vervangen door was). De smaak is ook afhankelijk van de ouderdom (niet minder dan twintig dagen voor een zachte textuur tot vier maanden of meer voor een halfharde textuur). Zachte pecorino heeft een delicate smaak, terwijl de halfharde versie intenser en meer uitgesproken is. Oude pecorino wordt veel gebruikt in geraspte vorm, maar zowel de zachte als de oudere types worden veel gegeten met honing of jam.

toscana
cantucci biscuits cantucci koekjes

500 g flour, 1/2 sachet baking powder, 370 g sugar,
4 eggs, 250 g unpeeled almonds,
100 g butter, salt

Mix the flour, baking powder, sugar and a pinch of salt in a bowl. Add 3 of the eggs and the cooled melted butter. Mix and add the coarsely chopped almonds. Use the dough to make two rolls, 2 cm wide and 1 cm high, and place these on a baking tray lined with baking paper. Brush with the remaining beaten egg and bake in a preheated oven at 180 °C for around 20 minutes. Take out of the oven and while still hot, cut into diagonal slices. Put these back into the oven for a few minutes till they are crunchy. Serve with Vin Santo.

500 gr bloem, 1/2 zakje bakpoeder, 370 gr suiker, 4 eieren, 250 gr ongepelde amandelen, 100 gr boter, zout

Meng bloem, bakpoeder, suiker en een snuifje zout in een kom. Voeg 3 eieren en de afgekoelde gesmolten boter toe. Mix en voeg de grof gehakte amandelen toe. Gebruik het deeg om twee rollen te maken van 2 cm breed en 1 cm dik, en leg die op een bakplaat met bakpapier. Smeer het overgebleven geklopte ei erover en bak alles ongeveer 20 minuten in een voorverwarmde oven op 180 °C. Haal de bakplaat uit de oven en snij het deeg wanneer het nog warm is in diagonale plakjes. Zet weer een paar minuten in de oven tot ze knapperig zijn. Serveer met Vin Santo.

tuscan vin santo
toscaanse vin santo

This is one of the best-known and most-loved *passito* wines. Its origins date back to the middle ages, and it is now made with trebbiano toscano and malvasia toscana grapes, used alone or in combination with other grapes in three denominations of origin (Chianti, Chianti Classico and Montepulciano). The grapes are harvested and then left to dry in special rooms where they rest for a period which varies according to production specifications. Once they have dried sufficiently the grapes are pressed, producing must: this is placed in kegs, small barrels from 50 to 200 litres, to ferment and age for no less than three years. Vin Santo is then bottled and is ready to be slowly sipped. Amber yellow in colour, its bouquet brings to mind candied fruit and raisins while on the palate it is smooth, sweet and rich in nuances. It is usually sipped while eating *cantucci*, traditional Tuscan biscuits made with almonds and pine nuts.

Deze wijn is een van de bekendere en meest geliefde passito *wijnen. Zijn oorsprong dateert uit de middeleeuwen, en tegenwoordig wordt de wijn gemaakt met trebbiano toscano en malvasia toscana-druiven, apart of in combinatie met andere druivensoorten in drie verschillende oorsprongsaanduidingen (Chianti, Chianti Classico en Montepulciano). De druiven worden geoogst en vervolgens gedroogd in speciale ruimtes gedurende een periode die varieert afhankelijk van de productienormen. Wanneer de druiven eenmaal droog genoeg zijn, worden ze geperst tot druivenpulp die in kleine vaatjes van 50 tot 200 liter wordt gedaan om mistens drie jaar te fermenteren en te rijpen. De Vin Santo wordt vervolgens gebotteld en is dan klaar om genipt te worden. Ambergeel van kleur, met een bouquet dat doet denken aan gekonfijt fruit en rozijnen, heeft de wijn een zachte en zoete afdronk met rijke nuances. De Vin Santo wordt meestal gedronken met* cantucci, *de traditionele Toscaanse koekjes gemaakt van amandelen en pijnboompitten.*

toscana
panforte panforte

75 g sugar, 75 g honey, 125 g almonds, 75 g walnuts, 100 g candied citron, 50 g candied orange, 2 egg whites, 10 g spices (powdered cinnamon, nutmeg, powdered ginger, white pepper…), 40 g cocoa powder, rice paper, icing sugar, flour, butter

Melt the sugar and honey over a low heat. Mix the finely chopped dried fruit and candied fruit, and add the egg whites, cocoa and spices. Mix in the warm sugar and honey, stirring carefully. Butter and flour the sides of a round cake tin, place the rice paper on the bottom, then press the mixture into the tin. Bake in a preheated oven at 150 °C for around 40 minutes. Take out of the oven, leave to cool, then dust with icing sugar.

75 gr suiker, 75 gr honing, 125 gr amandelen, 75 gr walnoten, 100 gr gekonfijte citroen, 50 gr gekonfijte sinaasappel, 2 eiwitten, 10 gr specerijen (kaneelpoeder, nootmuskaat, gemberpoeder, witte peper…), 40 gr cacaopoeder, rijstpapier, poedersuiker, bloem, boter

Smelt de suiker en de honing boven een laag pitje. Meng de fijngehakte noten en gekonfijte vruchten erdoor, en voeg dan de eiwitten, de cacao en de specerijen toe. Meng de verwarmde suiker en honing erdoor, terwijl u zorgvuldig roert. Vet een rond cakeblik in met boter en bestrooi het met bloem, druk dan het mengsel in het blik. Bak ongeveer 40 minuten in een voorverwarmde oven op 150 °C. Haal het uit de oven, laat afkoelen en bestrooi met de poedersuiker.

Umbria

The region where St. Francis of Assisi was born, Umbria is certainly an all-time favourite destination for tourists interested in nature, art and spirituality. Cities like Assisi, Gubbio, Todi, Orvieto, Perugia and Foligno are wonderful examples of a region that is full of castles, churches, palazzos, historic villages and museums, where the aura of the serene, contemplative Franciscan tradition persists. Even food and wine have a frugal quality about them, linked to age-old traditional trades such as pork butchery. Umbria is famous for its cured meats, such as *capocollo*, wild boar salami, and Prosciutto di Norcia. Other renowned specialities are IGP lentils from Castelluccio di Norcia, the prized black truffle of Norcia and extra virgin olive oil, not to mention wines such as Sagrantino di Montefalco and Torgiano; the latter takes its name from a city that has two beautiful museums dedicated to wine and oil. Finally, if you're missing the sea, you can always enjoy the views over beautiful Lake Trasimeno on the border with neighbouring Tuscany.

U mbrië, de geboortestreek van St. Franciscus van Assisi, is sinds jaar en dag een favoriete bestemming voor toeristen die geïnteresseerd zijn in natuur, kunst en spiritualiteit. Steden als Assisi, Gubbio, Todi, Orvieto, Perugia en Foligno zijn mooie voorbeelden van een regio die vele kastelen, kerken, palazzo's, historische dorpjes en museums heeft en waar het aura van de serene, contemplatieve Fransiscaanse traditie aanhoudt. Ook eten en drinken hebben hier iets sobers, en houden vaak verband met oude traditionele bezigheden zoals het slachten van varkens. Umbrië is beroemd vanwege vleeswaren als capocollo, salami van wild zwijn en Prosciutto di Norcia. Andere befaamde specialiteiten zijn de IGP-linzen uit Castelluccio di Norcia, de veelgeprezen zwarte truffel van Norcia en extravergine olijfolie, om nog maar te zwijgen over wijnen als Sagrantino di Montefalco en Torgiano; de laatste heeft de naam gekregen van een stad met twee mooie musea die gewijd zijn aan wijn en olie. En tot slot, voor wie de zee mist is er het mooie Trasimeno-meer aan de grens met het naburige Toscane.

umbria

castelluccio di norcia igp lentils

castelluccio di norcia igp linzen

An age-old pulse crop, IGP lentils from Castelluccio di Norcia (a small hamlet near the town of Norcia in the province of Perugia, in the southern area of the Sibylline Mountains) are a high quality product, harvested between the end of July and the beginning of August (in the old days the harvest was done by hand, tiring and laborious work). The tiny seeds, which grow inside pods, are about 2 mm in diameter and vary in colour from green to brown. The production area is located inside the Sibylline Mountains National Park, in beautiful lush green countryside close to Mount Vettore on the border between Umbria and the Marche region. Lentils are rich in protein, vitamins and fibre, and are excellent teamed a range of cereals, and obviously with meat products such as sausage, *cotechino* and *zampone* (pig's trotter stuffed with salted, flavoured minced meat), a time-honoured tradition especially at New Year. Since they are tender, with a very thin skin, Castelluccio lentils do not need soaking.

De IGP-linzen uit Castelluccio di Norcia (een gehucht van de plaats Norcia in de provincie van Perugia, in het zuidelijke gedeelte van de Monti Sibillini) zijn oude traditionele peulvruchten, en een kwaliteitsproduct dat geoogst wordt tegen het einde van juli en het begin van augustus (de oogst werd vroeger met de hand gedaan, een vermoeiend en omslachtig werk). De kleine zaden die in de peulen groeien, zijn ongeveer 2 mm in doorsnee en variëren in kleur van groen tot bruin. De productiestreek ligt binnen het nationale park van de Monti Sibillini, een prachtig groen landelijk gebied dicht bij Monte Vettore aan de grens tussen Umbrië en de regio van de Marche. Linzen zijn rijk aan proteïnen, vitamines en vezels, en gaan heel goed samen met vele granen en natuurlijk met vleesproducten zoals worst, cotechino *en* zampone *(met kruidig gemalen vlees gevulde varkenspoot), sinds jaar en dag een geëerde traditie, vooral met Nieuwjaar. Aangezien ze al zacht zijn en een dunne schil hebben, hoeven linzen uit Castelluccio niet geweekt te worden.*

norcia prized black truffle
norcia geprezen zwarte truffel

Its scientific name is *Tuber melanosporum vittadini* and it is one of Umbria's finest and best known products. To be more precise, it is found around Norcia, where the important international black truffle fair is held every year. The Prized Black Truffle is an irregularly-shaped underground fungus which varies in size from hazelnut to potato. The size of the find depends on the truffle hunter's luck in searching for this hidden delicacy, always accompanied by his faithful canine companion. Dark in colour, it gives off an aromatic, fruity aroma. Truffles can be found in hilly areas near hazelnut trees, downy oaks, holm oaks and other trees, but there are strict regulations regarding truffle-hunting, to ensure that the natural areas where they grow remain unspoilt. In local cuisine the Prized Black Truffle enhances all kinds of dishes, from starters to meat or fresh water fish dishes, or to add flavour to cheeses and cured meats.

De wetenschappelijke naam van een van Umbrië's mooiste en bekendste producten is Tuber melanosporum vittadini. *De truffel, om precies te zijn, wordt gevonden in de omgeving van Norcia, waar elk jaar een belangrijke internationale zwarte truffelmarkt wordt gehouden. De geprezen zwarte truffel is een ondergrondse paddestoel met een onregelmatige vorm die in grootte varieert van die van een hazelnoot tot die van een aardappel. De grootte van de vondst hangt af van het geluk van de truffeljager bij het zoeken van de verborgen delicatesse, terwijl hij altijd vergezeld is door zijn trouwe viervoeter. De truffel is donker van kleur en heeft een geurig en fruitig aroma. Truffels kunnen gevonden worden in heuvelachtige gebieden in de buurt van hazelaars, donzige eiken, steeneiken en andere bomen, maar er zijn strenge regels voor de truffeljacht zodat de natuurlijke gebieden waar ze aangetroffen worden, onaangetast blijven. In de plaatselijke keuken verrijkt de zwarte truffel vele gerechten, van voorgerechten tot vlees en zoetwatervis, of wordt ze gebruikt om smaak toe te voegen aan kazen en vleeswaren.*

capocollo
capocollo

This is a very common cured meat in central to southern Italy, and is produced from Umbria to Puglia in many varieties. *Capocollo* is made by processing the upper part of the neck and part of the shoulder of the pig. The main characteristics of the Umbrian variety are the rich curing mixture – which includes salt, pepper, coriander, fennel seeds, nutmeg and garlic – and the fact that it is bound in oiled paper, preserving its flavour over time. After a while the oiled paper is removed and the *capocollo* is packed in traditional butcher paper and tied tightly with string, before being aged for another three months. When cut, it is dark red in colour with white veining (similar to *coppa*); it has an intense flavour which is ideally accompanied by some good unsalted bread and a glass of quality red wine, such as Torgiano.

Capocollo *is een veel voorkomende vleeswaar in Midden- en Zuid-Italië, die van Umbrië tot Apulië in vele varianten wordt geproduceerd.* Capocollo *wordt gemaakt door het bovenste gedeelte van de nek en de schouder van het varken te verwerken. De voornaamste kenmerken van de versie uit Umbrië is het rijke mengsel waarmee het vlees wordt bewerkt – met onder meer zout, peper, koriander, venkelzaad, nootmuskaat en knoflook – en het feit dat het in geolied papier wordt verpakt zodat het de smaak behoudt. Na een tijdje wordt het geoliede papier verwijderd en wordt de* capocollo *verpakt in traditioneel slagerspapier en strak dichtgebonden met draad, waarna het vlees nog eens drie maanden moet rijpen. Gesneden is het donkerrood van kleur met witte aders (vergelijkbaar met* coppa*); de smaak is intens, en gaat goed samen met ongezouten brood en een goed glas rode wijn, bijvoorbeeld Torgiano.*

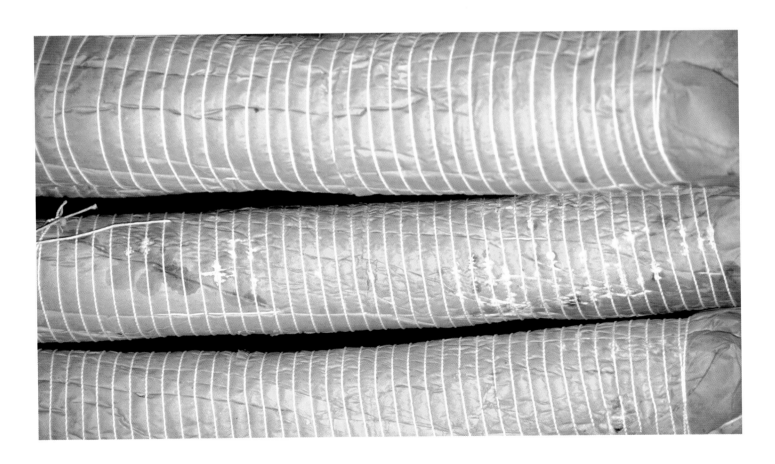

porchetta
porchetta

Suckling pig is one of Umbria's main meat specialities. It is prepared using the whole pig, including the head. The pig is first partially boned, then the liver, lungs and heart are removed, to be blanched, diced and seasoned with a mixture of wild fennel, garlic, rosemary, thyme and pepper. The pig is then stuffed with this mixture, put back into shape, tied and roasted for a number of hours in the oven, or preferably over a barbeque. The cooking process has to be followed carefully to create a crispy skin. The *porchetta* is then carefully sliced and served cold.

Speenvarken is een van de vleesspecialiteiten van Umbrië. Het wordt bereid uit het hele varken, inclusief de kop. Het varken wordt eerst gedeeltelijk uitgebeend, waarna de lever, de longen en het hart worden verwijderd om geblancheerd te worden, in stukjes gesneden en op smaak gebracht met een mengsel van wilde venkel, knoflook, rozemarijn, tijm en peper. Het varken wordt vervolgens gevuld met dit mengsel, opnieuw gevormd en dichtgebonden, en een aantal uren in de oven geroosterd of liever nog gegrild boven een barbeque. Het koken moet van nabij gevolgd worden zodat er een krokant korstje ontstaat. De porchetta *wordt vervolgens zorgvuldig gesneden en koud geserveerd.*

umbria
lentil soup linzensoep

200 g Castelluccio di Norcia lentils, 200 g pork rind, 300 g tinned tomatoes, 2 bay leaves, 1 stalk celery, 1 clove garlic, 1 onion, 1 carrot, 1 fresh chilli pepper, extra virgin olive oil, salt

Rinse the lentils and cook them in water for an hour. Put the cooking liquid aside. Scrape the pork rind, wash it and cook it in a covered pan of water with 2 bay leaves for 40 minutes. Drain and cut into pieces. Lightly fry the chopped celery, garlic, onion and carrot in a little oil. Add the crumbled chilli and sliced tomatoes. After around 10 minutes add the lentils and pieces of pork rind. Pour in the lentil liquid. Salt and cook for 30 minutes.

200 gr Castelluccio di Norcia linzen, 200 gr varkenszwoerd, 300 gr tomaten in blik, 2 laurierblaadjes, 1 stengel selderij, 1 teentje knoflook, 1 ui, 1 wortel, 1 verse chilipeper, extravergine olijfolie, zout

Was de linzen en kook ze een uur in water. Zet het kookvocht aan de kant. Schraap de zwoerd schoon, was en kook hem 40 minuten in een afgedekte pan met water en twee laurierblaadjes. Giet af en snij in stukken. Fruit de gehakte selderij, knoflook, uien en wortel licht in een beetje olie. Voeg het verpulverde chilipepertje en de gesneden tomaten toe. Voeg na 10 minuten de linzen en de stukjes varkenszwoerd toe. Schenk het linzenkookvocht erbij, voeg zout toe en kook 30 minuten.

prosciutto di norcia igp
prosciutto di norcia igp

Norcia is something of a cornerstone in Umbrian food and wine traditions: as well as lentils, *capocollo* and black truffles, this picturesque town in the province of Perugia also gives its name to a variety of ham, an age-old tradition in these parts. Indeed it is no coincidence that the Italian word for pork butchery – *norcineria* – takes its name from this town. Prosciutto di Norcia IGP is prepared with selected pig haunches that are seasoned with salt, pepper and garlic. The ageing process lasts more than a year, though before this begins the hams are salted for about a month, washed, dried and pre-aged for about six-eight months. Prosciutto di Norcia IGP must be hand cut to appreciate its extraordinarily rich flavour. This unique ham benefits from the particular climate of this area, which lies 500 metres above sea level. Pinky-red in colour, it has a slightly spicy flavour which is intense without being salty.

Norcia is een hoeksteen binnen de culinaire tradities van Umbrië: naast linzen, capocollo en zwarte truffels leent het schilderachtige bergdorp in de provincie Perugia ook haar naam aan een hamsoort, opnieuw een oude traditie in deze streken. Het is dan ook geen toeval dat het Italiaanse woord voor varkensslachterij – norcineria – afgeleid is van de naam van deze plaats. Prosciutto di Norcia IGP wordt gemaakt van geselecteerde varkenslenden die bewerkt worden met zout, peper en knoflook. Het rijpen duurt meer dan een jaar, maar de ham wordt eerst een maand lang gezouten, gewassen, gedroogd en voorgerijpt voor zes tot acht maanden. Prosciutto di Norcia IGP moet met de hand gesneden worden om de uitzonderlijk rijke smaak goed te kunnen waarderen. Deze unieke ham doet zijn voordeel met het bijzondere klimaat van deze streek, op 500 meter boven zeeniveau. Hij is rozerood van kleur, met een lichtkruidige smaak die intens is zonder te zout te zijn.

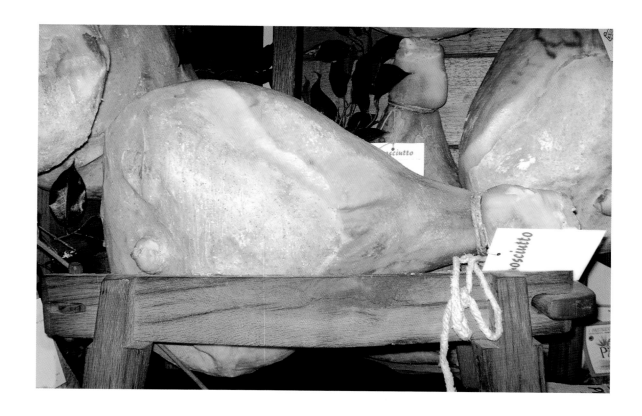

sagrantino di montefalco docg

sagrantino di montefalco docg

This is certainly the region's most prestigious wine, produced from the grape variety of the same name which has been grown for centuries on the Umbrian hills. The towns in the DOCG area are Montefalco, Bevagna, Gualdo Cattaneo, Castel Ritaldi and Giano dell'Umbria, which, as well as being important for wine growing, are picturesque Medieval villages — historic and architectural gems. Indeed there is even a Sagrantino route that takes in all these magnificent places nestling in beautiful countryside among vineyard-covered hills. Sagrantino di Montefalco DOCG is produced in two versions: as a dry wine or *passito*. The dry version ages for at least thirty months and is a full bodied wine ideal for accompanying hearty game or red meat dishes, or hard cheeses. The *passito*, on the other hand, is a sweet wine to be served with desserts or slowly savoured on its own.

Dit is de meest prestigieuze wijn uit de regio, gemaakt van de gelijknamige druivensoort die al eeuwenlang verbouwd wordt op de heuvels van Umbrië. De plaatsen in het DOCG-gebied zijn Montefalco, Bevagna, Gualdo Cattaneo, Castel Ritaldi en Giano dell'Umbria, die, hun belang voor de wijnbouw combineren met het feit dat ze schilderachtige middeleeuwse dorpjes zijn, en historische en architectonische pareltjes. Er is zowaar een Sagrantinoroute die langs al deze mooie plaatsen in het prachtige landelijke landschap en de met wijngaarden bedekte heuvels voert. Sagrantino di Montefalco DOCG wordt gemaakt in twee verschillende versies: een droge wijn en een passito. *De droge wijn rijpt minstens dertig maanden en is een volle wijn die ideaal is voor stevige wildschotels, rood vlees of harde kazen. De* passito *daarentegen is een zoete wijn die bij desserts geserveerd kan worden, en die ook op zichzelf lekker is.*

marche

ooking out over the Adriatic Sea, this region offers a wonderful mixture of beautiful coastal resorts and picturesque inland landscapes. Take the example of the Cornero Park: beautiful white sandy beaches, set between the sea and rocky cliffs, where visitors can swim in crystal-clear waters or go for a hike around a genuine natural paradise. Moving south we come to other popular seaside resorts like Senigallia or San Benedetto del Tronto, while inland there are im-

portant cities like magnificent Urbino, Jesi, Tolentino, Ascoli Piceno, Loreto and Recanati. As far as food and wine are concerned the Marche region offers a series of local products and recipes that are an expression of this happy marriage between land and sea: from Ascoli stuffed olives to Ancona fish soup, from Casciotta di Urbino cheese to Prosciutto di Carpegna, without forgetting important wines such as Verdicchio (from Castelli di Jesi or Matelica).

Deze regio, met uitzicht over de Adriatische Zee, biedt een aangename combinatie van mooie badplaatsen en schilderachtige binnenlanden. Neem bijvoorbeeld het park van Cornero: prachtige witte zandstranden gelegen tussen de zee en rotspartijen, waar bezoekers kunnen zwemmen in kristalhelder water of gaan wandelen in een waar natuurparadijs. Meer naar het zuiden zijn er populaire badplaatsen als Senigallia en San Benedetto del Tronto, terwijl er in het binnenland belangrijke steden liggen zoals het magnefieke Urbino, Jesi, Tolentino, Ascoli Piceno, Loreto en Recanati. Wat eten en wijn betreft, biedt de regio van de Marche een reeks locale producten en recepten die het gelukkige samenspel van zee en land goed uitdrukken; van gevulde Ascoli-olijven tot vissoep uit Ancona, van Casciotta di Urbino kaas tot Prosciutto di Carpegna, en niet te vergeten belangrijke wijnen als Verdicchio (uit Castelli di Jesi of Matelica).

ascoli stuffed olives
gevulde ascoli olijven

Ascoli Piceno is the southernmost province of the Marche region, on the border with Abruzzo. Among the typical foods that this town offers are stuffed olives, a real street food delicacy. They are prepared with green olives (preferably the *ascolana tenera* variety which are fairly big, with sweetish flesh) that have to be pitted, spiral-cut and then filled with a mixture of pork, veal and chicken, grated Parmigiano-Reggiano DOP and nutmeg (the meats must first be cooked with chopped vegetables and then minced). Once filled the olives are coated in flour, beaten egg and bread crumbs and then fried in extra virgin olive oil. The result is a pile of golden "balls" with a crunchy coating and a mouthwatering filling. They are excellent served with a glass of Falerio dei Colli Ascolani, a fresh local white wine.

Ascoli Piceno is de meest zuidelijke provincie van de regio van de Marche, aan de grens met Abruzzo. Onder de typische producten die worden aangeboden in deze plaats, zijn er de gevulde olijven, een ware delicatesse onder het straateten. Die worden gemaakt van groene olijven (bij voorkeur van de ascolana tenerasoort, die vrij groot zijn met zoetig vlees) die ontpit worden, uitgehold en vervolgens gevuld met een mengsel van varkensvlees, kalfsvlees en kip, geraspte Parmigiano-Reggiano DOP en nootmuskaat (het vlees moet eerst gekookt worden met gehakte groenten en vervolgens gemalen). De gevulde olijven worden bedekt met bloem, geklopt ei en broodkruimels en vervolgens gefrituurd in extravergine olijfolie. Het resultaat is een stapel gouden "ballen" met een knapperig jasje en een vulling die je het water in de mond doet komen. Ze zijn heerlijk met een glas Falerio dei Colli Ascolani, een frisse lokale witte wijn.

casciotta di urbino dop
casciotta di urbino dop

This is the most famous and prestigious cheese produced in the Marche region, and the only variety covered by "protected designation of origin" status. This confirms the exceptional quality of this product which boasts noble origins (it is even mentioned by Michelangelo Buonarroti in his correspondence). Casciotta di Urbino DOP is produced with sheep's milk (mostly) and cow's milk, in the province of Pesaro-Urbino, an area of rich pastureland at the foot of the mountains. It is a soft cheese, with a sweet flavour, straw-yellow in colour, and aged for a fairly short period (from 20 to 30 days). It is best eaten with home-made bread, but it can also be cut into cubes as a delicious, appetizing finger food. Casciotta di Urbino DOP is used as the main ingredient in many elaborate dishes, such as filled pasta or vegetable-based main courses, and can even be eaten as a dessert.

Dit is de beroemdste en meest gerenommeerde kaas die in de regio van de Marche gemaakt wordt, en de enige variant die beschermd is met de status "beschermde oorsprongsbenaming". Dit bevestigt de buitengewone kwaliteit van dit product, dat een nobele oorsprong heeft (het wordt zelfs genoemd door Michelangelo Buonarroti in diens correspondentie). Casciotta di Urbino DOP wordt gemaakt van (voornamelijk) schapenmelk en koeienmelk, in de provincie Pesaro-Urbino, een gebied dat rijk is aan weideland aan de voet van de bergen. Dit is een zachte kaas met een zoete smaak, een strogele kleur en een redelijk korte rijpingsperiode (tussen de 20 en 30 dagen). De kaas wordt het beste met zelfgebakken brood, maar kan ook zo uit het vuistje gegeten worden. Casciotta di Urbino DOP wordt als hoofdingrediënt gebruikt in vele uitgebreide gerechten, zoals gevulde pasta of op groente gebaseerde hoofdgerechten, en kan zelfs gegeten worden als nagerecht.

easter doughnuts paasdonuts

2 eggs, 90 g sugar, grated zest of 1 lemon, powdered cinnamon, 50 g butter,
30 ml milk, 300 g flour, 1 sachet baking powder,
pine nuts or sugar crystals, salt

Beat an egg and an egg white in a bowl with the sugar, lemon zest, a pinch of salt and the cinnamon. Make a well in the flour and baking powder on a board, then pour in the egg and sugar mixture, melted butter and milk. Bring together to create a smooth, compact dough, and leave this to rest for around 30 minutes. Roll the dough into sausages with the hands, then use these to form doughnut shapes. Put these into a pan of boiling water and take them out as soon as they rise to the surface. Place them on a buttered, floured baking tray and brush with the remaining egg yolk. Decorate with sugar crystals or pine nuts. Bake in a preheated oven at 180 °C for around 25 minutes.

2 eieren, 90 gr suiker, geraspte schil van 1 citroen, kaneelpoeder, 50 gr boter, 30 ml melk, 300 gr bloem, 1 zakje bakpoeder, pijnboompitten of kandijsuiker, zout

Klop een ei en een eiwit in een kom met de suiker, de citroenrasp, een snuifje zout en het kaneelpoeder. Maak een kuiltje in de bloem en het bakpoeder op een plank, en schenk er het mengsel van ei en suiker, gesmolten boter en melk in. Kneed het door elkaar tot een glad, compact deeg, en laat dit ongeveer 30 minuten rusten. Rol het deeg met de hand in de vorm van worsten en maak hier donutvormen van. Leg ze in een pan kokend water en schep ze eruit zodra ze boven komen drijven. Leg ze op een ingevette en met bloem bestrooide bakplaat en smeer de overgebleven eierdooier erover. Decoreer met kandijsuiker of pijnboompitten. Bak ongeveer 25 minuten in een voorverhitte oven op 180 °C.

prosciutto di carpegna dop
prosciutto di carpegna dop

Montefeltro is an area of Marche in the province of Pesaro-Urbino. The name of the town recalls the prestigious dynasty that reigned here in the 15th century. It is in this fascinating hilly and mountainous country that we find Carpegna, home to the renowned ham of the same name. Prosciutto di Carpegna DOP needs to age in a particular climate, guaranteed by the air currents that arrive both from the Adriatic and the inland area. The hams are made from selected haunches of pork that are salted, massaged, pressed and covered in a fatty mixture; they then age for a period that varies from 16 to 18 months, all according to rigorous production specifications. During the ageing period, the hams are carefully looked after and inspected – this is done by inserting a needle made of horse bone to verify their fragrance and degree of maturation.

Montefeltro is een gebied in de Marche in de provincie Pesaro-Urbino. De naam van de stad herinnert aan de fameuze dynastie die hier regeerde in de 15e eeuw. Het is in dit fascinerende heuvel- en bergachtige landschap dat we Carpegna vinden, dat een thuis biedt aan de befaamde gelijknamige ham. Prosciutto di Carpegna DOP moet rijpen in een specifiek klimaat dat gegarandeerd wordt door de luchtstromen vanaf de Adriatische Zee en uit het binnenland. De ham wordt gemaakt van geselecteerde lendestukken van het varken die gezout, gemasseerd, geperst en ingesmeerd worden met een vetmengsel. Vervolgens moet de ham rijpen gedurende een periode die varieert van 16 tot 18 maanden, telkens volgens rigoreuze productienormen. Gedurende de rijping worden de hammen zorgvuldig verzorgd en geïnspecteerd – door een naald van paardenbot erin te steken om zo de geur en de rijping te controleren.

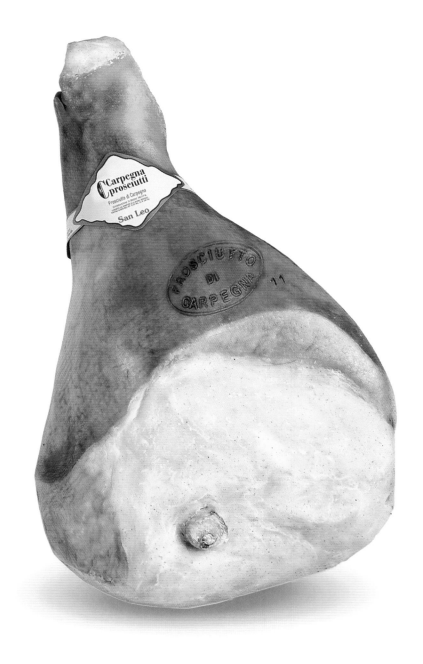

Matelica and Jesi are two beautiful towns in the Marche region, both in the province of Macerata, linked to two important white wines that truly represent the wine-making excellence of the region: Verdicchio dei Castelli di Jesi DOC and Verdicchio di Matelica DOC. They are both made with verdicchio grapes but in different areas, as defined by production specifications. The former is straw yellow in colour, with a delicate bouquet and a dry palate, and a pleasingly bitterish finish. The latter is straw yellow with greenish nuances, and has a delicate floral aroma and a soft flavour with an almondy finish. In conclusion they are two great wines, "cousins" that are wonderful accompaniments to the traditional local specialities, from fish to cured meats, from white meats to cheese. They also contribute to the renown of one of Italy's most beautiful regions, which is further enhanced by its splendid wine-growing landscapes.

Matelica en Jesi zijn twee mooie steden in de Marche, beiden in de provincie Macerata, en verbonden aan twee belangrijke witte wijnen die de wijnkunst van de regio perfect vertegenwoordingen: Verdicchio dei Castelli di Jesi DOC en Verdicchio di Matelica DOC. Beide worden gemaakt met verdicchio-druiven, maar in verschillende gebieden, zoals de productspecificatie aangeeft. De eerste is strogeel van kleur, met een delicaat bouquet, een droge afdronk en een aangenaam bittere nasmaak. De laatste is strogeel met groene nuances van citroenrasp, met een delicaat bloemig aroma en een zachte smaak met een amandelachtige afdronk. Conclusie, deze twee grote wijnen zijn "neven" die goede begeleiders zijn van de plaatselijke specialiteiten, van vis tot vleeswaren, van wit vlees tot kaas. Ze dragen ook bij tot de faam van een van Italië haar mooiste regio's, die nog beter tot haar recht komt door de prachtige landschappen gevormd door de wijnbouw.

While Rome, *caput mundi* and capital of Italy, with its dazzling wealth of art and history, is undoubtedly the region's best calling card, Lazio also has numerous other charms to discover. The inland area features attractions such as Agro Romano, Ciociaria, the Roman Castles, Maremma and Tuscia by Viterbo, which is packed with Etruscan sites. On the coast there are appealing resorts like Sabaudia, as well as the Pontine Islands, off the Gulf of Gaeta. The region's food and wine spring from centuries-old local traditions: from spring lamb (*abbacchio*) to artichokes *alla giudìa*; from *bucatini all'amatriciana* to veal *saltimbocca*; from spit-roasted suckling pig (*porchetta*) to *maritozzi* buns. Not to mention products such as Pecorino Romano or Frascati wine – to name but two of the best-loved – which take centre stage in Rome's many trattorias (and elsewhere), typical examples of the lively, captivating local culture.

Rome, caput mundi *en hoofdstad van Italië, met haar duizelingwekkende rijkdom aan kunst en geschiedenis, is natuurlijk het visitekaartje van de regio, maar Lazio heeft nog vele andere charmes om te ontdekken. In het binnenland vinden we attracties als Agro Romano, Ciociaria, de Romeinse kastelen, Maremma en Tuscia bij Viterbo, met een overvloed aan Etruskische plaatsen. Aan de kust zijn er aantrekkelijke badplaatsen als Sabaudia, en ook de Pontine Eilanden in de Golf van Gaeta. Het eten en de wijnen uit de regio ko-*men voort uit eeuwenoude plaatselijke tradities: van lentelam (abbacchio) tot artisjokken alla giudìa; van bucatini all'amatriciana tot saltimbocca van kalfsvlees; van speenvarken aan het spit (porchetta) tot maritozzibroodjes. En niet te vergeten producten als Pecorino Romano of Frascatiwijn – om maar twee van de meest geliefde te noemen – die in het centrum van de aandacht staan in de vele trattorias (en elders) die Rome rijk is, typische voorbeelden van de levendige en boeiende plaatselijke cultuur.*

lazio igp romanesco artichoke
lazio igp romanesco artisjokken

Artichokes represent a time-honoured, popular tradition in the Lazio region, dating back to the Etruscan period. Indeed they are the main ingredient in one of Rome's classic dishes, a speciality that originated in the city's Jewish ghetto and is known as artichokes *alla giudìa* (Jewish style). In terms of Roman artichokes, or to be precise the Lazio IGP Romanesco artichoke, it should be noted that this is the round variety, also known as *mammola* or *cimarola*, which differs from the artichokes from other regions of Italy such as Puglia or Liguria, being without spines. They are grown along the coast of Lazio and particularly in the area of Cerveteri and Ladispoli in the province of Rome. As well as artichokes *alla giudìa*, other classic dishes are: artichokes *alla romana* with breadcrumbs, garlic, parsley and pepper, or raw artichokes drizzled with oil, lemon juice and slivers of parmesan. With a pleasingly sweet flavour, they are about 10 cm in diameter and violet-green in colour.

Artisjokken zijn een populaire traditie in Lazio door de jaren heen, die teruggaat tot de Etruskische tijd. Het zijn dan ook de hoofdingrediënten van een van de klassieke gerechten van Rome, een specialiteit die werd geboren in het Joodse ghetto van de stad en bekend staat als Artisjokken alla giudìa *(op Joodse stijl). Wat de Romeinse artisjok betreft, de Lazio IGP Romanesco artisjok om precies te zijn, moet worden opgemerkt dat dit de ronde soort is, ook wel bekend als* mammola *of* cimarola, *die afwijkt van de artisjokken in andere Italiaanse regio's als Apulië of Ligurië omdat hij geen stekels heeft. De artisjokken groeien langs de kusten van Lazio en in het bijzonder in de streken van Cerveteri en Ladispoli in de provincie Rome. Naast artisjokken* alla giudìa *zijn de andere klassieke gerechten: artisjokken* alla romana *met broodkruimels, knoflook, peterselie en peper, of rauwe artisjokken besprenkeld met olie, citroensap en snippers parmezaanse kaas. Ze hebben een aangenaam zoete smaak en zijn ongeveer 10 cm in doorsnee met een paarsgroene kleur.*

artisjokken alla giudìa artichokes alla giudìa

8 Romanesco artichokes, oil for frying, salt

Clean the artichokes, removing the hard outer leaves and stalks, then cut off the tips of the leaves, holding the artichokes horizontally on the worktop. This to enable them to keep their classic shape – wide at the bottom and rounded at the top. In a tall pan heat the oil, making sure that there is enough to completely submerge the artichokes. Cook them standing in the pan for around 10 minutes. Then turn up the heat and turn them over so that the tips also become crispy and golden. As the leaves cook they will open up like a flower. Drain and blot on kitchen towel, then salt and serve.

8 Romanesco-artisjokken, olie om te bakken, zout

Maak de artisjokken schoon door de harde buitenste bladeren en stelen te verwijderen, snij vervolgens de toppen van de bladeren door de artisjokken horizontaal te houden op het werkblad. Zo kan de artisjok zijn klassieke vorm houden – breed onderaan en afgerond aan de top. Verwarm de olie in een hoge pan, en let erop dat er genoeg is om de artisjokken geheel onder te dompelen. Kook ze ongeveer 10 minuten rechtopstaand in de pan. Draai vervolgens het vuur hoger en draai ze om zodat ook de toppen knapperig en goudkleurig worden. De bladeren zullen als bij een bloem openen tijdens het koken. Laat uitlekken en dep droog met een keukendoek, voeg zout toe en dien op.

guanciale
guanciale

Taken from the pig's cheek, as the name suggests, *guanciale* is a typical cured meat, a kind of elongated bacon (as opposed to the round variety found in *coppa*), which is the main ingredient of some of Lazio's traditional dishes. Produced in many Italian regions, it naturally comes in many variations (for example *amatriciana* pork cheek includes chilli pepper). The production process involves first salting the meat, then seasoning it with pepper and ageing it: this usually only takes a few months (a maximum of three). In Lazio, Rieti is one of the typical production areas, particularly the town of Amatrice, where *amatriciana* pork cheek is prepared (as well as in the town of Campotosto in Abruzzo). This speciality derives from an ancient tradition that was borne out of necessity: local shepherds needed foods that would keep for a long time. The combination of *pecorino* cheese, *guanciale* and tomato led to the creation of the famous *amatriciana* pasta sauce – launching a "poor food" classic that can be found in all of Rome's *trattorias*.

Guanciale, *zoals de naam doet vermoeden, is afkomstig van de wang van het varken, en het is een karakteristieke vleeswaar; een soort van uitgerekte* bacon *(in tegenstelling tot de ronde variant die in* coppa *gevonden kan worden), en het voornaamste ingrediënt in een aantal van de traditionele gerechten uit Lazio. Het wordt in vele Italiaanse regio's gemaakt, en bestaat daardoor in vele variaties (de* amatriciana *varkenswang bevat bijvoorbeeld chilipeper). Het productieproces houdt in dat het vlees eerst wordt gezout, vervolgens op smaak gebracht met peper en gerijpt: dat laatste duurt meestal maar een aantal maanden (maximaal drie). Een van de typische productiegebieden in Lazio is Rieti, vooral de plaats Amatrice waar de* amatriciana *varkenswang vandaan komt (naast de plaats Campotosto in Abruzzo). Traditioneel werd de specialiteit uit noodzaak geboren, omdat plaatselijke herders voedsel nodig hadden dat lang houdbaar was. De combinatie van* pecorino *kaas,* guanciale *en tomaat leidde tot de creatie van de befaamde* amatriciana*pastasaus – het begin van een "armenvoedsel" klassieker die in alle* romeinse *trattorias* terug te vinden is.

lentelam alla romana spring lamb alla romana

500 g lamb, 2 anchovies in oil, 1 clove garlic, rosemary, 250 ml white wine, 50 ml white wine vinegar, flour, extra virgin olive oil, salt, pepper

Cut the meat into pieces, wash it, dry it with a cloth and cover in flour. In a pan heat the oil and brown the pieces of lamb over a high heat. Season with salt and pepper. Add the chopped anchovies, garlic and rosemary. Move the pieces around to ensure they take on the flavours evenly. Add the wine and vinegar. Cover and put in a preheated oven at 180 °C for at least half an hour. If the cooking liquid reduces too much, add a mixture of hot water and vinegar. Serve the lamb with oven-roasted new potatoes.

500 gr lam, 2 ansjovissen in olie, 1 teentje knoflook, rozemarijn, 250 ml witte wijn, 50 ml witte wijnazijn, bloem, extravergine olijf-olie, zout, peper

Snij het vlees in stukken, was het, droog het met een doek en bedek het met bloem. Verhit de olie in een pan en bak de stukjes lam bruin op een hoog vuur. Breng op smaak met zout en peper. Voeg de gehakte ansjovis, knoflook en rozemarijn toe. Roer alle stukken goed om opdat ze overal de smaken goed opnemen. Voeg de wijn en de azijn toe. Dek af en zet het minstens een half uur in een voorverhitte oven op 180 °C. Als het water teveel inkookt, voeg dan een mengsel van heet water en azijn toe. Serveer het lam met nieuwe aardappels uit de oven.

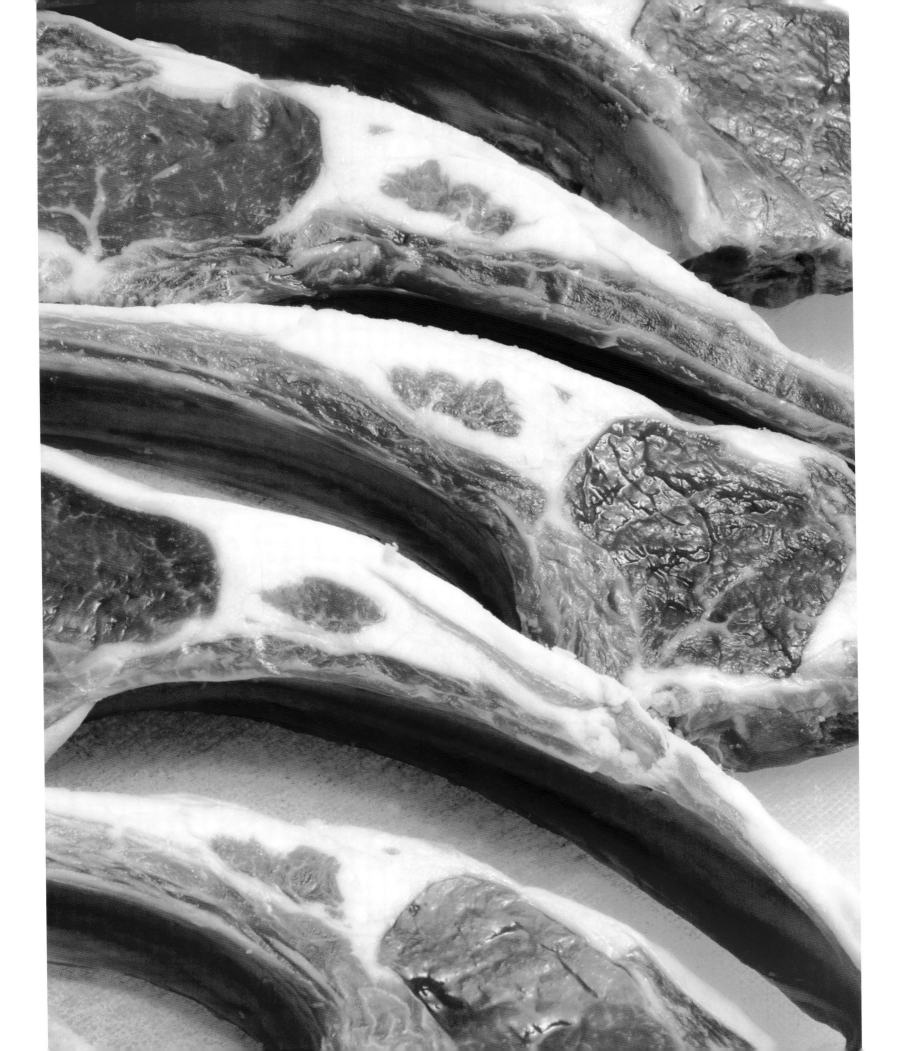

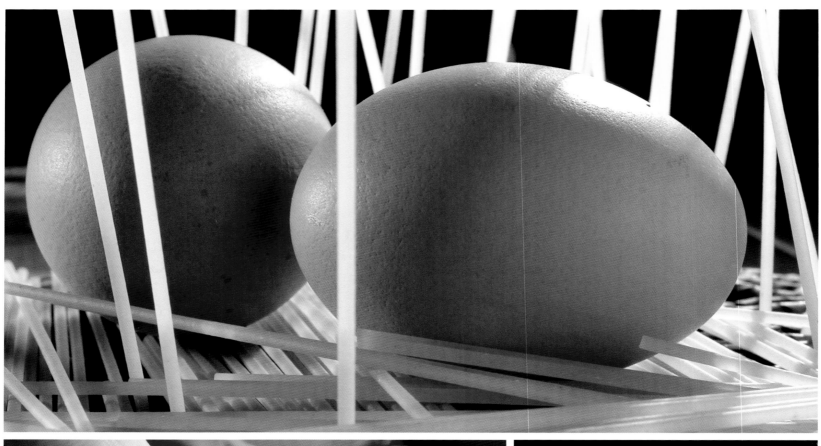

lazio
carbonara carbonara

350 g spaghetti, 150 g bacon, 4 yolks, 1 egg,
100 g grated Pecorino Romano cheese,
extra virgin olive oil, salt, pepper

In a pan with a little oil brown the bacon cut into matchsticks until the fat becomes transparent and crunchy, then remove from the heat and leave to cool. In a bowl beat the yolks and egg with the *pecorino* cheese. Season with salt and pepper. Cook the spaghetti in boiling salted water, drain when al dente and add first the bacon then the egg mixture. Mix well and serve.

350 gr spaghetti, 150 gr bacon, 4 eierdooiers,
1 ei, 100 gr geraspte Pecorino Romano-kaas,
extravergine olijfolie, zout, peper

Bruin de in reepjes gesneden bacon in een pan met een beetje olie tot het vet doorzichtig en knapperig is, haal het van het vuur en laat afkoelen. Klop de dooiers in een kom met het ei en de *pecorino*-kaas. Breng op smaak met zout en peper. Kook de spaghetti in kokend zout water, giet af wanneer de pasta *al dente* is, voeg eerst de bacon toe en vervolgens het eiermengsel. Goed roeren en opdienen.

pecorino romano dop
pecorino romano dop

Pecorino Romano DOP (which is produced in Lazio, Sardinia and Tuscany) is a very traditional cheese made of sheep's milk, mostly from Sardinia. It is a hard, cooked cheese with an intense flavour, that when aged – a period that can vary from five to eight months – becomes slightly piquant. It is sold with a typical black rind made from a mixture of ash and fat that completely coats the cheese. Inside it is white, with a few scattered eyes. The wheels of cheese weigh from 22 to 33 kg. Pecorino Romano DOP, the cornerstone of Roman cuisine, is exported all over the world. A must with many first courses (from *amatriciana* to *cacio* cheese and pepper), it is delicious with fresh fava beans, a classic picnic food, and is the definitive cheese for grating in central and southern Italy.

Pecorino Romano DOP (die gemaakt wordt in Lazio, Sardinië en Toscane) is een zeer traditionele kaas gemaakt van schapenmelk, die hoofdzakelijk afkomstig is uit Sardinië. De harde gekookte kaas heeft een intense smaak die gerijpt – na een periode die kan variëren van vijf tot acht maanden – enigszins pittig wordt. De kaas wordt verkocht met de kenmerkende zwarte korst die gemaakt is van een mengsel van as en vet dat de kaas geheel bedekt. Binnenin is de kaas wit, met enkele sporadische gaten. Een kaaswiel weegt tussen de 22 en 33 kg. Pecorino Romano DOP, de hoeksteen van de romeinse keuken, wordt over de gehele wereld geëxporteerd. De kaas is een noodzaak bij vele eerste gerechten (van amatriciana tot cacio kaas en peper), en heerlijk met verse tuinbonen, het klassieke picknickgerecht; het is ook de belangrijkste kaas om te raspen in midden en zuidelijk Italië.

lazio
amatriciana amatriciana

350 g *bucatini* pasta, 500 g tomatoes, 100 g *guanciale* (pork cheek),
100 g grated Pecorino Romano cheese,
extra virgin olive oil, salt

Blanch the tomatoes, peel them, remove the seeds and cut them into strips. Fry the diced pork cheek in a little oil, then add the tomato and cook for around 10 minutes (adding a ladleful of hot water if necessary). Cook the pasta in boiling salted water. Drain and put the pasta into the pan with the sauce. Toss together for a few minutes, sprinkle on the grated *pecorino* and serve.

350 gr *bucatini* pasta, 500 gr tomaten, 100 gr *guanciale* (varkenswang), 100 gr geraspte Pecorino Romano kaas, extravergine olijfolie, zout

Blancheer de tomaten, schil ze, verwijder het zaad en snij ze in reepjes. Bak de in blokjes gesneden varkenswang in een beetje olie, voeg dan de tomaat toe en laat het geheel ongeveer 10 minuten koken (voeg zonodig een lepel heet water toe). Kook de pasta in kokend zout water. Giet af en schep de pasta in de pan bij de saus. Roer alles enkele minuten door elkaar, bestrooi met geraspte *pecorino* en dien op.

frascati doc
frascati doc

Few towns have become so closely identified with their local wine as Frascati, which lies in the heart of the Roman Castles area on the Albani Hills a few kilometres from the capital. This lovely area is renowned not only for its wines, but also the architectural beauty of the Tusculum Villas, and its picturesque country landscapes. Frascati DOC is a white wine made from different grapes (including Candia malavasia and trebbiano toscano), with a soft, velvety palate; it is well known outside the region and well-suited to delicately flavoured dishes featuring fish and vegetables. As well as a dry white wine there are also other versions of Frascati DOC: *amabile*, sweet, *superiore* and *spumante*. The sweet version, also known as Cannellino, is a *passito* with a golden yellow colour, a wonderful bouquet and an aromatic palate that recalls honey and ripe fruit.

Er zijn maar weinig plaatsen die zo nauw geassocieerd worden met hun lokale wijn als Frascati, dat in het hart ligt van het romeinse kastelengebied in de Albaniheuvels, op enkele kilometers afstand van de hoofdstad. Deze aangename streek is befaamd niet alleen vanwege de wijn, maar ook vanwege de architectonische schoonheid van de Tusculum Villa's en het schilderachtige landschap. Frascati DOC is een witte wijn die gemaakt wordt van verscheidene druivensoorten (waaronder candia malavasia en trebbiano toscano), met een zachte, fluweelachtige afdronk; de wijn is zeer bekend buiten de regio en geschikt voor subtiele gerechten met vis en groenten. Naast de droge witte wijn zijn er ook andere versies Frascati DOC: amabile, zoet, superiore *en* spumante. De zoete versie, ook wel bekend als Cannellino, is een *passito *met een goudgele kleur, een mooi bouquet en een aromatische afdronk die doet denken aan honing en rijp fruit.*

maritozzi
maritozzi

Maritozzi are a typical poor food made from sweetened bread dough, an authentic treat made in many different regions and therefore with many different names. *Maritozzi* are buns enriched with honey, raisins and candied peel that, according to tradition, future husbands would offer to their loved ones: the term *maritozzo* (from *marito* meaning "husband") means "future husband". Like many other frugal foods *maritozzi* have taken their rightful place among the confectionery classics of central and southern Italy. Now alongside the original plain version you will find *maritozzi* with whipped cream, custard cream, pine nuts, chocolate chips, or ice cream... Mothers make them for their children's breakfast, but they can also be found in bakeries, fashioned into various different shapes (dolls or small animals, mostly hens). Basically a breakfast speciality, they are to be found in many coffee bars together with other kinds of pastries.

Maritozzi *zijn traditioneel voedsel voor armen dat gemaakt wordt van gezoet brooddeeg, een authentieke traktatie in vele verschillende regio's en daarom te vinden onder vele verschillende benamingen. Maritozzi broodjes zijn verrijkt met honing, rozijnen en gekonfijte schil die, zo wil de traditie, werden aangeboden door toekomstige echtgenoten aan hun geliefden: de term* maritozzo *(van* marito, *"echtgenoot") betekent "toekomstige echtgenoot". Net als veel andere oorspronkelijk eenvoudige gerechten hebben de* maritozzi *een plek veroverd als banketklassiekers in het midden en zuiden van Italië. Naast de gewone versie kun je tegenwoording* maritozzi *vinden met slagroom, met banketbakkersroom, pijnboompitten, chocoladestukjes of roomijs... Moeders maken ze als ontbijt voor hun kinderen, maar ze zijn ook te vinden in bakkerijen, waar ze allerlei vormen hebben (poppetjes of kleine dieren, meestal kippen). Het is bovenal een ontbijtspecialiteit, en ze zijn vooral te vinden in koffiebars samen met ander gebak.*

Abruzzo

A region renowned for its lush green countryside, this is a destination for visitors looking to recharge their batteries in a natural setting, which is home to many protected species. The Abruzzo region boasts many nature reserves, such as those of Majella and Gran Sasso, but also a coastline characterised by cliffs, beaches and little inlets, overlooked by rolling, vineyard-dotted hills. While the Tremiti Islands attract tourists from all over the world, the inland part of the region boasts a picturesque series of Medieval villages, hamlets and castles, such as the 13th century Rocca Calascio and L'Aquila castle. Alongside these natural and historic beauty spots, we find an original cuisine that blends tradition and modernity, thanks to local produce such as extra virgin olive oil, wines (Trebbiano d'Abruzzo and Montepulciano d'Abruzzo), the precious saffron of L'Aquila, meat, traditionally barbequed, and fish from the Adriatic Sea.

Abruzzo is een regio die bekend staat om het weelderige landschap, met vele beschermde diersoorten, en het is een reisbestemming voor vele bezoekers die op zoek zijn naar een natuurlijke omgeving om de batterijen op te laden. Abruzzo heeft veel natuurparken, zoals die van de Majella en Gran Sasso, maar ook een kustlijn met klippen, stranden en kleine inhammen, tegen een achtergrond van glooiende met wijngaarden bespikkelde heuvels. De Tremiti-eilanden trekken toeristen aan uit heel de

wereld, en de binnenlanden kennen vele schilderachtige middeleeuwse dorpjes, gehuchten en kastelen, zoals het 13e-eeuwse Calascio en het kasteel van L'Aquila. Naast al dit historische en natuurschoon vinden we een originele keuken die traditie met moderniteit combineert dankzij plaatselijke producten als extravergine olijfolie, wijnen (Trebbiano d'Abruzzo en Montepulciano d'Abruzzo), de kostbare saffraan van L'Aquila, vlees, traditioneel gebarbecued, en vis uit de Adriatische Zee.

l'aquila dop saffron
l'aquila dop saffraan

The flower has purple petals, with red stamens, and in cooking the spice acquires an unmistakeable yellow colour: it can be none other than saffron. An age-old spice, saffron was imported into Italy from the Middle East in the 15th century, and found ideal terrain on the Navelli plateau in the province of L'Aquila. Here saffron is cultivated and harvested just like in the old days, removing the stamens one by one (it is estimated that 200,000 flowers are needed to obtain 1 kilo of saffron!). These are then dried and crushed to obtain the precious spice (though it is also possible to buy the stamens whole, a guarantee of superior product quality). The care and attention that goes into this cultivation has earned it DOP status. Saffron is used in cooking both in classic dishes like risotto or *tagliolini* (pasta), to spice up lamb ribs, and in some types of bread and cakes.

De bloem van de saffraan heeft paarse blaadjes en rode meeldraden, en in de keuken heeft de specerij een onmiskenbare gele kleur die zo herkenbaar is voor saffraan. De specerij is eeuwenoud, en werd in de 15e eeuw vanuit het Middenoosten in Italië geïntroduceerd; de specerij vond de ideale grond op het Navelli-plateau in de provincie L'Aquila. Hier wordt de saffraan gecultiveerd en geoogst op dezelfde manier als vroeger door de meeldraden een voor een te verwijderen (men schat dat er 200.000 bloemen nodig zijn voor 1 kilo saffraan!). Deze meeldraden worden vervolgens gedroogd en gemalen om het kostbare poeder te verkrijgen (maar het is ook mogelijk om de meeldraden intact te kopen, zodat de superieure kwaliteit verzekerd is). De aandacht en zorg die wordt besteed aan het cultiveren van de saffraan heeft het de DOP-status opgeleverd. Saffraan wordt gebruikt in de bereiding van klassieke gerechten als risotto of tagliolini *(pasta), om lamsribbetjes pittig te maken, en in sommige soorten brood en cake.*

spaghetti alla chitarra spaghetti alla chitarra

400 g durum wheat flour, 4 eggs, 40 ml extra virgin olive oil

Knead the flour with the oil and the eggs until you obtain a smooth, compact dough. Roll it out into a fairly thick sheet, around double the thickness as for *tagliatelle*. Cut strips the same width as the chitarra (a special utensil made of wood with taut metal strings to cut the dough when pressed down with a rolling pin), and around 5 cm shorter. Leave these to dry a little. Cut the strips with the *chitarra*, making sure you keep an even thickness. Spaghetti *alla chitarra* made in this way can be dressed with flavoursome sauces such as sundried tomatoes, *cacio* cheese and pepper, game or fish.

400 gr durumbloem, 4 eieren, 40 ml extra-vergine olijfolie

Kneed de bloem met de olie en de eieren tot een glad en compact deeg. Rol het deeg uit tot een redelijk dik vel, ongeveer tweemaal de dikte van *tagliatelle*. Snij reepjes met dezelfde breedte als de chitarra (een speciaal keukenhulpmiddel dat uit hout bestaat met strakgespannen metalen snaren, waarmee men het deeg snijdt door het met de deegroller omlaag te drukken), en ongeveer 5 cm korter. Laat de pasta een beetje drogen. Snij de reepjes met de *chitarra*, en let erop dat de dikte overal hetzelfde is. Spaghetti *alla chitarra* die op deze manier is klaargemaakt, kan gecombineerd worden met smaakvolle sauzen zoals zongedroogde tomaten, *cacio*kaas en peper, wild of vis.

montepulciano d'abruzzo doc
montepulciano d'abruzzo doc

The Montepulciano grape has been present in the Abruzzo region for more than two centuries, and gives the region its most important DOC wine, namely Montepulciano d'Abruzzo. This is a velvety, dry red wine which ages extremely well (in particular that of the subzone known as Colline Teramane, which has been awarded DOCG status). Another locally-produced wine is Cerasuolo, more of an easy-drinking wine, which is cherry red in colour, with a delicate, fruity palate, and suited to accompanying delicate dishes, unlike the former, which should be served with heartier meat dishes. The production area of Montepulciano d'Abruzzo Colline Teramane DOCG boasts a particular micro-climate, due to its position between the Adriatic Sea and the Gran Sasso d'Italia peak, and this is what determines its propensity for ageing (two years for the normal version and at least three for the Riserva), and makes it an ideal accompaniment for mature cheeses and char-grilled red meats.

De montepulcianodruif is al meer dan twee eeuwen aanwezig in de Abruzzoregio, en is de basis voor de belangrijkste DOC-wijn hier, namelijk Montepulciano d'Abruzzo. Deze fluwelen droge rode wijn rijpt uitzonderlijk goed (vooral in de deelregio die bekend staat als Colline Teramane, die de DOCG-status heeft). Een andere plaatselijke wijn is Cerasuolo, die een gemakkelijkere wijn is om te drinken, met een kersrode kleur en een delicate, fruitige smaak die goed past bij verfijnde gerechten, in tegenstelling tot de eerste wijn, die geschikter is voor stevige vleesgerechten. De productieregio van Montepulciano d'Abruzzo Colline Teramane DOCG kan bogen op een bijzonder microklimaat dankzij de positie tussen de Adriatische Zee en de bergtop van de Gran Sasso d'Italia, wat bepalend is voor de rijping (twee jaar voor de normale versie en minstens drie voor de Riserva), waardoor de wijn de perfecte begeleiding is voor rijpe kazen en boven houtskool gegrild rood vlees.

linzen all'aquilana lentils all'aquilana

500 g dried lentils, 1 clove garlic, 2 bay leaves, 1 *cotechino* sausage (around 500 g), rosemary, extra virgin olive oil, salt, pepper

Soak the lentils for around 12 hours, drain them and toss in 40 ml oil with the crushed garlic and bay leaves. Cover with hot water and bring to the boil. Salt and add the *cotechino*, previously boiled and sliced. Season with freshly ground pepper and a drizzle of olive oil, and decorate with a few sprigs of rosemary.

500 gr gedroogde linzen, 1 teentje knoflook, 2 laurierblaadjes, 1 *cotechino*-worst (van rond de 500 gr), rozemarijn, extravergine olijfolie, zout, peper

Week de linzen ongeveer 12 uren, laat ze uitlekken, schenk er 40 ml olie bij en voeg de geperste knoflook en laurier toe. Bedek met heet water en breng aan de kook. Voeg zout toe, gevolgd door de eerder gekookte en in plakken gesneden *cotechino*. Breng op smaak met versgemalen peper en een scheutje olijfolie, en versier met een paar takjes rozemarijn.

abruzzo
struffoli struffoli

600 g flour, 40 g sugar, 20 ml rum, 80 g butter, 5 eggs, grated zest of 1 lemon,
400 g honey, hundreds and thousands,
oil for frying, salt

Work together the flour, sugar, rum, softened butter, eggs, lemon zest and a pinch of salt. Let the dough rest in the fridge for around 30 minutes. Then cut out cylinders about the thickness of a finger. Cut these into pieces and fry in the oil. Create a pyramid of these on the plate. Heat the honey in a bain-marie, leave it to cool slightly then pour over the *struffoli*. Decorate with the hundreds and thousands. In Abruzzo these traditional carnival sweets are also known as *ciciricchiata*.

600 gr bloem, 40 gr suiker, 20 ml rum, 80 gr boter, 5 eieren, geraspte schil van 1 citroen, 400 gr honing, taartstrooisel, olie om te bakken, zout

Kneed de bloem, de suiker, de rum, de zachte boter, de eieren, de citroenrasp en een snuifje zout door elkaar. Laat het deeg 30 minuten rusten in de koelkast. Snijd er vervolgens cilinders uit van ongeveer een vinger dik. Snijd deze in stukjes en bak ze in de olie. Stapel ze tot een piramide op het bord. Verhit de honing au bain-marie, laat een beetje afkoelen en schenk het over de *struffoli*. Versier met het taartstrooisel. Deze traditionele zoetigheid voor carnaval staat in Abruzzo ook wel bekend als *ciciricchiata*.

molise

Between the Abruzzo and Puglia regions nestles Molise, a tiny region with rich gastronomic traditions: this is an authentic, country cuisine which features lamb and mutton, various speciality cured meats and cheeses like *pecorino*, *caciocavallo* and *ricotta*. The region's landscape is characterised by Apennine peaks such as the Massiccio del Matese, sloping down towards the sea, and high altitude plateaus, such as Campitello Matese, famed for its winter sports. As for the coast, there are renowned seaside resorts such as Termoli and Campomarino, which not only offer sun-soaked beaches and crystal clear water, but excellent marine cuisine, which blends perfectly with the inland variety. Examples of this are dishes like pasta with beans and mussels, and *cavatelli pasta* with rocket and cuttlefish, while traditional inland dishes include *agnello*, *cacio e uova* (lamb and eggs), *fusilli alla molisana* (pasta with a meaty sauce), and sweets with a marked, often spicy flavour.

Tussen de regio's Abruzzo en Apulië nestelt zich Molise, een kleine regio met een rijke gastronomische traditie: de keuken hier is een authentieke plattelandskeuken met lam en schaap, verschillende gerijpte vleeswaren en kazen als pecorino, caciocavallo en ricotta. Het landschap van de regio wordt gekenmerkt door de pieken van de Apennijnen zoals de Massiccio del Matese, die uitlopen richting zee, en hoge plateaus, zoals Campitello Matese, beroemd vanwege de wintersport. Aan de kust vinden we beroemde badplaatsen als Termoli en Campomarino, die niet alleen zonovergoten stranden en kristalhelder water te bieden hebben, maar ook een uitmuntende keuken gebaseerd op de zee die perfect samengaat met die van het binnenland. Voorbeelden van typische gerechten zijn pasta met bonen en mosselen, cavatelli pasta met rucola en inktvis, terwijl de traditionele gerechten, onder andere agnello, cacio e uova (lam met eieren), fusilli alla molisana (pasta met vleessaus), en zoetigheden vaak een uitgesproken, pittige smaak hebben.

molise salted ricotta
molise gezouten ricotta

This might look like a cheese, but in fact it isn't. Or rather, it is a dairy product, but it is made from the whey left after cheese-making, which is boiled once more (hence the name – *ricotta* literally means "re-cooked"). A light, fresh product that must be eaten in the space of a few days, the salted version is a southern speciality, made in various regions including Molise. The Molise version is salted then left to dry and age, in order to obtain a product with a compact consistency, a change from the soft, creamy fresh version of *ricotta*. This salted *ricotta* is made from the whey of cow's milk and aged for a minimum of around 20 days. It is made into small forms, weighing around 300 grams each, and is hard and white, and very flavoursome. It comes into its own as a substitute for other cheeses for grating, such as *grana* and *pecorino*, compared to which it has a lower fat content.

Ricotta *ziet er misschien uit als een kaas, maar is het in feite niet. Of beter gezegd, het is een zuivelproduct dat gemaakt wordt van de overgebleven wei na het maken van de kaas, die nogmaals wordt gekookt (vandaar de naam –* ricotta *betekent letterlijk "op-nieuw gekookt"). Het is een licht en vers product dat binnen enkele dagen gegeten moet worden, en de zoute versie is een typische specialiteit van de zuidelijke regio's, inclusief Molise. De versie uit Molise wordt gezout en daarna gedroogd en gerijpt, zodat het eindproduct een compacte consistentie heeft, wat weer wat anders is dan de zachte, crèmige verse* ricotta. *Deze gezouten* ricotta *wordt gemaakt van wei van koeienmelk en moet minstens 20 dagen rijpen. De ricotta komt in kleine vormpjes, elk van ongeveer 300 gram, en is hard, wit en erg smaakvol. Het kan voor het raspen prima dienst doen als vervanging van andere kazen, zoals* grana *en* pecorino, *waarbij hij een lager vetgehalte heeft dan die andere kazen.*

Molise

mostaccioli biscuits
mostaccioli biscuits

Widespread in many regions of the south of Italy, *mostaccioli* are traditional biscuits that can be prepared in a variety of different ways. In Molise they are traditionally linked with the festive season. The most famous are those from Agnone, a little town in the province of Isernia (famous, among other things, for being home to Italy's oldest bell foundry). The biscuits are made with flour, almonds, eggs, sugar, orange and mandarin zest, spices, *grappa*, cocoa and dark chocolate. The distinctive thing about the Agnone version is the addition of a filling of quince and bitter cherry jam, strips of orange and lemon, and toasted almonds. Once the dough has been prepared, it is rolled out to about 1 cm thick, and cut with a diamond-shaped cutter. The biscuits are baked, left to cool and then dipped in melted dark chocolate. They are delicious accompanied with a good *passito* wine, such as Sagrantino di Montefalco Passito DOCG.

Mostaccioli *zijn traditionele biscuitjes die in vele regio's in het zuiden van Italië te vinden zijn, en die op verschillende manieren gemaakt kunnen worden. In Molise zijn ze traditioneel verbonden met de feestperiode. De beroemdste biscuits zijn die uit Agnone, een klein plaatsje in de provincie Isernia (onder andere beroemd vanwege de oudste klokkengieterij van Italië). De biscuits worden gemaakt met bloem, amandelen, eieren, suiker, sinaasappel- en mandarijnrasp, specerijen,* grappa, *cacao en pure chocolade. Kenmerkend aan de versie uit Agnone is de toevoeging van kweepeer en bittere kersenjam, reepjes sinaasappel en citroen en geroosterde amandelen. Het deeg wordt uitgerold tot een plak van ongeveer 1 cm dik en gesneden met een diamantvormige snijder. De biscuitjes worden gebakken, afgekoeld en vervolgens in gesmolten pure chocolade gedompeld. Ze zijn heerlijk met een goede* passito *wijn zoals Sagrantino di Montefalco Passito DOCG.*

molise
pasta with bread sauce pasta met broodsaus

400 g *bucatini* pasta, 100 g stale home-made bread,
50 g raisins, extra virgin olive oil, salt

Leave the raisins to soak in warm water. In a pan
lightly fry the bread together with the raisins, after
draining, squeezing and drying them. Cook the pasta
in boiling salted water. Drain when *al dente* and toss
in the pan with the bread. Drizzle over a little oil before serving.

400 gr *bucatini* pasta, 100 gr oud zelfgebakken brood, 50 gr rozijnen, extravergine
olijfolie, zout

Laat de rozijnen weken in warm water. Bak het
brood lichtjes in een pan, samen met de uitgelek-
te, uitgeknepen en gedroogde rozijnen. Kook de pasta
in kokend gezout water. Giet af wanneer hij *al dente*
is en schep hem in de pan bij het brood. Besprenkel
met een beetje olie voor het opdienen.

caciocavallo
caciocavallo

Apart from *mostaccioli* biscuits, the town of Agnone is also known for producing a *caciocavallo* cheese of time-honoured origins. *Caciocavallo* is a spun cheese made of cow's milk, traditionally pear-shaped and weighing between 1.5 and 3 kg. The *caciocavallo* made in Agnone has a sweet flavour when not aged, becoming stronger and more piquant with longer ageing. Once shaped, the cheeses are placed in brine, for a period that depends on the weight of the individual cheese, and then left to mature in special rooms. The forms are tied together in pairs for a period that can vary from two months to a year. During this stage each cheese is branded to guarantee its characteristic quality. A classic way of serving *caciocavallo* is cut into slices and grilled, with a dusting of pepper, accompanied with some good home-made bread and maybe a glass of red Biferno.

Naast de mostaccioli *biscuits is de plaats Agnone ook bekend vanwege de aloude productie van de* caciocavallo *kaas.* Caciocavallo *is een gesponnen kaas gemaakt van koeienmelk, met een traditionele peervorm en een gewicht van 1,5 tot 3 kg. De* caciocavallo *uit Agnone heeft een zoete smaak wanneer hij niet gerijpt is, en een sterkere en pittigere smaak bij rijpere versies. De gevormde kazen worden in pekelwater gelegd gedurende een periode die afhankelijk is van het gewicht van de kaas, en vervolgens gerijpt in speciale ruimtes. De vormen worden per twee samengebonden voor periodes die uiteenlopen van twee maanden tot een jaar. De kaas wordt bij elk stadium gemerkt om de karakteristieke kwaliteit te garanderen. De klassieke manier om* caciocavallo *op te dienen is in gegrilde, met peper bestrooide plakken, samen met zelfgebakken brood en eventueel een glas rode Biferno.*

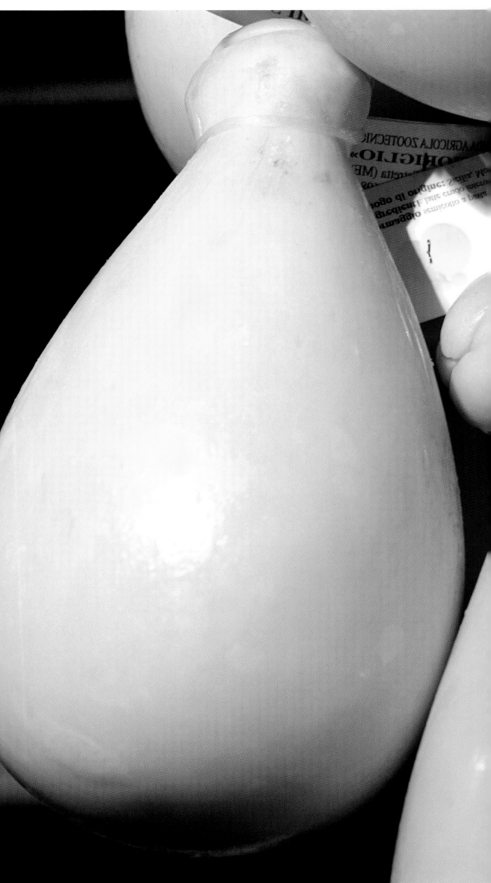

campania

Sea and sun, history and traditions, outstanding food products and international favourites like pizza: Campania is all of this and more, from Naples to Caserta, from Benevento to Avellino to Salerno. While pizza is the quintessential Neapolitan speciality, the ingredients used to make it are also the pride of the local area: San Marzano tomatoes and Mozzarella di Bufala Campana are two of the best-loved products from the South of Italy. And what to say of its pasta, the supreme variety from Gragnano made in countless forms, from spaghetti to *fusilli*, *bucatini* and *paccheri*, served with the classic tomato sauce; or the sea food, or traditional sweets like rum baba and *pastiera*. Campania also boasts a wonderful coastline, with the Amalfi coast and its prized lemons, the zest of which is used to make the delicious liqueur known as *limoncello*; stunning islands of world renown such as Ischia and Capri, and archaeological sites of outstanding significance such as Pompeii.

Z on en zee, geschiedenis en traditie, uitstekend eten en internationale favorieten zoals bijvoorbeeld de pizza: Campanië is dit alles en meer, van Napels tot Caserta, van Benevento tot Avellino en Salerno. Terwijl pizza de typische napolitaanse specialiteit is, zijn de ingrediënten die ervoor gebruikt worden ook de trots van de streek: San Marzano-tomaten en Mozzarella di Bufala Campana zijn twee van de meest geliefde producten uit het zuiden van Italië. En wat kan men zeggen over de pasta, de voortreffenlijke varianten uit Gragna-

no die in zoveel verschillende vormen voorkomen, van spaghetti tot fusilli, bucatini en paccheri, geserveerd met de klassieke tomatensaus; of de zeevruchten, de traditionele zoetigheden als rum baba en pastiera. Campanië heeft bovendien een prachtige kustlijn, met de kust van Amalfi en de geprezen citroenen waarvan de heerlijke citroenlikeur limoncello wordt gemaakt; de prachtige wereldberoemde eilanden Ischia en Capri, en archeologische locaties die van grote betekenis zijn, zoals Pompeï.

san marzano dop tomatoes
san marzano dop tomaten

This is one of the best-known and most-loved varieties of tomato in the world, with its bright red colour, elongated shape and bittersweet flavour. Boasting "protected denomination of origin" status, San Marzano DOP tomatoes are cultivated in the Agro Sarnese-Nocerino area in the province of Salerno, and other areas in the provinces of Naples and Avellino. They can be tinned, after being blanched to remove the outer skin. As well as a pizza topping, they are a key part of many dishes, especially with pasta, if possible the exceptional Gragnano variety, *paccheri* above all, or with fish. Then there is the utterly delicious sauce made with fresh tomato, olives and capers, or vegetables, with a generous handful of basil thrown in at the end, or the unique flavour of the classic, slowly-cooked ragu *alla napoletana*, a cornerstone of Neapolitan cuisine.

Deze tomaat is een van de bekendste en meest geliefde ter wereld, met een helderrode kleur, een langgerekte vorm en een bitterzoete smaak. De San Marzano-tomaat heeft de status "beschermde oorsprongsbenaming", en de tomaten worden verbouwd in de Agro Sarnese-Nocerino-streek in de provincie Salerno, en in andere gebieden van de provincies Napels en Avellino. San Marzano-tomaten kunnen worden ingeblikt, nadat ze geblancheerd werden om het vel te verwijderen. De tomaten worden niet alleen gebruikt voor pizzasaus, maar zijn ook een belangrijk ingrediënt in vele andere gerechten. Ze worden met name gebruikt in pasta's, bij voorkeur de uitstekende Gragnano-variant en in paccheri, *of met vis. Dan is er nog de overheerlijke saus die gemaakt wordt met verse tomaat, olijven en kappertjes, of met groenten, met een handvol basilicum aan het eind. Laat ons tenslotte de unieke smaak van de klassieke, langzaam gekookte* ragù alla napoletana *niet vergeten, een hoeksteen van de Napolitaanse keuken.*

campania
pizza pizza

1 kg 0 flour type, 550 ml water, 3 g brewer's yeast, 25 g salt, 400 g San Marzano tinned tomatoes, 250 g Mozzarella di Bufala Campana, extra virgin olive oil, basil

For a good pizza the dough is of vital importance: mix 1 kilo of type 0 flour, 0.55 l water, 3 g brewer's yeast and 25 g salt, and knead at length. Once the dough is smooth and elastic, leave it to rise for at least 6-8 hours. Roll it out into a round shape around 1 cm thick in the centre, leaving the characteristic thickness round the edge. Top with San Marzano tomato, using a circular movement, then cubes of buffalo mozzarella, salt and a drizzle of extra virgin olive oil, and finish with a sprig of basil. At this point the pizza should be cooked in a wood-burning oven, or failing that, in the lowest part of a normal oven, at a high temperature (200-220 C°).

1 kg type 0 bloem, 550 ml water, 3 gr brouwersgist, 25 gr zout, 400 gr San Marzano tomaten in blik, 250 gr Mozzarella di Bufala Campana, extravergine olijfolie, basilicum

Voor een goede pizza is het deeg het allerbelangrijkste: meng 1 kilo type 0 bloem, 0,55 l water, 3 gr brouwersgist en 25 gr zout en kneed het langdurig. Laat het deeg, wanneer het eenmaal glad en elastisch is, minstens 6-8 uur rijzen. Rol het uit in een ronde vorm van ongeveer 1 cm dikte in het midden, met de typische dikkere rand. Smeer de San Marzano tomaat erover in een ronddraaiende beweging, en beleg met blokjes buffel-mozzarella, zout en wat extravergine olijfolie, en maak af met enkele blaadjes basilicum. De pizza hoort afgebakken te worden in een houtoven, of, bij gebrek hier aan, op de bodem van een gewone oven, op een hoge temperatuur (200-220 °C).

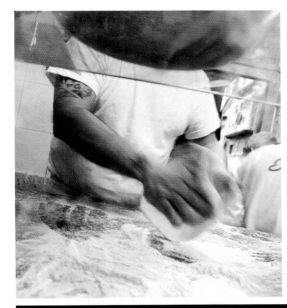

campania

mozzarella di bufala campana dop

mozzarella di bufala campana dop

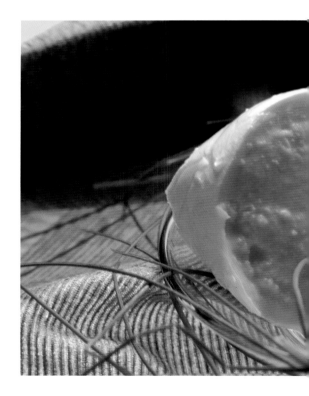

Whether on a pizza or in a tomato salad, melting over pasta or just enjoyed in morsel by morsel, possibly with a drizzle of extra virgin olive oil from the Cilento area, Mozzarella di Bufala Campana DOP (which enjoys "protected domination of origin" status), is one of the freshest, most delicate *pasta filata* cheeses. The name comes from one of the final stages in the production process, from the verb *mozzare*, meaning to chop, when the cheese is cut into pieces of the desired size. Mozzarella di Bufala Campana DOP is made exclusively from full fat buffalo milk. It is pearly white in colour and when cut a little whitish whey seeps out. Being a fresh cheese, without any kind of preservatives, it should be eaten as soon as possible, accompanied with a good glass of Greco di Tufo or Fiano di Avellino, two of the Campania region's best known wines. Its unmistakeable flavour is a mixture of sweet and savoury with an acidic tang, a unique taste sensation.

Of het nu op een pizza is of in een tomatensalade, gesmolten over de pasta of gewoon zomaar, eventueel met een scheutje extravergine olijfolie uit de Cilento-streek, Mozzarella di Bufala Campana (die de DOC-status geniet), is een van de meest verse en delicate pasta filata-kazen. De naam komt van het werkwoord mozzare of "afsnijden", wat verwijst naar een van de laatste stadia in het productieproces, waarin de kaas in stukken van de gewenste lengte wordt gesneden. Mozzarella di Bufala Campana wordt gemaakt van enkel en alleen volle buffelmelk. De kaas is parelwit van kleur, en wanneer erin wordt gesneden, sijpelt er een beetje witte wei uit. Aangezien het een verse kaas is zonder conserveermiddelen, moet de mozzarella zo snel mogelijk worden gegeten, bij het genot van een goed glas Greco di Tufo of Fiano di Avellino, om twee van de bekendste wijnen uit de Campanië-regio te noemen. De onmiskenbare smaak is een mengsel van zoet en zout, met een tikje zuur, een unieke smaaksensatie.

costa di amalfi igp lemons
costa di amalfi igp citroenen

Richly fragranced thanks to the presence of essential oils, with a tapering shape, juicy flesh and hardly any seeds, Amalfi lemons are one of the key products not only of the coast of the same name, but of the entire Campania region, if not Italy. As well as being exquisitely flavoured and highly renowned, these lemons are also a feast for the eyes: admire the splendid gardens and terraces with their yellow lemon trees beautifully contrasting with the blue of the sea – a typical feature of the Amalfi coast and its wonderful towns, from Positano to Vietri sul Mare, from Maiori to Tramonti. And lemons are a vital part of the panorama of typical produce, both as a dressing and an ingredient of icecream, rum baba, chocolates, etc. But the product that probably most characterises Amalfi lemons is *limoncello*, a liqueur made from lemon zest left to soak in spirit, then filtered and left to rest in the bottles. The result is a wonderfully fragranced liqueur, which releases all the aroma of these extraordinary lemons.

Dankzij de rijke geur, veroorzaakt door de aanwezigheid van essentiële oliën, de toelopende vorm, en het sappige vruchtvlees met vrijwel geen pitjes, zijn de citroenen uit Amalfi niet alleen een van de belangrijkste producten van de gelijknamige kust, maar van de hele Campanië-regio, zoniet heel Italië. Naast het feit dat ze een exquise smaak en faam hebben, zijn deze citroenen ook een feest om te aanschouwen: bewonder de prachtige tuinen en terrassen met de gele citroenbomen die zo mooi afsteken tegen het blauw van de zee – dit maakt de kust van Amalfi en de mooie plaatsen als Positano, Vietri sul Mare, Maiori en Tramonti zo speciaal. Citroenen vormen een vitaal onderdeel binnen het panorama van streekproducten; ze worden gebruikt als dressing en als ingrediënt voor roomijs, rum baba, chocolade, enz. Maar het product dat de Amalfi citroen het best vertegenwoordigt is ongetwijfeld limoncello, *een likeur die van citroenrasp gemaakt wordt die geweekt is in sterke drank en vervolgens gefilterd en gebotteld. Het resultaat is een heerlijk geurende likeur die het volledige aroma bevat van deze uitmuntende citroenen.*

campania
limoncello limoncello

10 Amalfi lemons, 1 l 95% alcohol, 500 ml water, 500 g sugar

Peel the lemons with a potato peeler, being careful to remove only the yellow part of the rind. Put them into a hermetically sealed jar with the spirit and leave to infuse for around a month. After this, make a sugar syrup by boiling the water and sugar together. Leave this to cool, then filter the alcohol, removing the lemon rinds, and add the syrup. Mix well and leave to rest for another one or two months. At this point bottle the *limoncello* and serve chilled.

10 Amalfi citroenen, 1 l 95% alcohol, 500 ml water, 500 gr suiker

Schil de citroenen met een schilmes, maar let erop alleen het gele gedeelte van de schil te verwijderen. Doe de schil in een hermetisch afsluitbare fles met de alcohol en laat het ongeveer een maand trekken. Maak na een maand de suikersiroop door het water met de suiker te koken. Laat de siroop afkoelen, filter de alcohol om de citroenschil te verwijderen en voeg de siroop toe. Goed mengen en nog eens een of twee maanden laten staan. Na twee maanden kan de *limoncello* gebotteld worden. Koel serveren.

gragnano pasta
gragnano pasta

The little town of Gragnano in the province of Naples is famous throughout the world for its pasta. It can actually be said that this was the birthplace of maccheroni (the spaghetti we know now) in the distant 16th century, and since then the inhabitants of Gragnano have never stopped, passing from home-made pasta to artisanal production, and from maccheroni to various other formats, like *paccheri*, *vermicelli* and *fusilli*. But what is the secret of Gragnano pasta? Apart from the raw materials (durum wheat and water), one key factor is undoubtedly the area's slightly humid climate, which plays a fundamental role in the natural drying process. Another element that makes Gragnano pasta unique is the use of a bronze draw-plate, which creates pasta with a rough surface that traps the sauce. A good dish of *paccheri* with mussels or *vermicelli* with clams, when made using Gragnano pasta, is hard to beat in terms of goodness and flavour.

Het kleine plaatsje Gragnano in de provincie Napels is wereldberoemd vanwege haar pasta. Het is de geboorteplaats van de maccheroni (wat we nu spaghetti noemen) in de verre 16e eeuw, en sindsdien zijn de inwoners van Gragnano altijd bezig geweest met het maken van pasta, eerst binnenshuis en daarna op artisanaal niveau, van maccheroni tot allerlei andere formaten zoals bijvoorbeeld paccheri, vermicelli *en* fusilli. *Maar wat is het geheim van Gragnano pasta? Afgezien van de grondstoffen (durummeel en water), is een van de hoofdzaken ongetwijfeld het vochtige klimaat, hetgeen een fundamentele rol speelt tijdens het natuurlijke droogproces. Een tweede element dat Gragnano pasta zo uniek maakt is het gebruik van een bronzen trekplaat, waardoor de pasta een ruw oppervlak heeft dat de saus goed vasthoudt. Een mooi bord* paccheri *of* vermicelli *met mosselen, gemaakt met Gragnano pasta, is onovertreffelijk in goedheid en smaak.*

campania
pasta with manila clams pasta met manila-schelpen

400 g spaghetti, 1 kg Manila clams previously soaked in water to clean them,
10 cherry tomatoes, 2 cloves garlic, parsley, fresh chilli pepper,
extra virgin olive oil, salt, pepper

Lightly fry the chopped garlic and chilli in a little oil, drain the clams thoroughly and add them to the pan, then cover and cook over a high heat for about 3 minutes, until the clams open. Remove the shells, leaving a few in their shells as a garnish. Boil the spaghetti till *al dente*, in the meantime filter the clam liquid and put it back in the pan together with the shelled clams, then add the chopped parsley and cooked spaghetti. Add the halved cherry tomatoes to the shelled clams. Garnish with the whole clams and serve.

400 gr spaghetti, 1 kg Manila-schelpen, al geweekt in water om ze schoon te maken, 10 kerstomaten, 2 teentjes knoflook, peterselie, verse chilipeper, extravergine olijfolie, zout, peper

Bak de gehakte knoflook en chili in een beetje olie, laat de schelpen goed uitlekken en voeg ze toe, dek de pan af en kook ongeveer 3 minuten op een hoog vuur totdat de schelpen zich openen. Haal de zeevruchten uit de schelp, maar bewaar er een paar als garnering. Kook de spaghetti *al dente*, filter intussen het kookvocht van de schelpen en schenk het terug in de pan samen met de zeevruchten. Voeg dan de gehakte peterselie en de gekookte spaghetti toe. Halveer de kerstomaatjes en voeg ze toe aan de pasta. Garneer met de hele schelpen en dien op.

cilento dop white figs
cilento dop witte vijgen

Among the unspoilt beauty spots of the Campania region, the Cilento area has to be one of the finest in terms of nature and scenery. And in this area, which numbers a total of 68 towns south of Salerno, from the coastal hills of Agropoli to Bussento (an area which is part of the Cilento National Park and Diano Valley) gives rise to one of the region's most prized typical products: Cilento DOP white figs. The name comes from the fact that the skin of the fruit, unlike other varieties, is pale yellow in colour, though it does go brown after baking. White figs can be eaten in various ways, either fresh or stuffed with dried fruit and citrus zest. One really delicious treat is chocolate-covered figs soaked in rum, a delicacy that conveys the sweet, rich flesh of the fruit, together with the balanced combination of bitter chocolate and rum.

De streek van Cilento is een van de mooiste natuurgebieden onder de onbedorven schoohheid van de Campanië-regio. Dit gebied, met in het totaal 68 plaatsen ten zuiden van Salerno, van de kustheuvels van Agropoli tot aan Bussento (een gebied dat deel uitmaakt van het Nationale Park van Cilento en de Diano-vallei) produceert een van de meest gewaardeerde plaatselijke producten: Cilento DOP witte vijgen. De naam komt van het feit dat de schil van het fruit, in tegenstelling tot andere soorten, lichtgeel van kleur is, hoewel deze kleur verandert in bruin tijdens het koken. Witte vijgen kunnen op uiteenlopende manieren gegeten worden, zowel vers als gevuld met gedroogd fruit en citroenrasp. Een overheerlijke traktatie zijn de in rum geweekte en met chocolade bedekte vijgen, een delicatesse die een perfecte combinatie is van het zoete vruchtvlees van het fruit met de bittere chocolade en de rum.

Santomielè
Officina del Gusto

Fichi bianchi
del Cilento D.O.P.

essiccati al sole

specie scientifica *Dottato*

Area di produzione

Parco Nazionale del Cilento

caratteristiche

fico dalla buccia di colore uniforme,
sapore dolce, semi piccolissimi

Prodotti

campania
pastiera cake pastieracake

1 kg sweetcrust pastry, 400 g cooked wheat berries, 100 ml milk, the zest of 1 lemon,
700 g sheep's milk *ricotta*, 5 eggs, 1 yolk, 600 g sugar,
20 ml orange flower water, 150 g candied fruit

Put the milk, cooked wheat berries and lemon zest in a pan and cook for 10 minutes. Mix the *ricotta* with the eggs, sugar and orange flower water, then add the candied fruits and cooled wheat. Line a cake tin with the pastry, keeping a little aside for decoration, and pour in the wheat mixture. Decorate the top with strips of pastry and glaze with the beaten yolk. Bake at 180 °C for 35 minutes. Cool and serve.

1 kg zoet kruimeldeeg, 400 gr gekookte hele tarwekorrels, 100 ml melk, geraspte schil van 1 citroen, 700 gr schapenmelk-*ricotta*, 5 eieren, 1 eierdooier, 600 gr suiker, 20 ml oranjebloesemwater, 150 gr gekonfijt fruit

Doe de melk, de gekookte tarwekorrels en de citroenrasp in een pan en kook ongeveer 10 minuten. Meng de *ricotta* met de eieren, de suiker en het oranjebloesemwater, voeg dan het gekonfijte fruit en de afgekoelde tarwekorrels toe. Bedek een bakblik met het deeg, bewaar wat deeg voor decoratie, en schenk het tarwemengsel erin. Decoreer met reepjes deeg en glaceer met geklopte eierdooier. Bak gedurende 35 minuten op 180 °C, laat afkoelen en dien op.

rum baba
rum baba

In Naples, and elsewhere, loved ones are said to be as sweet as a rum baba. This wonderful, unique Neapolitan delicacy is in actual fact, as so often turns out in culinary history, the result of a mistake. It is said that an 18th century Polish king, fed up of his rather dry, chewy *kugelhupf* (a traditional Austrian sweet), one day happened to spill a glass of rum beside one. The cake soaked up the liqueur, and the result was to become the rum baba we know today. After various mishaps the rum baba arrived in Naples, where it acquired its traditional mushroom shape, though there are various versions in existence, featuring different shapes and fillings. While purists reckon that the real baba contains only rum, without other additions, the dessert is actually soaked in a sugar and water syrup flavoured with rum and lemon zest. This is the only way to achieve the soft, saturated consistency that unleashes those unique taste sensations. The secret of a perfect rum baba lies in a consummate balance, in being neither too dry nor too heavily soaked.

In Napels, en elders, zegt men dat geliefden zo zoet zijn als rum baba. Deze geweldige, unieke napolitaanse delicatesse is eigenlijk, zoals vaker in culinaire geschiedenis, het resultaat van een vergissing. Men zegt dat een 18e-eeuwse Poolse koning, die genoeg had van zijn droge, taaie kugelhupf *(een traditionele Oostenrijkse zoetigheid), op een goede dag een glas rum ernaast omstootte. De taart absorbeerde de sterke drank, en het resultaat was de rum baba die we tegenwoordig kennen. Na allerhande avonturen arriveerde de rum baba in Napels, waar het de karakteristieke paddestoelvorm kreeg, alhoewel er meerdere versies bestaan met verschillende vormen en vullingen. Alhoewel puristen van mening zijn dat de ware baba alleen maar rum mag bevatten zonder andere toevoegingen, wordt het dessert eigenlijk doorweekt met een siroop van suiker en water op smaak gebracht met rum en citroenrasp. Dit is de enige manier om de zachte, doorweekte consistentie te krijgen die zulke unieke smaken produceert. Het geheim van een perfecte rum baba schuilt in het vinden van de balans, zodat hij noch te droog noch te doorweekt is.*

basilicata

ucania, as the Basilicata region was known in ancient times, is a rugged area with a rural culture that has given rise to one of the most striking examples of rupestrian architecture in the world – the fascinating Sassi di Matera. And its rural culture, particularly in terms of herding, is what has led to the creation of some of its finest food products, such as the goat's milk cheese Casieddu di Moliterno, the cow's milk cheese Caciocavallo Podolico, and Soperzata di Rivello, a

traditional pork salami. When it comes to wine we find a wine of great quality and character – Aglianico del Vulture – which hails from the north of the region.

And don't forget that Basilicata is bordered by two different seas – the Tyrrhenian and the Ionian – offering quite different coastlines, with fine sandy beaches on the Ionian side and spectacular cliffs overlooking the Tyrrhenian Sea.

Lucania, zoals de Basilicata-regio vroeger werd genoemd, is een ruw gebied met een landelijke cultuur die bekend staat om de opmerkelijke architectonische voorbeelden van grotwoningen – de fascinerende Sassi di Matera. Deze landelijke cultuur, met name die van het hoeden van dieren, vormt ook de oorsprong van enkele van de beste etenswaren, zoals de Casieddu di Moliterno-kaas van geitenmelk, de Caciocavallo Podolico kaas van koeienmelk, en de Soperzata di Rivello, een traditionele varkenssalami. Wat wijn betreft, vinden we een karaktervolle wijn van hoge kwaliteit – Aglianico del Vulture – uit het noorden van de regio.

Vergeet niet dat Basilicata omgeven is door twee verschillende zee-en – de Tyrreense Zee en de Ionische Zee – met twee zeer verschillende kustlijnen: zandstranden aan de Ionische kant, en spectaculaire rotspartijen die uitkijken over de Tyrreense Zee.

canestrato di moliterno igp

canestrato di moliterno igp

The small village of Moliterno in the province of Potenza gives its name to not one but two traditional cheeses: Casieddu and Canestrato. The former is a goat's cheese made from the milk of two milkings, which is filtered through fern leaves, then heated to a temperature of around 90 °C and flavoured with a local herb called *pepita*. At this point it is cooled to around 38 °C, the rennet is added and then the curd is broken, pressed and moulded into 10 cm rounds. Safeguarded by IGP status, Canestrato di Moliterno is a cheese made from two thirds goat's milk and one third sheep's milk. It is a hard cheese with a piquant flavour, and can vary in terms of the ageing process, up to over a year. The name *canestrato* comes from the fact that the curd is placed in *canestri* (baskets) to drain, giving it its typical rind. It is aged in spacious storerooms with two or three compartments which guarantee the particular conditions required by the ageing process.

Het kleine dorpje Moliterno in de provincie Potenza geeft haar naam aan niet een maar twee traditionele kazen: Casieddu en Canestrato. De eerste is een geitenkaas gemaakt van de melk van twee afzonderlijke melkbeurten, die door varenbladeren wordt gefilterd, vervolgens verhit tot een temperatuur van ongeveer 90 °C en op smaak gebracht met een plaatselijk kruid dat pepita *heet. Op dit punt laat men de melk afkoelen tot ongeveer 38 °C en wordt het stremsel toegevoegd, waarna de wrongel wordt gebroken, uitgeperst en in ronde vormen van 10 cm gedrukt. De Canestrato di Moliterno is een kaas die beschermd is door de IGP-status en die gemaakt wordt van tweederde geitenmelk en eenderde schapenmelk. De harde kaas met een pittige smaak heeft verscheidene rijpingsperiodes, tot meer dan een jaar. De naam* canestrato *komt van het feit dat de wrongel in* canestri *(manden) wordt gelegd om uit te lekken, met de typische korst als resultaat. Het rijpen gebeurt in speciale ruimtes met twee of drie compartimenten, die zorgen voor de specifieke voorwaarden die nodig zijn voor de rijping.*

lampascioni salade lampascioni salad

250 g *lampascioni* bulbs in oil, parsley, fresh chilli pepper, extra virgin olive oil, salt

Lampascioni are little pear-shaped bulbs with a whitish flesh that is covered in a nut brown skin. They have a slightly bitter flavour and are eaten above all preserved in oil, but also fresh, boiled or with sauce. One of the simplest but most appetising ways to savour their unusual flavour is a fresh salad made using the version in oil, with a pinch of chilli pepper, a generous helping of chopped parsley, a little oil and a pinch of salt.

250 gr *lampascioni* uien in olie, peterselie, verse chilipeper, extravergine olijfolie, zout

Lampascioni zijn kleine peervormige uitjes met wit vlees en bedekt door een nootkleurige schil. Ze zijn enigszins bitter van smaak en worden vooral inge-maakt in olie gegeten, maar ook vers, gekookt of met saus. Een van de simpelste maar lekkerste manieren om de ongewone smaak te proeven is in een verse salade gemaakt met de versie op olie, met een snuif-je chilipeper, veel gehakte peterselie, een beetje olie en een snuifje zout.

caciocavallo podolico

caciocavallo podolico

The term *podolico* in the name of this cheese refers to the breed of cow that the milk comes from. The Podolica breed is native to the south of Italy, and present above all in Basilicata and Puglia. The cheese made from this milk is called *caciocavallo* due to the fact that during the long ageing process the cheeses are hung in pairs astride beams (*a cavallo* in Italian). Produced in various towns in the provinces of Potenza and Matera, Caciocavallo Podolico is a spun cheese which has a sweetish flavour when young, becoming stronger and more flavoursome with age, thanks to the herbs that the Podolica cows feed on. With its immediately recognisable round-bottomed shape, it is excellent accompanied with the local wines, such as Aglianico del Vulture DOC, currently on the up in the wine world.

De term podolico *in de naam van deze kaas verwijst naar het koeienras waar de melk vandaan komt. Het Podolicaras is inheems in het zuiden van Italië, en vooral aanwezig in Basilicata en Apulië. De kaas die van deze melk gemaakt wordt, wordt* caciocavallo *genoemd vanwege het feit dat de kazen gedurende het lange rijpingsproces in paren over balken (*a cavallo *in het Italiaans) worden gehangen. De gesponnen Caciocavallo Podolicokaas, geproduceerd in verschillende plaatsen in de provincies Potenza en Matera, heeft een zoete smaak wanneer hij jong is, en een krijgt sterkere en smaakvollere smaak afhankelijk van de ouderdom, dankzij de kruiden die de Podolica koeien grazen. De vorm is onmiddellijk herkenbaar door de ronde bodem, en de kaas is heerlijk met plaatselijke wijnen als Aglianico del Vulture DOC, een rijzende ster in de wijnwereld.*

aglianico del vulture doc

aglianico del vulture doc

Situated in the north of the Basilicata region, on the border with Campania and Puglia, Vulture is an area of ideal wine-growing terrain. It is on the slopes of the extinct volcano of the same name that the most famous wine in the Lucania area, Aglianico del Vulture DOC, is produced. Aglianico is a full-bodied wine of great character, well-suited to ageing, for up to over five years. To earn the title of Riserva it ages for two years in oak barrels, and three in the bottle. All in all a great wine which deserves a place among the top Italian reds (indeed some see it as a kind of southern Barolo), and which makes a perfect accompaniment to hearty red meat and game dishes and mature cheeses. As well as the dry version, Aglianico del Vulture is also used to make a natural spumante, which is served with the local sweets and dried fruit.

In het noorden van Basilicata, op de grens met Campanië en Apulië, ligt de Vulture, een gebied met het ideale terrein voor wijnbouw. Het zijn de hellingen van een gedoofde vulkaan waar de beroemdste wijn uit de regio vandaan komt, Aglianico del Vulture DOC. Aglianico is een gecorseerde wijn, vol van karakter, en zeer geschikt om tot een jaar of vijf op te leggen. Voor de titel Riserva moet de wijn twee jaar rijpen in eiken vaten, en drie jaren op fles. Deze al met al grootse wijn verdient een plekje onder de grote Italiaanse rode wijnen (kenners zien de wijn dan ook als een soort van zuidelijke Barolo), die perfect harmonieert met hartig rood vlees, wild en rijpe kazen. Naast de droge versie wordt Aglianico del Vulture ook gebruikt om een natuurlijke spumante *te produceren, die geserveerd wordt bij plaatselijk gebak en gedroogd fruit.*

Puglia

The heel of Italy, as Puglia is usually called, is undoubtedly one of the most beautiful regions in the south. It boasts some stunning landscapes, like the vast expanse of the Tavoliere area, known as the granary of Italy, the Gargano promontory, the Umbra Forest, and a glorious coastline which faces the Adriatic on one side and the Ionian Sea on the other. A land of olive trees and vineyards that yield outstanding quality products, Puglia boasts produce and recipes that bear witness to a simple, authentic cuisine – like the renowned *orecchiette* pasta, Altamura bread, *burrata* cheese, Canestrato Pugliese, Taranto mussels, king oyster mushrooms and many other specialities. And the wines are no less impressive, thanks to areas like Salento, which produce excellent rosé and red wines like Negramaro and Primitivo di Manduria. Sweet wines include Moscato di Trani, which is delicious served with almond biscuits, or in the liqueur version, with mature cheeses.

De hak van Italië, zoals Apulië vaak wordt genoemd, is een van de mooiste regio's van het zuiden. De streek kan bogen op prachtige landschappen, zoals het uitgestrekte Tavoliere-gebied, de graanschuur van Italië, de Gargano-kaap, het Umbra-Bos, en een glorieuze kustlijn die aan de ene kant uitkijkt op de Adriatische Zee en aan de andere kant op de Ionische Zee. Dit is een land van olijfbomen en wijngaarden dat uitstekende kwaliteitsproducten levert, en Apulië kan trots zijn op producten en recepten die een weerslag vormen van een eenvoudige maar authentieke keuken. Zo zijn er de befaamde orecchiette *pasta*, Altamura-brood, burrata-kaas, Canestrato Pugliese, Taranto mosselen, oesterzwammen en vele andere specialiteiten. Ook de wijnen zijn indrukwekkend dankzij wijngebieden als Salento, waar uitstekende rosés en rode wijnen als Negramaro en Primitivo di Manduria geproduceerd worden. Onder de zoete wijnen vinden we Moscato di Trani, die erg lekker is met amandelkoekjes, of de likeurversie met rijpe kazen.

puglia

altamura dop bread
altamura dop brood

This is undoubtedly one of best-known, most popular types of bread in Italy, the only bread to have earned "protected designation of origin" status – endorsing its quality and regulating the production process. It is produced in a few towns in the province of Bari, including Altamura itself. The latter boasts an age-old bread-making tradition and is dedicating to preserving this precious legacy and the flavours and aromas of the original products. The raw materials are remilled durum wheat semolina, water, sea salt, and naturally, wild yeast. Altamura loaves come in two traditional shapes: the flat "priest's hat" shape and the plait. The crust must be at least 3 mm thick and inside the bread is straw yellow in colour. Delicious eaten with local extra virgin olive oil and a sprinkle of salt, this bread features in many country recipes, the legacy of the crofters and shepherds who used to keep it for several days in the farms in the Murge area.

Dit is zonder twijfel een van de bekendste, meest populaire broodsoorten in Italië, en de enige broodsoort die de status "beschermde oorsprongsbenaming" heeft verdiend, hetgeen door de kwaliteit en de regelmatigheid van de productie bevestigd wordt. Het brood wordt gemaakt in enkele plaatsen in de provincie Bari, waaronder Altamura zelf. Daar is men trots op een lange traditie in het broodbakken en legt men zich erop toe deze kostbare erfenis te bewaren en de smaken en aroma's van de oorspronkelijke producten te bewaken. De grondstoffen zijn grof gemalen durumtarwe-semolina, water, zeezout, en natuurlijk wilde gist. Altamura-broden hebben twee traditionele vormen: de platte "priestermuts" en de vlecht. De korst moet minstens 3 mm dik zijn en vanbinnen is het brood strogeel van kleur. Het is heerlijk om te eten met de plaatselijke extravergine olijfolie en wat zout, en het brood komt voor in heel veel boerenrecepten, een erfenis van de kleine boeren en herders die het brood dagenlang bewaarden in de boerderijen van het Murgia-gebied.

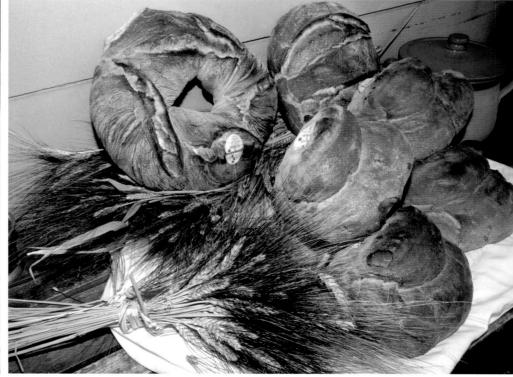

burrata di andria
burrata di andria

Andria, in the province of Bari, is home to the *burrata*, one of Puglia's best-loved dairy products, an exquisite treat which contains pieces of spun cheese and fresh cream. *Burrata* is a kind of pocket, or bag, made from blowing into pieces of cooked curd to puff them up like a balloon. Once this bag has been made, it is filled with scraps of spun cheese and cream, then pinched together and briefly dipped in brine. The *burrata* is now ready to be served, in its traditional wrapper of asphodel leaves, which makes it look, if possible, even more fresh and tempting. The best way to enjoy *burrata* is simply with a pinch of salt, or with some vegetables, salad or olives, washed down with a glass of local wine — from the vast range that this generous land offers.

Andria, in de provincie Bari, is de thuis van de burrata, *een van de meest geliefde zuivelproducten uit Apulië, een heerlijke combinatie van gesponnen kaas en verse room.* Burrata *is een soort zak of tas die gemaakt wordt door in stukken gekookte wrongel te blazen zodat die opzwelt als een ballon. Deze zak wordt vervolgens gevuld met stukken gesponnen kaas en room, dichtgebonden en kort in pekelwater gedompeld.* De burrata *is dan klaar om opgediend te worden, traditioneel gewikkeld in affodilbladeren die de* burrata *zo mogelijk nog verser en verleidelijker maken.* De beste manier om burrata *te eten is met een beetje zout of met wat groenten, salade of olijven, weggespoeld met een glas plaatselijke wijn uit de brede selectie die dit vrijgevige land te bieden heeft.*

canestrato pugliese dop
canestrato pugliese dop

The term *canestrato* comes from the Italian word for basket, referring to the rush container that the curd is placed in which gives the cheese its typical lattice pattern. Canestrato Pugliese DOP is a raw cheese made from sheep's milk and produced in the province of Foggia and some towns in the province of Bari. Its exceptional quality derives from the forage on the Murge plateau, where the sheep in question graze. It has a compact texture with a piquant flavour that becomes more intense in the more mature versions (the ageing process varies from two to ten months), and can be grated on traditional local dishes (from *orecchiette* to *ziti* pasta). The cheeses are cylindrical in shape, with a diameter that varies from 25 to 34 cm, and weighing between 7 and 14 kg.

De term canestrato *komt van het Italiaanse woord voor mand, in dit geval de rieten container waarin de wrongel wordt uitgeperst en die de kaas het kenmerkende rasterpatroon geeft. Canestrato Pugliese DOP is een rauwe kaas van schapenmelk uit de provincie Foggia en enkele plaatsen in de provincie Bari. De buitengewone kwaliteit van de kaas komt van het feit dat de schapen in kwestie op het Murgia-plateau grazen. De kaas heeft een compacte textuur en een pittige smaak die intenser wordt hoe langer de kaas rijpt (het rijpingsproces varieert van twee tot tien maanden), en hij kan goed geraspt worden boven traditionele plaatselijke gerechten (van* orecchiette *tot* ziti-pasta*). De kazen hebben een cilinderachtige vorm, met een doorsnee van 25 tot 34 cm, en ze wegen tussen de 7 en de 14 kg.*

puglia extra virgin olive oil
apulië extravergine olijfolie

Puglia is Italy's main producer of olive oil: an important economy that is also reflected in the quality of the oil, with an impressive five different "protected designation of origin" varieties (Dauno, Terra di Bari, Colline di Brindisi, Terra d'Otranto and Terre Tarantine). Indeed the region's countryside is characterised by majestic ancient olive trees (it has been estimated that there are more than 40 million olive trees in Puglia), bearing witness to an age-old tradition that still yields oil of outstanding quality. Produced from various different varieties of olive, the different oils have different characteristics, going from the more delicately flavoured to more intense, aromatic kinds. The delicate oils are suited to salads and light dishes, while the more flavoursome are good with barbeques and red meat. From the Gargano promontory to the Salentino peninsula, Puglia's yellow gold stands out for its unbeatable aromas, colours and flavours.

Apulië is de grootste producent van olijfolie in Italië: een belangrijke economie die ook zijn weerslag vindt in de kwaliteit van de olie, met wel vijf indrukwekkende varianten met de "beschermde oorsprongsbenaming" (Dauno, Terra di Bari, Colline di Brindisi, Terra d'Otranto en Terre Tarantine). Het landschap van de regio wordt dan ook gekenmerkt door oude majestueuze olijfbomen (men schat dat er meer dan 40 miljoen olijfbomen zijn in Apulië), die getuigen van de aloude traditie die tot op de dag van vandaag uitstekende olie oplevert. De verschillende types olijfolie, geproduceerd met verschillende olijfsoorten, hebben uiteenlopende karakteristieken, van mild tot intens aromatisch. De milde olie is geschikt voor salade en lichte gerechten, terwijl de meer smaakvolle olie goed is voor barbecues en rood vlees. Het gele goud van Apulië, van de Gargano-kaap tot aan het schiereiland van Salento onderscheidt zich door onovertreffelijke aroma's, kleuren en smaken.

orecchiette-pasta orecchiette pasta

400 g remilled durum wheat semolina, 100 ml water, salt

Place the semolina with a pinch of salt on a board, make a well in the centre and pour in the warm water. Bring this together to create a smooth, compact dough. Cover the dough and leave it to rest for around 30 minutes. At this point break off a piece of dough and roll it on a floured board to make a sausage around 1 cm in diameter. Cut this into pieces and using a finger or a rounded knife, stretch each piece along the work surface until it curls up into a shell shape. *Orecchiette* pasta can be served with the traditional broccoli raab and anchovy combination, or a simple fresh tomato sauce.

400 gr grof gemalen durumtarwe-semolina, 100 ml water, zout

Leg de semolina met een beetje zout op een deegplank, maak een kuiltje in het midden en schenk het warme water erin. Kneed tot een glad, compact deeg, dek het af en laat het ongeveer 30 minuten rusten. Breek vervolgens een stuk van het deeg af en rol het uit op een met bloem bestrooide deegplank tot een worst van ongeveer 1 cm dik. Snijd deze in stukjes en rek met een vinger of een mes met een ronde punt elk stukje deeg uit op het werkblad zodat het in een schelpvorm omkrult. *Orecchiette* pasta kan geserveerd worden met de traditionele raapstelen- en ansjovis-combinatie, of met een eenvoudige verse tomatensaus.

taranto mussels
taranto mosselen

Situated on the Ionian coast, Taranto boasts time-honoured fishing and fish-farming traditions, above all in terms of oysters and mussels. And the local black mussel is the number one product from this stretch of the sea, which boasts ideal conditions for farming with just the right level of salinity and temperature, due to underwater currents of fresh water. The mussel farms make a curious sight, with the shellfish fastened to wooden stakes in the water, giving rise to a sort of strange marine architecture. Mussels must be eaten cooked (due to their bacteria content restaurants are prohibited from serving them raw) and there are numerous recipes to try out: from the classic *cozze arracanate* (oven-baked with oil, tomato and white wine), to the local mussel soup, to *taieddha*, with rice, mussels and potatoes, to peppered mussels – you will be spoilt for choice when it comes to sampling this local seafood delicacy.

Tarente of Taranto in het Italiaans, gelegen aan de Ionische kust, kent een lange traditie van visserijen en kwekerijen, vooral van oesters en mosselen. De plaatselijke zwarte mossel is het belangrijkste product van dit gedeelte van de zee, dat door de zoetwaterstromingen onder water de ideale omstandigheden biedt voor het kweken, zoals het zoutgehalte en de temperatuur. De mosselkwekerijen zijn een vreemd gezicht, met mossels die aan houten staken in het water vastzitten, wat een vreemde soort zee-architectuur creëert. Mosselen moeten gekookt gegeten worden (omdat ze een hoge concentratie bacteriën bevatten mogen restaurants geen rauwe mosselen serveren) en er bestaan talrijke recepten om uit te proberen: van de klassieke cozze arracanate *(gebakken in de oven, met olie, tomaat en witte wijn) tot de plaatselijke mosselsoep en* taieddha, *met rijst, mosselen en aardappel, en de gepeperde mosselen – een overvloed aan keuzes voor wie deze plaatselijke delicatesse wil uitproberen.*

king oyster mushrooms
reuze-oesterzwammen

The Murgia area around Bari, a karstic plateau in the heart of Puglia, offers the ideal natural habitat for the king oyster mushroom, which is unfortunately now at risk of extinction due to the continuing depletion of stone from the area. This is a highly prized species of mushroom that also grows in other regions of central and southern Italy, but flourishes particularly in the north-western part of the Murgia area. It varies in colour from nut brown to reddish, with a smooth stalk and wide gills, and its popularity can be attributed to its excellent properties: low in fat, high in vitamins and with a delicate flavour that does not overpower other ingredients. It has been known since the days of the ancient Romans and is a truly versatile product when it comes to cooking: it can be eaten roasted, fried, sautéed with parsley and garlic, or with a sauce, or used in pasta dishes and meat and fish main courses.

Het Murgia-gebied rondom Bari, een karstplateau in het hart van Apulië, biedt de ideale klimaatsomstandigheden voor de reuze-oesterzwam, die nu echter met uitsterving bedreigd is ten gevolge van de continue exploitatie van steen in het gebied. De zwam is een hooggewaardeerde soort die ook voorkomt in andere gebieden van Midden- en Zuid-Italië, maar die bijzonder goed gedijt in het noordwestelijke gedeelte van de Murgia. De kleur varieert van nootbruin tot roodachtig, met een gladde steel en brede lamellen, en zijn populariteit heeft hij te danken aan uitstekende eigenschappen: een laag vetgehalte, rijk aan vitamines en met een delicate smaak die andere ingrediënten niet overstemt. De zwam is al bekend sinds de Romeinen, en het is een zeer veelzijdig product dat op vele manieren bereid kan worden: geroosterd, gebakken, gesauteerd met peterselie en knoflook, of in sauzen, in pastagerechten en bij hoofdgerechten met vlees en vis.

salento rosato igt

salento rosato igt

puglia

The Salento area is the southern-most tip of Puglia, and takes in the provinces of Lecce, and part of those of Brindisi and Taranto, making it almost a region within a region. Its beautiful countryside is dotted with olive groves, vineyards and farmhouses, and it boasts not only important red wines, such as Primitivo di Manduria DOC and Negroamaro, but also internationally renowned rosés. These undoubtedly include Salento Rosato IGT, which is made from negramaro and malvasia nera grapes according to the rosé technique, which involves a brief maceration on the skins. The resulting wine is cherry pink in colour, with a fruity bouquet that recalls raspberries and blueberries – a fresh, drinkable wine that has contributed to the fame of Puglia and the Salento area in terms of rosé wine production. It makes a wonderful accompaniment to fish dishes, vegetable-based starters and soups, and encapsulates all the fragrances of the Salento area.

Het Salentogebied is de meest zuidelijke punt van Apulië, met de provincies Lecce en een gedeelte van Brindisi en Taranto, zodat het haast een regio binnen een regio is. Het prachtige landschap is overdekt met olijfboomgaarden, wijngaarden en boerderijen, en het gebied kan bogen op niet alleen enkele belangrijke rode wijnen als Primitivo di Manduria DOC en Negroamaro, maar ook op internationaal befaamde roséwijnen. Een daarvan is zonder twijfel Salento Rosato IGT, die volgens de rosétechniek gemaakt wordt van de negramaro- en malvasia neradruiven, waarbij de druivenschillen minder lang geweekt worden. De resulterende wijn is kersroze van kleur, met een fruitig bouquet dat aan frambozen en blauwe bessen doet denken – een frisse, zeer drinkbare wijn die Apulië- en het Salentogebied beroemd heeft gemaakt in de wereld van de roséwijn. De wijn is een prettige toevoeging aan visschotels, voorgerechten van groenten en bij soepen, met alle geuren van het Salentogebied.

gegratineerde mosselen mussels au gratin

1 kg Taranto mussels, 200 g breadcrumbs, 2 cloves garlic, parsley, fresh chilli pepper, 250 ml white wine, extra virgin olive oil, salt

Clean the mussels and heat them in a covered pan with a little oil till they open. Remove the upper half of the shell and place the mussels in an earthenware dish. Cover with the breadcrumbs, chopped garlic, parsley and chilli and a generous drizzle of oil. Salt to taste. Bake in a preheated oven at 180 °C for around 15 minutes, remembering to pour over the white wine half way through.

1 kg mosselen uit Taranto, 200 gr broodkruimels, 2 teentjes knoflook, peterselie, verse chilipeperpeper, 250 ml witte wijn, extra-vergine olijfolie, zout

Maak de mosselen schoon en verwarm ze in een afgedekte pan met een beetje olie totdat ze open zijn. Verwijder de bovenste helft van de schelp open en leg de mosselen in een aardewerken ovenschotel. Bedek met broodkruimels, gehakte knoflook, peterselie en chili en een flinke scheut olie. Voeg naar smaak zout toe. Bak de mosselen ongeveer 15 minuten in een voorverwarmde oven op 180 °C, en schenk de witte wijn er halverwege de kooktijd over.

primitivo di manduria doc
primitivo di manduria doc

A few kilometres from Taranto and the Ionian coast, Manduria is home to one of Puglia's finest wines: Primitivo di Manduria DOC. Made using the primitivo grapes that grow in the area's picturesque vineyards, this is a full-bodied, warm red wine of great character, which is a great accompaniment for hearty meat dishes, roasts and game, as well as mature, piquant cheeses. In a tasting glass it presents a typical purple-red colour, that acquires orange nuances with ageing, while on the palate it is full-flavoured, harmonious and velvety as it ages. As well as the dry version, Primitivo di Manduria DOC also comes in a natural dessert version and a liqueur wine, which are excellent accompaniments to the local sweets or simply sipped alone. The Strada dei Vini DOC Primitivo di Manduria e Lizzano takes visitors inland from Taranto to discover the wine production lands in the heart of Puglia's ancient Greek territories.

Op een paar kilometers van Taranto en de Ionische kust ligt Manduria, waar een van beste wijnen van Apulië vandaan komt: de Primitivo di Manduria DOC. Deze wijn wordt gemaakt van de primitivo druivensoort die in de pittoreske wijngaarden van de streek groeit. Het is een volle, warme en karaktervolle wijn die goed samengaat met al dan niet geroosterde hartige vleesgerechten, met wild en rijpe pittige kaas. In het glas heeft het een karakteristieke paarsrode kleur die met het verstrijken van de jaren oranje nuances krijgt, terwijl de smaak vol is, harmonieus en fluweelachtig na het rijpen. Naast de droge versie bestaat Primitivo di Manduria DOC ook als natuurlijke dessertwijn en likeurwijn, die goed bij het lokale gebak passen en die ook lekker zijn om op zichzelf te drinken. De Strada dei Vini DOC Primitivo di Manduria e Lizzano neemt bezoekers mee op een tocht van Taranto richting het binnenland op ontdekking in de wijngebieden die in het hart liggen van het oude Griekse territorium van Apulië.

calabria

alabria is right at the tip of the Italian peninsula, surrounded by both the Tyrrhenian Sea and the Ionian Sea, while at the southern end it looks over the Strait of Messina. It is a region with a fascinating history, where you can still see the traces left by the peoples that inhabited it, from the Greeks to the Normans, Spanish and French; influences that come through in Calabria's food and wine. The region also boasts many famous products which take their names from their area or town of origin: from Tropea onions to Soverato chilli peppers, from Caciocavallo Silano cheese to *'Nduja* salami, without forgetting aubergines and Reggio Calabria bergamot. If the region's splendid coastline, with beautiful areas such as Capo Vaticano, Costa Viola, Tropea and Riace, is not enough, the inland area is equally fascinating, with the Aspromonte Mountain Range and the Sila Plateau, and their relative national parks where you can enjoy spectacular views of canyons and observe animal species at risk of extinction, such as the Sila wolf.

C alabrië ligt helemaal aan de punt van het Italiaanse schiereiland en is omgeven door zowel de Tyrreense Zee als de Ionische Zee, terwijl het meest zuidelijke uiteinde uitkijkt over de Straat van Messina. Deze regio kent een fascinerende geschiedenis, en er zijn nog vele sporen te vinden van de verschillende volkeren die het bewoond hebben, van de Grieken over de Noormannen en de Spanjaarden tot de Fransen. Hun invloeden zijn nu nog zichtbaar in de voeding en de wijnen van Calabrië. De regio kan ook bogen op vele beroemde producten die genoemd zijn naar het gebied of de plaats van oorsprong: van Tropea-uien tot Soverato-chilipepers, van Caciocavallo Silano-kaas tot 'Nduja salami en niet te vergeten de aubergines en de Reggio Calabria bergamot. Alsof de prachtige kusten van de regio, met mooie gebieden als Capo Vaticano, Costa Viola, Tropea en Riace nog niet genoeg zijn, is het binnenland evenzeer fascinerend, met de Aspromontebergketen, het Sila-plateau en de bijbehorende nationale parken waar men spectaculaire kloven kan bezichtigen en met uitsterven bedreigde diersoorten als de Sila-wolf observeren.

chilli peppers
chilipepers

The chilli pepper is such a typical product of the area that Calabria is often identified with it. Closely-related to the pepper, it stands out for its distinctive horn-shape and red-hot flavour. And this spiciness is what makes it such an essential ingredient in many dishes, from *'Nduja* salami to aubergines in oil, from sardines to the various local pasta sauces. Since the chilli pepper is an easy species to grow, and thrives more readily in vegetable gardens than fields, it is also used as an ornamental plant: indeed bunches of hot peppers hanging in houses or from balconies, ready for use, are a common sight. When ripe the peppers can be used fresh, but they are mostly dried and ground or flaked, to be kept in glass jars. An ingredient for resilient palates, a pinch of chilli will spice up even the simplest of dishes: spaghetti with garlic, oil and chilli being the most famous example.

Het chilipepertje is zo'n typisch product voor de regio Calabrië dat het er vaak mee geïdentificeerd wordt. Als nauwe verwant van de paprika valt de peper op door de herkenbare hoornachtige vorm en de hete smaak. Deze heetheid maakt het tot zo'n essentieel ingrediënt in vele gerechten, van 'Nduja salami tot aubergines in olie, van sardevis tot de verschillende plaatselijke pastasauzen. Aangezien chilipeper makkelijk groeit en beter gedijt in groentetuinen dan in velden, wordt de plant ook als sierplant gebruikt: bundels rode pepers die in huizen of aan balkons hangen, zijn dan ook geen ongewoon gezicht. Rijpe pepertjes kunnen vers gebruikt worden, maar ze worden meestal gedroogd en gemalen of versnipperd bewaard in glazen potten. Dit is een ingrediënt voor de ervaren eter, en een snuifje chili zal het simpelste gerecht the kunnen oppeppen, met als beroemdste voorbeeld de spaghetti met knoflook, olie en chili.

'nduja salami
'nduja salami

A soft-spreading, spicy delicacy, *'Nduja* is a variety of salami produced in Spilinga on the Poro Plateau, in the province of Vibo Valentia. The town even holds an important annual fair in its honour. It is made of minced, spiced pork meat (the spices used obviously include chilli), which is mixed and then encased in natural gut. After being smoked it is aged for a period that goes from six months to a year. It can then be spread on bread, used in sauces or eaten with vegetables. An important factor in the flavour and popularity of *'Nduja* is the microclimate and altitude of Spilinga, guaranteeing the optimum ageing conditions for the product. At this point, all that remains is to sample some, preferably washed down with one of Calabria's good reds, such as Cirò Rosso.

'Nduja *salami is een zachte smeerbare en pikante delicatesse, geproduceerd in Spilinga op het Poro-plateau in de provincie Vibo Valentia. De plaats houdt ieder jaar een belangrijke markt ter ere van de salami, die gemaakt wordt van gemalen en gekruid varkensvlees (onder de kruiden natuurlijk ook chili), gemengd en gebruikt voor het vullen van natuurlijke ingewanden. De salami wordt eerst gerookt en vervolgens zes maanden tot een jaar gerijpt. Daarna kan de salami op brood worden gesmeerd, gebruikt in sauzen of gegeten met groenten. Een belangrijke factor in de smaak en populariteit van* 'Nduja *is het microklimaat en de hoogte van Spilinga, dat de optimale omgevingsfactoren garandeert voor het rijpen. Zeker een product om eens uit te proberen, liefst met een van de goede wijnen van Calabrië, zoals de Cirò Rosso.*

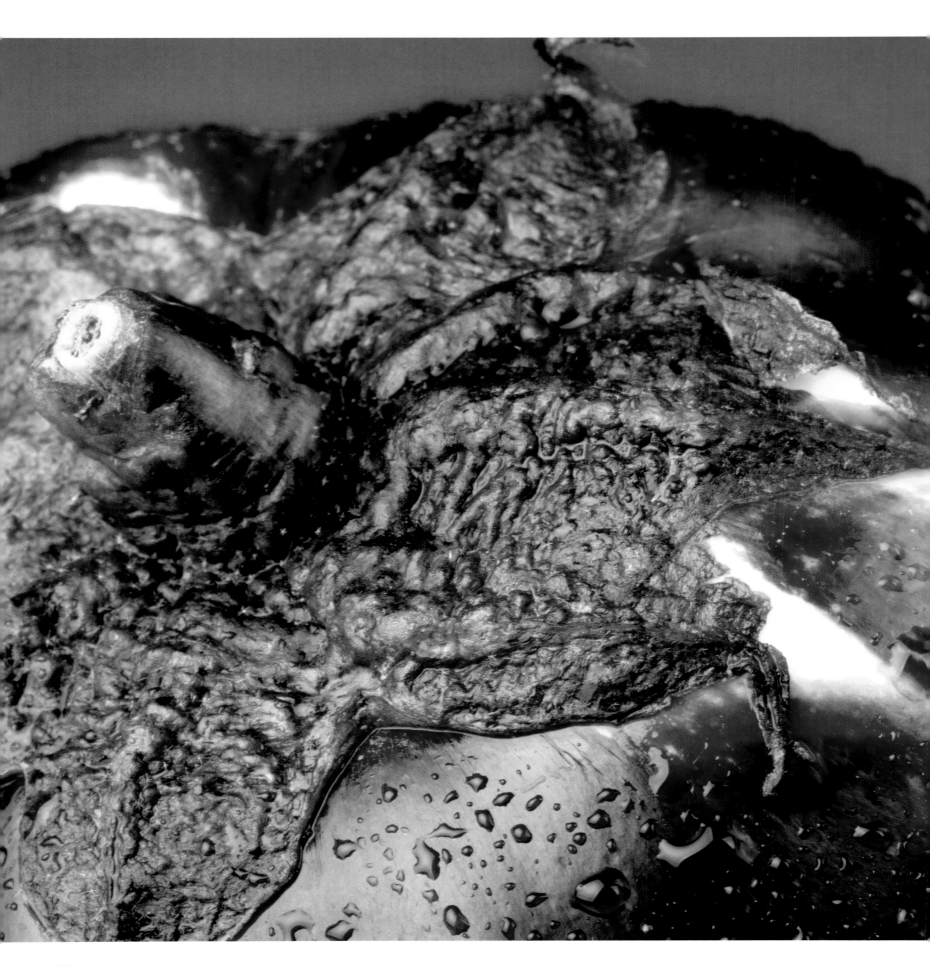

pasta with aubergines pasta met aubergines

400 g short pasta, 300 g aubergines, 500 g ripe tomatoes, 2 cloves garlic,
1 fresh chilli pepper, extra virgin olive oil,
salt, pepper

Cut the aubergines into cubes, salt them and leave them for about an hour to draw off the water they contain. Blanch, peel and cube the tomatoes. In a generous amount of oil lightly fry the sliced garlic and chopped pepper, then squeeze out the aubergines and add them. When golden, drain them and put aside. Put the tomatoes in the pan with the cooking juices, season with salt and pepper and cook for around 15 minutes, before putting the aubergines back in. Cook the pasta in boiling salted water, drain while al dente and dress with the aubergine sauce.

400 gr korte pasta, 300 gr aubergines, 500 gr rijpe tomaten, 2 teentjes knoflook, 1 vers chilipepertje, extravergine olijfolie, zout, peper

Snij de aubergines in blokjes, zout ze en laat ze een uur staan om het water eraan te te onttrekken. Blancheer en ontvel de tomaten en snijd ze in blokjes. Bak de in plakjes gesneden knoflook in een ruime hoeveelheid olie, samen met het gehakte pepertje, pers dan de aubergines uit en voeg ook deze toe. Laat ze uitlekken wanneer ze goudgekleurd zijn en zet ze aan de kant. Doe de tomaten in de pan bij het kookvocht, breng op smaak met zout en peper en kook ongeveer 15 minuten alvorens de aubergines terug in de pan te doen. Kook de pasta in kokend gezout water, giet af wanneer die *al dente* is en werk de pasta af met de auberginesaus.

reggio calabria dop bergamot
reggio calabrië dop bergamot

Less well known than other citrus fruits like orange, lemon or grapefruit, bergamot is one of Calabria's outstanding products, and the region accounts for 90% of world production. It is mainly used as an essence, in cakes, liqueurs, sweets, candied peel, ice cream and drinks, but it is also used in cosmetics, above all in perfume. The most popular products made with bergamot are sweets, bergamot cream and *bergamino* (the last two being liqueurs), as well as bergamot tea. The fruit resembles an orange, but it has an acidic, bitter flavour, while the rind varies in colour from green to yellow. The oil used to make the various products is drawn from the rind. Bergamot trees grow mainly in the province of Reggio Calabria, on the coastal area that goes from Villa San Giovanni to Gioiosa Jonica, and the fruit is harvested in October.

Bergamot, alhoewel minder bekend als andere citrusvruchten als sinaasappel, citroen of pompelmoes, is een van de meest vooraanstaande producten van Calabrië, en de regio is verantwoordelijk voor 90% van de productie wereldwijd. Bergamot wordt vooral gebruikt als essence in taart, likeur, snoepjes, gekonfijte schil, ijs en drankjes, maar ook in de cosmetica-industrie, vooral in parfums. De populairste producten die gemaakt worden met bergamot zijn snoepjes , bergamotcrème en bergamino *(de laatste twee zijn likeuren), en thee met bergamot. De vrucht lijkt op een sinaasappel, maar met een zure, bittere smaak, terwijl de schil in kleur varieert van groen tot geel. De olie die gebruikt wordt in bovengenoemde producten, wordt onttrokken aan de schil. Bergamotbomen groeien vooral in de provincie van Reggio Calabrië, in het kustgebied dat loopt van Villa San Giovanni tot Gioiosa Jonica. Daar wordt de bergamot geoogst in oktober.*

capocollo di calabria dop salami
capocollo di calabrië dop salami

As well as *soppressata* (brawn), bacon and sausage (all DOP specialities in Calabria), *capocollo* is one of the region's most representative products, so much so that it has earned "protected designation of origin" status. *Capocollo* is a cured meat made from the pig's upper loin, using meat that must be locally-farmed and processed. After being boned and dry-salted the meat is left to rest for four to eight days, then washed, dried and sprinkled with wine vinegar. It is then massaged and seasoned with black pepper and wrapped in natural pork gut. Once bound the *capocollo* is ready to be aged for about a hundred days. The best way to sample it is cut into thin slivers and served with home-made bread cooked in a wood-burning oven, along with a good glass of red wine, if possible the excellent Cirò Rosso, one of Calabria's best-known DOC wines.

Naast soppressata *(hoofdkaas), bacon en worst (allemaal DOP-specialiteiten in Calabrië), is* capocollo *een van de representatieve producten van de regio, dat ook de status van "beschermde oorsprongsbenaming" geniet.* Capocollo *is een vleesproduct dat gemaakt wordt van het bovengedeelte van de lendenen van het varken, met vlees dat lokaal van oorsprong en verwerking moet zijn. Na ontbeend en droog gezouten te zijn, wordt het vlees vier tot acht dagen te rusten gelegd, vervolgens gewassen, gedroogd en besprenkeld met wijnazijn. Daarna wordt het vlees gemasseerd, op smaak gebracht met zwarte peper en verpakt in natuurlijke varkensdarm. De* capocollo *wordt vervolgens dichtgebonden en dan is hij klaar om een honderdtal dagen te rijpen. De beste manier om de salami te proeven is door er dunne plakjes van te snijden en die te serveren met zelfgebakken brood uit een houtoven, samen met een goed glas rode wijn, indien mogelijk de uitstekende Cirò Rosso, een van de bekendste DOC-wijnen van Calabrië.*

tropea calabria igp red onions
tropea calabria igp rode uien

Tropea is undoubtedly one of Calabria's most beautiful towns, located on Capo Vaticano on the Tyrrhenian coast. The name of the town is closely linked to the local variety of red onion, and as you walk through the alleyways, plaits of onions hanging by shop doorways are a typical sight. Delicately flavoured and with its glowing hue, the "Tropea red" is grown on the Tyrrhenian coast, in an area that goes from Nicotera in the province of Vibo Valentia to Amantea in the province of Cosenza. With its particular microclimate and sandy soil, this coastal area makes ideal terrain for cultivation. The onions are delicious eaten raw in salad or as an ingredient in pies, such as the typical onion tart, and come in three different shapes: spinning top, conic and oval. Some varieties are sold immediately, while others keep longer and can be stored for use during the rest of the year. Tropea onions are also used to make jam, which is delicious with cheese.

Tropea is ongetwijfeld een van de mooiste steden van Calabrië, gelegen op de Capo Vaticano aan de Tyrreense kust. De naam van de stad is nauw verbonden met een plaatselijke rode uiensoort, en dwalend door de straatjes van de stad kun je bossen van deze uien zien hangen bij de ingangen van winkeltjes. De "Rode Tropea", met een delicate smaak en een lichtgloeiende glans, wordt verbouwd langs een gedeelte van de Tyrreense kust, in een gebied dat zich uitstrekt van Nicotera in de provincie van Vibo Valentia tot Amantea in de provincie van Cosenza. Door het bijzondere microklimaat en de zanderige grond is dit kustgebied ideaal voor het verbouwen van de ui die lekker is om rauw te eten in salades, of als ingrediënt in hartige taarten, zoals de typische uientaart. De ui is verkrijgbaar in drie verschillende vormen: tolvormig, taps, en ovaal. Sommige variëteiten worden meteen verkocht, terwijl andere langer houdbaar zijn en gedurende de rest van het jaar bewaard kunnen worden. Tropea-uien worden ook gebruikt voor het maken van een jam die heerlijk is met kaas.

caciocavallo silano dop

caciocavallo silano dop

Protected by the DOP standard since 1996, Cacio-cavallo Silano is undoubtedly a key dairy product in southern Italy, and Calabria in particular. The production specifications encompass a large area, which also takes in the regions of Basilicata, Puglia, Molise and Campania. The name *silano* comes from the Sila Plateau, one of Calabria's most beautiful natural areas. Like most *caciocavallo* cheeses produced in the South of Italy, it is made with cow's milk from various breeds of cow, and may be cone-shaped or pear-shaped. The rind is straw yellow in colour, while inside it is whitish yellow, with a sweet flavour that intensifies and sharpens with age. Like many spun cheeses, Caciocavallo Silano DOP can also be grilled: just cut it into slices around 1 cm thick, cover these in freshly ground black pepper, and then grill for a few minutes.

De Caciocavallo Silanokaas, met beschermde DOP-status sinds 1996, is zonder twijfel een van de belangrijkste zuivelproducten van Zuid-Italië, en van Calabrië in het bijzonder. De productienormen geven een groot gebied aan, met gedeelten in Basilicata, Apulië, Molise en Campanië. De naam silano verwijst naar het Sila-plateau, een van de mooiste natuurgebieden van Calabrië. Net als de meeste andere caciocavallo-kazen uit Zuid-Italië wordt de kaas gemaakt van koeienmelk van verschillende koeienrassen, en de kaas kan kegelvormig of peervormig zijn. De korst is strogeel van kleur, van binnen is de kaas witgeel, met een zoete smaak die intenser en scherper wordt naar gelang de kaas rijper wordt. Net als vele andere gesponnen kazen kan Caciocavallo Silano DOP ook gemakkelijk gegrild worden: snijd plakken van ongeveer een 1 cm dik, bedek met vers gemalen zwarte peper en gril enkele minuten.

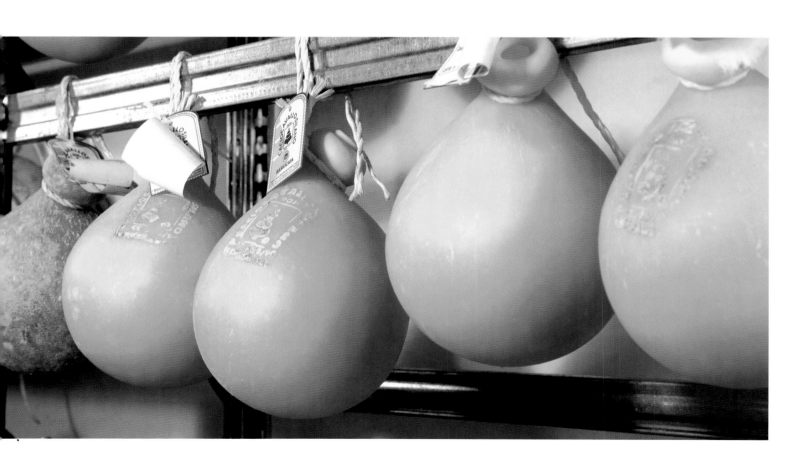

Sicilia

Sicily is one of the regions of Italy that boasts the most astounding wealth of art, history and gastronomic traditions, deriving from the occupations of various peoples – the Greeks, Romans, Normans, Swabians and Aragonese. It is a beautiful island that captivates visitors, from the Valley of the Temples in the Agrigento area, to Sicilian baroque architecture in Val di Noto, from Taormina to Mount Etna, from the Aeolian Islands to Lampedusa, from the plains of Catania to the Conca d'Oro. Sicily is also charac-

terised by a huge range of produce, like its oranges, Bronte Pistachio nuts, Salina capers, Ragusano cheese, prized fish such as tuna and swordfish from Mazara del Vallo, and wines like Moscato di Pantelleria, Nero d'Avola and Marsala. Such a multitude of products could not but inspire a cornucopia of local specialities, linked to the area and its traditions: from pasta *alla Norma* to *cassata*, from cous cous *alla trapanese* to *granita*, from *caponata* to *arancini*, from *cannoli* to the colourful marzipan fruit.

Sicilië is een van die Italiaanse regio's die kan bogen op een ongelooflijke rijkdom aan kunst, geschiedenis en gastronomische tradities, afkomstig van de aanwezigheid van uiteenlopende volkeren – Grieken, Romeinen, Noormannen, Zwaben en Spanjaarden uit Aragon. Het is een mooi eiland dat bezoekers op allerlei manieren bekoort, van de Tempelvallei in Agrigento tot de barokke Siciliaanse architectuur van Val di Noto, van Taormina tot de Etna, van de Eolische eilanden tot Lampedusa, van de vlakten van Catania tot de Conca d'Oro. Sicilië wordt tevens gekenmerkt door een uitgebreide selectie aan producten, zoals de sinaasappelen, de Brontepistachenoten, Salinakappertjes, Ragusanokaas, velgeroemde vis als tonijn en zwaardvis uit Mazara del Vallo, en wijnen als Moscato di Pantelleria, Nero d'Avola en Marsala. Zo'n uitgebreide hoeveelheid producten kan niet anders dan een inspiratiebron vormen voor een ware overvloed aan plaatselijke specialiteiten, die verbonden zijn met de regio en de tradities daar: van pasta alla Norma *tot* cassata, *van* couscous alla trapanese *tot* granita, *van* caponata *tot* arancini, *van* cannoli *tot* het kleurrijke marsepeinfruit.

igp pachino tomatoes
igp pachinotomaten

Pachino is a small town in the far south east of Sicily, in the province of Siracusa. Its name is linked to a well-known variety of cherry tomato, safeguarded by the IGP standard. With a delicate, refreshing flavour and firm flesh, Pachino IGP tomatoes are rich in vitamins and sugars, and include not only the cherry variety (the best-known), but also a ribbed variety, a smooth round variety and a variety that grows in bunches. The unique flavour and properties of these tomatoes are the result of a fortunate combination of conditions in the area – good weather, good quality water and a rich sandy soil are the secrets of its success. These cherry tomatoes are an excellent starting point for many different sauces: just cut them into quarters and sauté quickly in a pan with a drop of oil to stop them coming apart, then add fish, seafood, vegetables, etc. as you wish. Stuffed tomatoes are another treat, as is a simple salad of baby mozzarella, cherry tomatoes and a few basil leaves.

Pachino is een klein plaatje in het verre zuidoosten van Sicilië, in de provincie Syracuse. De naam is verbonden aan een bekende soort kerstomaten die beschermd zijn door de IGP-norm. Met een delicate en verfrissende smaak en stevig vlees zijn Pachino IGP-tomaten rijk aan vitamines en suikers. Ze bestaan niet alleen in de kerstomaatvariant (de bekendste), maar ook in een geribbelde variant, een gladde, ronde variant en als trostomaat. De unieke smaak en de eigenschappen van deze tomaten zijn het resultaat van een gelukkige samenkomst van omstandigheden in het gebied – goed weer, water van goede kwaliteit en een rijke zandgrond zijn het geheim van het succes ervan. De kerstomaten zijn een uitstekend vertrekpunt voor vele verschillende sauzen: snij de tomaatjes in kwarten en sauteer ze snel in een pan met een druppel olie zodat ze heel blijven, en voeg vervolgens naar wens vis, zeevruchten, groenten, enz toe. Gevulde tomaten zijn een andere traktatie, net als een eenvoudige salade met baby-mozzarella, kerstomaat en een paar blaadjes basilicum.

bronte dop pistachio nuts
bronte dop pistachenoten

On the side of Mount Etna lies the town of Bronte, home to the pistachio. Safeguarded by the "protected geographical indication" standard, the nuts of this plant are bright emerald green, nestling in a purple skin. Pistachio nuts are a real delicacy, to be used not only in confectionery (there are various kinds of pralines covered in crushed pistachios, or with a pistachio filling, without counting traditional Sicilian sweets like *cassata* and other foreign desserts), but also in meat products – such as *mortadella* and a variety of sausages. After being harvested (the harvest takes place once every two years), the nuts are sold in their shells, or shelled and skinned. They can also be crushed, powdered or even made into a paste. Pistachio nuts are rich in protein and fat, and the oil extracted from them is used both in food preparation and by the cosmetics industry.

Op de helling van de Etna ligt het plaatsje Bronte, de thuisplek van de pistache. De noten van deze plant, met de "beschermde geografische aanduiding", zijn smaragdgroen met een paarse schil. Pistachenoten zijn een ware delicatesse die niet alleen gebruikt worden door banketbakkers (er bestaan verschillende pralines die bedekt zijn met gemalen pistachenoten, of met een pistachevulling, om nog maar te zwijgen over traditionele Siciliaanse zoetigheden als cassata *en andere buitenlandse desserts), maar ook in vleesproducten – in* mortadella*, bijvoorbeeld, en in allerlei worsten. Na de oogst (die eens per twee jaar plaatsvindt), worden de noten verkocht in hun schil, of geschild en ontveld. Ze kunnen ook vermalen worden tot stukjes of poeder, en zelfs tot een pasta. Pistachenoten zijn rijk aan proteïne en vetten, en zijn ook geschikt om een olie aan te onttrekken die zowel gebruikt wordt in de keuken als in de cosmetica-industrie.*

pantelleria igp capers
pantelleria igp kappertjes

The stunning island of Pantelleria, half way between Africa and Sicily, is home to two outstanding products: the opulent Moscato Passito di Pantelleria, and delicately-flavoured Pantelleria IGP capers. Contrary to popular opinion, capers are not fruit, but unopened flower buds, which must therefore be picked as soon as they germinate. After the harvest, which takes place between May and September, the buds are placed in brine to mature, and acquire their typical fleshy consistency and the unmistakeable flavour that only these capers possess. This variety stands out for its dark green colour and strong, penetrating aroma. They simply need to be rinsed to become a tasty, appetising ingredient of sauces, pizza, egg dishes, salads, pasta dishes like spaghetti *alla puttanesca*, and main courses with fish or meat.

Het prachtige eiland Pantelleria, dat halverwege tussen Afrika en Sicilië ligt, is de thuisplek van twee uitzonderlijke producten: de weelderige Moscato Passito di Pantelleria, en de fijne Pantelleria IGP-kappertjes. In tegenstelling tot wat algemeen wordt aangenomen, zijn kappertjes geen vruchten, maar ongeopende bloemknoppen, die dus geplukt dienen te worden zodra ze ontkiemen. Na de oogst, die plaatsvindt tussen mei en september, worden de kappertjes in pekelwater gelegd om ze te laten rijpen en de typische vlezige consistentie en onmiskenbare smaak te verkrijgen die alleen zij bezitten. Deze variëteit is opmerkelijk vanwege de donkergroene kleur en het sterke, penetrante aroma. Ze hoeven enkel nog afgespoeld te worden en dan zijn ze een smaakvol ingrediënt voor sauzen, pizza's, eiergerechten, salades, pastagerechten zoals spaghetti alla puttanesca, *en hoofdgerechten met vis of vlees.*

rijst arancini arancini di riso

600 g rice boiled in water and saffron, 150 g grated *caciocavallo* cheese, 350 g mixed minced meat, 200 g tomato *salsa*, 150 g boiled peas, 3 eggs, 400 g breadcrumbs, extra virgin olive oil, oil for frying, salt, pepper

Mix the warm rice with the cheese. In a saucepan lightly fry the meat in a little olive oil, add the tomato sauce and peas, and season with salt and pepper. Cook for around 15 minutes. Use the rice to make balls the size of a small orange, then make an indentation in the centre and fill it with a spoonful of meat and peas. Close them up to form balls. Dip the *arancini* (literally "little oranges") in beaten egg and breadcrumbs, then fry them in abundant oil.

600 gr rijst gekookt in water met saffraan, 150 gr geraspte *caciocavallo* kaas, 350 gr gemengde gehakt, 200 gr tomaten*salsa*, 150 gr gekookte erwten, 3 eieren, 400 gr broodkruimels, extravergine olijfolie, olie om te bakken, zout, peper

Mix de warme rijst met de kaas. Bak het gehakt licht in een koekenpan met een beetje olijfolie, voeg de tomatensalsa en de erwten toe en breng op smaak met zout en peper. Laat ongeveer 15 minuten sudderen. Vorm de ballen met de rijst ter grootte van een kleine sinaasappel, met een deuk in het midden die opgevuld wordt met een lepel gehakt en erwten. Sluit ze weer in de vorm van een bal. Dip de *arancini* (letterlijk "sinaasappeltjes") in geklopt ei en broodkruimels en frituur ze in ruime olie.

swordfish
zwaardvis

At fish markets it is impossible not to notice the swordfish, often proudly displayed with its sword pointing upwards. A species that is widespread throughout the Mediterranean, in Italian waters it is found mostly in the Strait of Messina, between Sicily and mainland Calabria. In this stretch of water the swordfish was once fished (or hunted, to be more accurate) with spears, while now it is captured using nets, the same system used for tuna fishing. A popular fish, it is appreciated for its delicately-flavoured white meat and nutritional characteristics (it is rich in protein, vitamins and healthy fats). It is extremely versatile in cooking, used for dishes that range from roulades to *carpaccio*, smoked or cut into slices and grilled.

Het is onmogelijk om op vismarkten de zwaardvis niet op te merken, zoals die trots wordt tentoongesteld met het zwaard omhoog gericht. De vissoort is wijd verspreid in de Middellandse Zee, en in Italiaanse wateren is hij vooral te vinden in de Staat van Messina, tussen Sicilië en het vasteland van Calabrië. In dit stuk zee werd er ooit met speren gevist (of precieser gezegd, gejaagd) op de zwaardvis. Tegenwoordig wordt de vis gevangen met netten, volgens dezelfde werkwijze als bij tonijn. De zwaardvis is populair, en wordt gewaardeerd vanwege de delicate smaak van het witte vlees en de voedingseigenschappen (rijk aan proteïne, vitamines en gezonde vetten). De vis is zeer veelzijdig voor gebruik in de keuken, van gerechten die uiteenlopen van rollade tot carpaccio, gerookt of in gegrilde plakken.

passito di pantelleria doc
passito di pantelleria doc

Introduced by the Arabs who settled on the island in the 9th century, wine-growing on Pantelleria revolves mainly around the zibibbo or moscato di Alessandria grape, which is used to make the renowned Passito di Pantelleria DOC. This wine is amber yellow in colour with a rich bouquet of dried fruit, figs, dates and honey: a genuine nectar to be savoured slowly. The grapes, which are harvested in August, are left to dry in the sun. During this time other grapes are harvested and crushed to create the must. Once the grapes have dried, the bunches are destemmed and the fruit is added to the must. Passito di Pantelleria DOC is an excellent dessert wine, especially accompanied with Sicilian sweets, where almonds and candied fruits take centre stage. It can also be paired with blue-veined cheeses like Gorgonzola DOP or Roquefort, or simply enjoyed by itself.

De wijnbouw op Pantelleria, geïntroduceerd door de Arabieren die zich daar in de 9e eeuw vestigden, draait voornamelijk om de zibibbo- of de moscato di Alessandria druivensoorten, die gebruikt worden voor het maken van de gerenommeerde Passito di Pantelleria DOC. Deze wijn heeft een ambergele kleur en een rijk boeket van gedroogd fruit, vijgen, dadels en honing: ware nektar die langzaam genuttigd moet worden. De druiven, die geoogst worden in augustus, worden gedroogd in de zon. Gedurende deze droogperiode worden er andere druiven geoogst en geplet om de pulp te maken. Als de druiven eenmaal gedroogd zijn, worden de stelen van de trossen er tussenuit gehaald en wordt het fruit toegevoegd aan de pulp. Passito di Pantelleria DOC is een uitstekende dessertwijn, vooral in combinatie met Siciliaanse zoetigheden, waarin amandelen en gekonfijt fruit de hoofdrol spelen. De wijn gaat ook goed samen met blauwgeaderde kazen als Gorgonzola DOP of Roquefort, of gewoon op zichzelf.

Together with the swordfish (and sharing the same fishing method), tuna is the other characteristic species of fish in the south of Italy – above all Sicily and Sardinia – though it can also be found along the Tyrrhenian coast, up to Liguria. Tuna fishing is connected to the ancient ritual of the *mattanza* – a rather cruel method by which the tuna fish, trapped in nets, are speared and left to bleed to death, in order to give the meat a more delicate flavour. This type of fishing still exists, but only in a few areas. Practically all of the fish is used, thanks to the many different systems of preservation: in oil or vinegar, smoked or made into *ficazza* (a sort of salami), dried to make *musciame*, or canned *ventresca* (the most prized, delicate cut). There are various different kinds of tuna, which include the prized red tuna (unfortunately at risk of extinction), ideal eaten raw or rapidly seared to preserve its bright red colour.

De andere karakteristieke vissoort voor het zuiden van Italië naast de zwaardvis (die op dezelfde manier wordt gevangen) is de tonijn, vooral in Sicilië en Sardinië, alhoewel de vis wordt aangetroffen langs de hele Tyrreense kust tot in Ligurië. De tonijnvisserij is verbonden met het oude ritueel van de mattanza *– een nogal wrede methode waarbij de tonijn, gevangen in netten, gespiest wordt om dood te bloeden, zodat het vlees een delicatere smaak krijgt. Deze manier van vissen bestaat nog steeds, maar alleen in een beperkt aantal gebieden. Vrijwel de hele vis wordt gebruikt, dankzij de vele manieren van conservering: in olie of azijn, gerookt of als* ficazza *(een soort salami), gedroogd om* musciame *te maken, of als ingeblikte* ventresca *(het meest geprezen stuk). Er bestaan vele verschillende tonijnsoorten, waaronder de geprezen rode tonijn (helaas met uitsterven bedreigd) die het best rauw wordt gegeten, of snel dichtgeschroeid in de pan om de helderrode kleur te behouden.*

caponata Caponata

1 aubergine, 400 g celery, 2 onions, 200 g pitted olives, 50 g capers, 60 g pine nuts, 400 g tomatoes, 50 g sugar, 100 ml vinegar, basil, extra virgin olive oil, salt, pepper

Dice the aubergine, sprinkle with salt and leave to allow the juices to drain off. Blanch the stalks of celery and cut into strips. Lightly fry the sliced onions in a little oil then add the olives, rinsed capers and pine nuts. Cook for 10 minutes, then add the diced tomatoes and cook for a further 20 minutes. Dry the diced aubergines and fry them in abundant oil, then add them to the tomatoes, along with the celery, sugar and vinegar, and cook for a further 10 minutes. Season with salt and pepper.

1 aubergine, 400 gr selderij, 2 uien, 200 gr ontpitte olijven, 50 gr kappertjes, 60 gr pijnboompitten, 400 gr tomaten, 50 gr suiker, 100 ml azijn, basilicum, extravergine olijfolie, zout, peper

Snij de aubergine in blokjes, bestrooi met zout en laat het vocht wegtrekken. Blancheer de selderijstengels en snijd ze in reepjes. Fruit de gesneden uien lichtjes in wat olie en voeg dan de olijven, de afgespoelde kappertjes en de pijnboompitten toe. Kook ongeveer 10 minuten, voeg dan de tomaat in blokjes toe en laat nog eens 20 minuten koken. Droog de aubergineblokjes en bak ze in ruime olie, voeg ze samen met de selderij, de suiker en de azijn toe aan de tomaten, en laat nog eens 10 minuten koken. Breng op smaak met zout en peper.

aubergines
aubergines

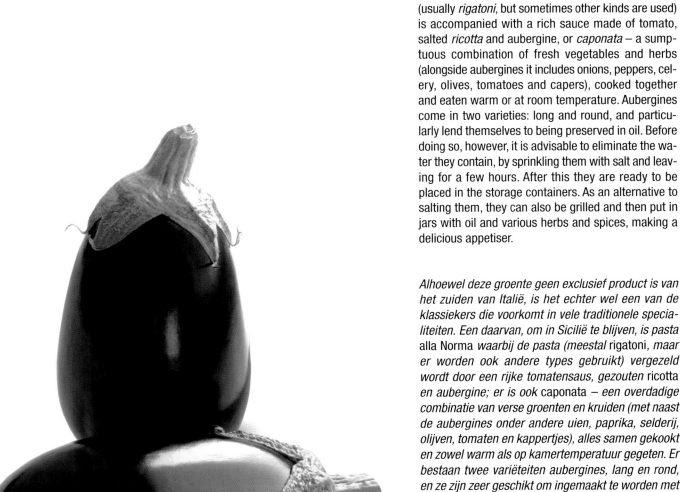

Though this vegetable is not an exclusive product of the south of Italy, it is one of the classics, and features in many traditional specialities. One of the many, to remain in Sicily, is pasta *alla Norma* where the pasta (usually *rigatoni*, but sometimes other kinds are used) is accompanied with a rich sauce made of tomato, salted *ricotta* and aubergine, or *caponata* – a sumptuous combination of fresh vegetables and herbs (alongside aubergines it includes onions, peppers, celery, olives, tomatoes and capers), cooked together and eaten warm or at room temperature. Aubergines come in two varieties: long and round, and particularly lend themselves to being preserved in oil. Before doing so, however, it is advisable to eliminate the water they contain, by sprinkling them with salt and leaving for a few hours. After this they are ready to be placed in the storage containers. As an alternative to salting them, they can also be grilled and then put in jars with oil and various herbs and spices, making a delicious appetiser.

Alhoewel deze groente geen exclusief product is van het zuiden van Italië, is het echter wel een van de klassiekers die voorkomt in vele traditionele specialiteiten. Een daarvan, om in Sicilië te blijven, is pasta alla Norma *waarbij de pasta (meestal* rigatoni, *maar er worden ook andere types gebruikt) vergezeld wordt door een rijke tomatensaus, gezouten* ricotta *en aubergine; er is ook* caponata *– een overdadige combinatie van verse groenten en kruiden (met naast de aubergines onder andere uien, paprika, selderij, olijven, tomaten en kappertjes), alles samen gekookt en zowel warm als op kamertemperatuur gegeten. Er bestaan twee variëteiten aubergines, lang en rond, en ze zijn zeer geschikt om ingemaakt te worden met olie. Het is echter aan te raden om het water aan de aubergine te onttrekken alvorens ze in te maken, door ze te bestrooien met zout en enkele uren te laten staan. Daarna zijn ze gereed om bewaard te worden. Als alternatief voor het zouten kunnen ze ook gegrild worden en bewaard in potten met olie en allerhande kruiden en specerijen, wat een heerlijke hapje vooraf is.*

sardines
sardevis

This is one of the most common, widespread varieties of oily fish. Often wrongly held to be a "poor" fish, they are in fact very popular, due to their mineral and vitamin content, and widely used thanks to their excellent price to quality ratio. The meat of the sardine is rich in flavour, which is why it lends itself to various different recipes: fried, stuffed, preserved in oil, salted or as a main ingredient in sauces (including pasta with sardines, a traditional Sicilian dish, specifically from Palermo, where it is the main ingredient in a rich sauce made of tomato, wild fennel, anchovies, raisins, pine nuts and saffron).

Deze vis is een van de meest voorkomende variëteiten olierijke vissen. Ze wordt vaak ten onrechte beschouwd als een "arme" vis, maar is in feite zeer populair dankzij haar hoge gehalte aan mineralen en vitaminen. Ze wordt veel gebruikt omdat ze een goede prijs-kwaliteit verhouding heeft. Het vlees van de sarde *is zeer rijk van smaak, zodat het zich goed aanpast aan verschillende soorten bereidingen: gebakken, gevuld, ingemaakt in olie, gezout of als hoofdingrediënt in sauzen (waaronder pasta met* sarde, *een traditioneel Siciliaans gerecht, met name in Palermo, waar het het voornaamste ingrediënt is in een rijke saus van tomaat, wilde venkel, ansjovis, rozijnen, pijnboompitten en saffraan).*

ragusano dop
ragusano dop

This is Sicily's most popular cheese, a *caciocavallo* type cheese that rather than having the traditional pear shape, is a rectangular block, around 40-45 cm long and 13-15 cm tall. Made from the milk of Modicana cows, Ragusano is worked and spun into a round shape then shaped using wooden boards to create the typical form, before being placed in brine. It can be sold fresh or aged from four months to around a year. Like all *caciocavallo* cheeses, Ragusano DOP is hung in special rooms to reach the desired level of maturity. Produced in the province of Ragusa and some towns in the Siracusa area, this cheese encapsulates many of the aromas and fragrances of the pastureland in the Iblei mountains. Its piquant flavour makes it ideal accompanied with full-bodied reds, while like other spun cheeses it is delicious grilled, and the mature version is good for grating.

Dit is de populairste kaas van Sicilië, van het caciocavallo *type maar, in plaats van de traditionele peervorm, in de vorm van een rechthoekig blok kaas van ongeveer 40-45 cm lang 13-15 cm hoog. De kaas wordt gemaakt van de melk van Modicana-koeien, en de kaas wordt bewerkt en gesponnen in een ronde vorm waaraan vervolgens met houten planken de typische vorm wordt gegeven, voordat de kaas in de pekel wordt gelegd. Hij wordt zowel vers als gerijpt verkocht, na een rijpingsperiode van vier maanden tot een jaar. Net als andere* caciocavallo*kazen wordt Ragusano DOP in speciale ruimtes opgehangen tot de gewenste rijping is bereikt. De kaas, die wordt geproduceerd in de provincie Ragusa en in enkele plaatsen in de streek van Syracuse, belichaamt veel van de aroma's en geuren van het weideland van de Iblei-bergen. De pittige smaak laat zich goed combineren met volle rode wijnen, en de kaas is, net als andere gesponnen kazen, lekker om te grillen. De rijpe versie is zeer geschikt om te raspen.*

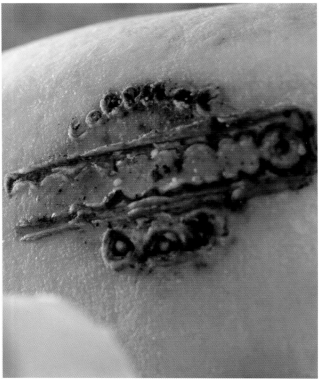

penne alla norma penne alla norma

400 g *penne* pasta, 500 g tomato *passata*, 2 aubergines, basil, 1 clove garlic, 150 g salted *ricotta*, extra virgin olive oil, salt, pepper

Slice the aubergines, sprinkle them with salt and leave the juices to drain off. Dry them and fry them in abundant oil. Lightly fry the garlic in a little oil, then add the tomato *passata* and three quarters of the fried aubergines. Remove the garlic and season with salt and pepper. Cook for around 15 minutes. Cook the pasta in boiling salted water, drain when *al dente* and toss in the pan with the sauce. Add the remaining aubergine, a sprig of basil and the *ricotta* cut into strips.

400 gr *penne* pasta, 500 gr tomaten*passata*, 2 aubergines, basilicum, 1 teentje knoflook, 150 gr zoute *ricotta*, extravergine olijfolie, zout, peper

Snij de aubergines in plakjes en bestrooi ze met zout zodat het vocht onttrokken wordt. Droog ze af en bak ze in ruime olie. Fruit de knoflook licht in een beetje olie, voeg de tomaten*passata* toe en driekwart van de gebakken aubergines. Verwijder de knoflook en breng op smaak met zout en peper. Laat ongeveer 15 minuten koken. Kook intussen de pasta in kokend gezout water, giet af wanneer deze *al dente* is en roer de pasta door de saus. Voeg de overgebleven aubergine toe, met wat basilicum en de in reepjes gesneden *ricotta*.

cannoli
cannoli

A filling made of *ricotta*, dark chocolate and candied fruit, and a fried biscuit outer layer made of flour, lard, honey, sugar, vinegar and cinnamon: in a nutshell these are the ingredients of the *cannolo*, one of the hallmarks of Sicilian confectionery. It appears to have originated from a similar banana-shaped sweet filled with almonds and sugar which existed in the region when it was occupied by the Arabs. Since then the *cannolo* has been through a series of changes, as always happens in gastronomic history, before arriving at the modern-day version. There is also a curious tale regarding the name of this delicacy: *cannolo* derives from the word *canna*, meaning pipe or tap, and legend has it that during a carnival in a monastery, some pranksters made *ricotta* flow out of the taps in place of water. In any case, whatever their origin, the fact remains that they are Sicily's signature sweet, and it is impossible not to notice them piled up in mouthwatering displays in pastry-shop windows.

Een van de hoekstenen van de Siciliaanse banketbakkerij is de cannolo, *met een vulling van* ricotta, *pure chocolade en gekonfijt fruit, en een buitenlaagje dat is gemaakt van gefrituurde biscuit gemaakt van bloem, varkensvet, honing, suiker, azijn en kaneel. Het schijnt onstaan te zijn uit een vergelijkbare banaanvormige zoetigheid, gevuld met amandelen en suiker, die in de regio gevonden kon worden toen de Arabieren er gevestigd waren. Sindsdien heeft de* cannolo *een aantal veranderingen ondergaan, zoals zo vaak in de gastronomische geschiedenis, voordat de huidige vorm ontstond. Er bestaat ook een vreemd verhaal over het ontstaan van de naam van de delicatesse:* cannolo *is afgeleid van het woord* canna, *dat pijp of kraan betekent, en de legende wil dat tijdens het carnaval een aantal grappenmakers* ricotta *uit de kranen van een klooster lieten lopen in plaats van water. Wat ook de daadwerkelijke oorsprong moge zijn, het is een feit dat de* cannoli *de representatieve zoetigheid is voor Sicilië, en het is onmogelijk om ze niet op te merken, opgestapeld en tentoongesteld in de etalages van banketbakkerijen.*

cassata
cassata

Like the *cannolo*, with which it shares two ingredients – *ricotta* and candied fruit – *cassata* is another sumptuous Sicilian sweet which originates from the Arab world, with the influence of local traditions: it is connected to Easter and popular in the island's monasteries, above all Valverde in Palermo. A riot of colours thanks to the candied fruit, cassata is made of sweetened, flavoured *ricotta*, Maraschino liqueur, orange flower water, candied fruit, sponge cake, marzipan, pistachio nuts and other ingredients. The final touch is the decoration, which features candied orange and pumpkin (known as *zuccata*). *Cassata* is a rich, high-calorie dessert, thanks to the presence of marzipan and sugar: an opulent, baroque delight that embellishes Sicilian pastry shop windows, as the confectioners compete to create original decorations in a blaze of bright colours.

De cassata *is – net als de* cannolo, *waarmee het twee ingrediënten, namelijk* ricotta *en gekonfijt fruit gemeen heeft – een heerlijke Siciliaanse zoetigheid die oorspronkelijk uit de Arabische wereld stamt, met invloeden uit plaatselijke tradities: verbonden met Pasen en populair in de kloosters van het eiland, vooral Valverde in Palermo. Door het gekonfijte fruit heeft* cassata *de meest uiteenlopende kleuren; hij wordt gemaakt met gezoete* ricotta, *Maraschinolikeur, oranjebloesemwater, gekonfijt fruit, cake, marsepein, pistachenoten en andere ingrediënten. De afsluiter is de decoratie, met gekonfijte sinaasappel en pompoen (bekend als* zuccata). Cassata *is een rijk dessert met veel calorieën dankzij de marsepein en de suiker: een weelderige en barokke delicatesse die de Siciliaanse banketbakkersetalages siert terwijl de bakkers met elkaar in competitie zijn om originele en kleurrijke decoraties te bedenken.*

granita
granita

To combat the summer heat in Sicily there is nothing better than a glass of refreshing *granita* in one of the vast range of bright colours and flavours. *Granita* is the star of the summer in Sicily, not only as a refreshing drink but also at breakfast, accompanied by a Sicilian brioche. As for the flavours, you will be spoilt for choice, from the classic lemon to coffee, to almond milk, strawberry, mulberry and pistachio – echoing the vast range of produce that this wonderful island offers. It should be underlined that Sicilian *granita* has nothing to do with the slushes served in the north of Italy, which are made of crushed ice and fruit syrup. The real Sicilian *granita* is made with water, sugar and the ingredient used to flavour it. After that it is put in the freezer, and stirred from time to time to make sure it maintains its grainy consistency.

Er gaat niets boven een verfrissend glas granita *in een van de vele kleuren en smaken om de zomerhitte van Sicilië tegen te gaan.* Granita *is de ster van de zomer in Sicilië, niet alleen als verfrissend drankje maar ook bij het ontbijt, met een Siciliaanse brioche. Wat de smaken betreft is er keuze te over, van de klassiekers citroen en koffie, tot amandelmelk, aardbei, moerbei en pistache – een weerspiegeling van de grote variatie aan producten die te vinden zijn op dit prachtige eiland. Het moet opgemerkt worden dat Siciliaanse* granita *niets te maken heeft met de gekoelde fruitsiroop met gemalen ijs die in het noorden van Italië worden geserveerd. Echte Siciliaanse* granita *wordt gemaakt van water, suiker en het ingrediënt dat er de smaak aan geeft. Daarna wordt het in de diepvriezer gezet en af en toe omgeroerd zodat het korrelige vorm behoudt.*

almonds
amandelen

In Sicily these are a genuine institution, featuring in many sweet and savoury specialities, and dating back to the period of the Phoenicians. The almond groves expanded considerably in the 1960s, above all in the province of Agrigento, in the Valley of the Temples, where every year the Almond Blossom Festival is held. Yet it is not only the province of Agrigento that is renowned for its almonds: the province of Siracusa also boasts a highly prized variety known as Pizzuta di Avola, which produces dark red oval-shaped nuts. As well as triumphing in the confectionery world – where it is used to make traditional Sicilian sweets such as *cassata*, *granita*, marzipan and nougat – almonds are also used in fish dishes, and with white meat and rice. Not to mention the deliciously sweet almond milk, which makes a fantastic *granita*.

Amandelen zijn een echt instituut op Sicilië, en zijn aanwezig in vele zoete en hartige specialiteiten die teruggaan tot de tijd van de Feniciërs. De amandelboomgaarden werden flink uitgebreid in de jaren 60 van de vorige eeuw, vooral in de provincie Agrigento, in de Tempelvallei, waar elk jaar het Amandelbloesemfestival wordt gehouden. Maar niet alleen de provincie Agrigento is beroemd vanwege zijn amandelen: ook de provincie Syracuse kan bogen op een veelgeprezen variant die bekend staat onder de naam Pizzuta di Avola, met donkerrode ovaalvormige noten. Naast de triomferende aanwezigheid in de banketbakkerij, waar amandelen gebruikt worden voor traditionele Siciliaanse zoetigheden als cassata, granita*, marsepein en nougat, worden amandelen ook gebruikt in visgerechten en met wit vlees en rijst. Om nog maar te zwijgen over de heerlijk zoete amandelmelk, waarmee een geweldige* granita *wordt gemaakt.*

etna dop prickly pears
etna dop cactusvijgen

Originating from Mexico, prickly pears have found a perfect home in sunny Sicily, in the province of Catania in particular. With its sweet, grainy, thirst-quenching flesh, the prickly pear is oval-shaped and covered in spines. The fruit comes in different sizes and varies in colour from yellow to orange to red. Delicious eaten raw, Etna DOP prickly pears should be left to soak in water to eliminate the spines then peeled using a knife, holding the fruit still with a fork. First the ends should be cut off then the fruit must be scored lengthwise to peel off the skin. Apart from being eaten fresh, they can be used to make jam or paste, or to make a liqueur, soaking the skins in spirit.

De oorspronkelijk uit Mexico afkomstige cactusvijgen voelen zich perfect thuis in het zonnige Sicilië, in de provincie Catania om precies te zijn. De cactusvijg, met het zoete, korrelige, dorstlessende vruchtvlees, is ovaalvormig en bedekt met stekels. Het fruit is te vinden in verschillende groottes en kan in kleur variëren van geel tot oranje en rood. De Etna DOP-cactusvijgen zijn heerlijk om rauw te eten; leg ze daarvoor te weken in water om de stekels te verwijderen en de vrucht met een mes te schillen terwijl je hem met een vork vasthoudt. Eerst worden de uiteinden eraf gesneden, en vervolgens kan de schil er over de lengte vanaf gepeld worden. Naast vers kunnen de vijgen ook gebruikt worden in jam of pasta, of voor het maken van likeur, waarbij de schil wordt geweekt in alcohol.

swordfish rolls zwaardvisrolletjes

600 g swordfish cut into thin slices, 30 g pine nuts, 15 g raisins, 1 onion,
150 breadcrumbs, 30 g grated cheese, bay leaves,
extra virgin olive oil, salt, pepper

Chop the onion and wilt it in a little oil, then add 200 g of chopped swordfish, a spoonful of breadcrumbs, the pine nuts, cheese, raisins and salt and pepper. Put a little bit of this mixture in the middle of each remaining slice of swordfish. Gently roll them up and spear with a cocktail stick, fastening with bay leaves. Dip the rolls into breadcrumbs, and place them in a greased oven dish. Drizzle a little olive oil over the top and cook in a preheated oven at 180 °C for around 20 minutes.

600 gr zwaardvis in dunne plakjes, 30 gr pijnboompitten, 15 gr rozijnen, 1 ui, 150 gr broodkruimels, 30 gr geraspte kaas, laurierblaadjes, extravergine olijfolie, zout, peper

Hak de ui fijn en bak hem in wat olie, voeg dan 200 gr van de fijngehakte zwaardvis toe met een lepel broodkruimels, de pijnboompitten, de kaas, de rozijnen en zout en peper. Schep wat van dit mengsel in het midden van elk overgebleven plakje zwaardvis. Rol ze voorzichtig op en prik het rolletje dicht met een cocktailprikker en een laurierblad. Haal de rolletjes door de broodkruimels en leg ze in een ingevette ovenschaal. Sprenkel er wat olijfolie over en bak ongeveer 20 minuten in een voorverwarmde oven op 180 °C.

marzipan fruit
marsepein-fruit

This is an age-old Sicilian speciality that dates back to 1143, when Giorgio d'Antiochia, the admiral for Sicily's first Norman king, Ruggero II, gave a convent to the Greek nuns on the island. These nuns were involved in the production of sweets depicting the saints, coloured using natural pigments. A few years after that, Eloisa Martorana had a second convent built, which absorbed the first and became known as "Convento Martorana", giving its name to the sweets produced there. Sweet and brightly-coloured, marzipan fruit is made from a paste of crushed almonds and sugar (also known as marzipan or *pasta reale*, if the preparation involves heating), shaped to create extremely realistic-looking fruit. The secret behind the bright, life-like colours is the use of vegetable-based colourings and a gum arabic glaze. When ready these fruits are packed in a basket like a genuine fruit composition, and the results are outstanding.

Deze eeuwenoude Siciliaanse specialiteit dateert uit 1143, toen Giorgio d'Antiochia, de admiraal van de eerste Noormannenkoning van Sicilië, Ruggero II, een klooster gaf aan de Griekse nonnen op het eiland. Deze nonnen maakten zoetigheden met afbeeldingen van de heiligen, gekleurd met natuurlijke pigmenten. Een aantal jaren later liet Eloisa Martorana een tweede klooster bouwen, dat het eerste klooster in zich opnam en bekend kwam te staan als "Convento Martorana", waarna de naam werd gegeven aan de zoetigheden die er werden gemaakt. Het zoete en felgekleurde marsepein-fruit wordt gemaakt van een pasta van gemalen amandelen en suiker (ook bekend als marsepein of pasta reale, *als er bij de productie verhitting aan te pas komt), die gevormd wordt in zeer realistisch uitziend fruit. Het geheim van de felle, levensechte kleuren zit in het gebruik van kleurstoffen gebaseerd op groenten en een glazuur van arabische gom. Als het fruit gereed is, wordt het verpakt in een mandje alsof het echt fruit betreft, en het resultaat is verbluffend.*

sardegna

Globally renowned for its enchanting Emerald Coast and exclusive resorts like Porto Cervo and Porto Rotondo, Sardinia is a truly multifaceted region. Visitors can choose between crystal-clear seas and rugged wilderness inland, with numerous nature reserves such as Gennargentu and the Maddalena Arcipelago. When it comes to food and wine, visitors will be spoilt for choice: renowned cheeses like Fiore Sardo and Pecorino Sardo, home-made pasta – *malloreddus* and *culurgjones* –, outstanding wines like Cannonau and Vermentino, herbs and spices like myrtle and saffron, and prized meats such as lamb and suckling pig. Fish is another of the island's key resources, particularly the tuna from Carloforte, a famous spot on the island of San Pietro, where the ancient tradition of the *mattanza* (killing the fish with spears) still goes on today. Those with a sweet tooth will enjoy Sardinia's unique confectionery, based around local ingredients like almonds, honey, ricotta and aniseed.

Sardinië, wereldwijd bekend vanwege de betoverende Costa Smeralda en exclusieve badplaatsen als Porto Cervo en Porto Rotondo, is een waarlijk veelzijdige regio. Bezoekers kunnen kiezen tussen kristalheldere zeeën en ruwe wildernis, met vele natuurreservaten als Gennargentu en de Maddalena Archipel. Wat eten en wijn betreft, heeft de bezoeker meer dan genoeg keus: befaamde kazen als Fiore Sardo en Pecorino Sardo, huisgemaakte pasta – malloreddus en culurgjones –, uitstekende wijnen als Cannonau en Vermentino, kruiden en specerij-

en als mirte en saffraan, en geapprecieerd vlees als lam en speenvarken. Vis is een ander belangrijk product van het eiland, met name de tonijn uit Carloforte, een beroemde plek op het eiland van San Pietro, waar de oude traditie van de mattanza (waarbij de tonijn wordt gedood met speren) tot op de dag van vandaag in ere wordt gehouden. Wie op zoek is naar zoetigheid, zal ongetwijfeld aan zijn trekken komen met de unieke lekkernijen van Sardinië die gebaseerd zijn op plaatselijke ingrediënten als amandelen, honing, ricotta en anijs.

pecorino sardo dop
pecorino sardo dop

Among the many varieties of *pecorino* cheese in Italy (in central and southern Italy all the regions produce their own versions), the Sardinian one is undoubtedly the most historic and traditional, closely bound up with its area of origin. In Sardinia's rural economy sheep farming, and therefore the production of sheep's milk cheese has always played a key role, with significant results in terms of both quantity and quality. Pecorino Sardo DOP comes in two different types: sweet and mature. The former ages for 20 to 60 days, is white inside and out, and has a sweet, aromatic flavour, while the latter ages for at least four months, giving the rind a brownish colour and making the cheese yellowy-white, with a stronger, more piquant flavour. In cooking this cheese lends itself to a variety of uses: the mature kind is excellent grated, while the sweet version is perfect for recipes that call for a creamy texture.

Onder al de verschillende pecorino*varianten in Italië (in het midden en het zuiden van Italië heeft elke regio zijn eigen versie), is de versie uit Sardinië ongetwijfeld de meest historische en traditionele, zeer nauw verbonden met het oorspronkelijke gebied. Voor het leven op Sardinië heeft het houden van schapen, en bijgevolg de productie van kaas van schapenmelk, altijd een sleutelrol gespeeld, met een duidelijk gevolg voor zowel kwantiteit als kwaliteit. Pecorino Sardo DOP bestaat in twee soorten: zoet en oud. De eerste soort wordt 20 tot 60 dagen gerijpt, is van binnen en van buiten wit en heeft een zoete aromatische smaak. De tweede soort wordt minstens vier maanden gerijpt, hierdoor krijgt de korst een bruinige kleur, en wordt de kaas zelf gelig wit, met een sterkere en pittigere smaak. In de keuken kan de kaas op een aantal verschillende manieren gebruikt worden: de oude kaas is perfect om te raspen, terwijl de zoete versie zeer geschikt is voor recepten die een crèmige textuur hebben.*

fiore sardo dop
fiore sardo dop

This is one of Sardinia's best loved cheeses, and its name (which translates as "flower") appears to derive from a variety of rennet that in the past was extracted from the flowers of certain plants. Made from the milk of native Sardinian breeds of sheep in the provinces of Nuoro, Sassari and Cagliari, Fiore Sardo DOP is a hard cheese with a whitish yellow colour and piquant flavour, which varies depending on how long it is aged. Cylinder-shaped, its weight varies from 1.5 to 4 kg, and it has a yellowy-brown rind. The ageing process, which takes place in a natural setting, can last from a minimum of two to a maximum of eight months, and as a result the cheese can vary from a soft texture, ideal for making filled pasta, to a hard consistency, perfect for grating. Fiore Sardo DOP goes well with a good glass of Cannonau, the great Sardinian red, but the more mature version can also be sampled with Malvasia di Bosa, a sweet sipping wine of great character with an intense, enveloping bouquet.

Dit is een van de meest geliefde kazen van Sardinië, waarvan de naam (die "bloem" betekent) is afgeleid van een stremsel dat in het verleden uit de bloemen van bepaalde planten werd gehaald. De melk voor de kaas is afkomstig van de plaatselijke schapenrassen in de provincies Nuoro, Sassari en Cagliari. Fiore Sardo DOP is een harde kaas met een witgele kleur en een pikante smaak, afhankelijk van hoe lang de kaas heeft gerijpt. De kaas is cilindervormig, met een gewicht dat varieert tussen 1,5 en 4 kg, en de korst is geelbruin. Het rijpen, dat in een natuurlijke omgeving gebeurt, kan van minimum twee maanden tot maximum acht maanden duren, zodat de kaas zowel een zachte textuur kan hebben, ideaal voor het maken van gevulde pasta, als een harde textuur, die weer geschikt is om te raspen. Fiore Sardo DOP gaat goed samen met een mooi glas Cannonau, de grootse rode wijn van Sardinië, maar de rijpere versie is ook lekker met Malvasia di Bosa, een zoete wijn met veel karakter en een intens, omhullend bouquet.

pane carasau
pane carasau

One of Sardinia's signature specialities, *pane carasau* is a wafer-thin, crispy bread, which has the virtue of keeping for a very long time. It is less simple to make than might appear, as it needs to be cooked twice. The ingredients are durum wheat flour and semolina, water, yeast and salt. After creating a smooth, compact dough, wafer thin discs are created, and baked at a high temperature for a few minutes. As it cooks each disc of dough puffs up like a balloon, and when taken out of the oven these are cut in half to create two discs, which are piled together and put back into the oven to be baked again. This procedure, known as *carasadura*, is what makes the bread so crunchy. At this point the *pane carasau* is ready: one traditional dish made with it is called *pane frattau*, which is a kind of soup made of *pane carasau*, broth, tomato *salsa* and grated *pecorino* cheese (in three layers).

Pane carasau *is een van de traditionele specialiteiten van Sardinië, een flinterdun en knapperig brood dat als goede eigenschap heeft dat het heel lang houdbaar is. Het is minder eenvoudig te bereiden dan op het eerste zicht lijkt, aangezien het tweemaal gebakken wordt. De ingrediënten zijn durumtarwebloem en semolina, water, gist en zout. Nadat men een glad en compact deeg gemaakt heeft, worden de dunne schijven gemaakt, die een paar minuten op een hoge temperatuur moeten bakken. Tijdens het bakken zwelt het deeg op als een ballon, en eenmaal uit de oven worden de plakken doormidden gesneden in twee schijven, die vervolgens weer in de oven worden geplaatst. Deze methode, die bekend staat als* carasadura, *maakt het brood zo knapperig. Nu is de* pane carasau *klaar: een traditioneel gerecht wordt gemaakt met* pane frattau, *een soort van soep die gemaakt wordt met* pane carasau, *bouillon, tomatensaus en geraspte* pecorino-*kaas (in drie lagen).*

malloreddus pasta malloreddus pasta

300 g semolina flour, 1 sachet saffron, salt

Mix the flour with a pinch of salt and the saffron dissolved in a little water. Once you have a smooth, compact dough, break off a piece and roll it on a board to create a sausage shape about half a centimetre thick. Cut off pieces about 1 cm long and push them with your thumb against a wicker basket (*ciurliri*), rolling them till they curl over. Prepare all the pasta in this way and then leave to dry for at least a day. Cook the pasta in boiling salted water and serve with a sauce made of crumbled sausage, diced tomatoes and a generous helping of grated *pecorino* cheese.

300 gr semolina-bloem, 1 zakje saffraan, zout

Meng de bloem met een snuifje zout en de saffraan opgelost in wat water. Kneed het tot een glad en compact deeg, breek er een stuk vanaf en rol het op een deegplank uit in de vorm van een worst van ongeveer een halve centimeter dikte. Snij er stukjes van 1 cm lang vanaf, en druk die met de duim tegen een strooien mand (*ciurliri*), rol ze totdat ze omkrullen. Prepareer alle pasta op deze manier en laat ze minstens een dag drogen. Kook de pasta in kokend gezout water en dien op met een saus van net verkruimelde worst, tomaat in blokjes en een genereuze handvol geraspte *pecorino* kaas.

grey mullet botargo
grijze harder botargo

Also known as "Sardinian caviar", or "the gold of Cabras" (from the name of the town in the province of Oristano where the fish is caught, though there are also other excellent areas for it, including Alghero, Carloforte, the Gulf of Cagliari, Porto Pino, etc.), grey mullet botargo is one of the island's most prized traditional delicacies. It is made using the roe of the mullet fished off the coast of Oristano. This roe is salted and dried according to an age-old tradition that is handed down from father to son. The fish are caught in pools in Cabras on the west coast of Sardinia, in the month of September. The climate of the area, which stays warm throughout autumn, means that the roe can be left to dry naturally, enhancing its flavour. Vacuum-packed or ground into powder, botargo is amber-coloured and smells of the sea, with an intense, marked flavour. It beautifully enhances the flavour of many pasta dishes, accompanied – and why not? – by a glass of Carignano del Sulcis.

Botargo van de grijze harder, ook wel bekend als "Sardeense kaviaar" of "het goud van Cabras" (naar de naam van de plaats in de provincie Oristano waar de vis wordt gevangen, alhoewel er meerdere uitstekende plekken zijn zoals in Alghero, Carloforte, de golf van Cagliari, Porto Pino, enz.), is een van de meest geprezen traditionele delicatessen. Ze wordt gemaakt van de kuit van de harder, die aan de kust van Oristano wordt gevangen. Deze kuit wordt gezout en gedroogd volgens een oude traditie die wordt doorgegeven van vader op zoon. De vis wordt gevangen in poelen in Cabras aan de westkust van Sardinië, in de maand september. Door het klimaat in dit gebied, waar het gedurende de hele herfst warm blijft, kan de kuit op natuurlijke wijze gedroogd worden, wat de smaak ten goede komt. Botargo, vacuümverpakt of in poedervorm, heeft de kleur van amber, ruikt naar de zee, en heeft een intense karakteristieke smaak. Het verrijkt de smaak van vele pastagerechten, vergezeld van – en waarom niet? – een glas Carignano del Sulcis.

sardegna
pan frattau pan frattau

100 g *pane carasau*, 200 g grated Pecorino Sardo cheese, 4 eggs,
50 ml white wine vinegar, 750 g tomato *passata*,
1 l vegetable stock, salt, pepper

Soften the *pane carasau* with the stock and place it into four bowls, preferably terracotta. Add the tomato *passata*, plenty of *pecorino*, salt and pepper. Put the bowls into a preheated oven to brown and top with an egg poached in water and vinegar. In Sardinian dialect *frattau* means "grated" and indeed this dish was originally made up of sheets of pane carasau soaked in broth and sprinkled with grated *pecorino* cheese.

100 gr *pane carasau*, 200 gr geraspte Pecorino Sardo-kaas, 4 eieren, 50 ml witte wijn-azijn, 750 gr tomaten*passata*, 1 l groente-bouillon, zout, peper

Maak de *pane carasau* zachter met de bouillon en doe hem in vier kommen, bij voorkeur van ter-racotta. Voeg de tomaten*passata*, flink wat *pecorino*, zout en peper toe. Zet de kommen in een voorverhit-te oven om te bruinen en leg er een ei bovenop dat gepocheerd werd in water met azijn. In het Sardeen-se dialect betekent *frattau* "geraspt", en dit gerecht werd dan ook ooit bereid met plakken *pane carasau* die werden geweekt in bouillon en besprenkeld met geraspte *pecorino*kaas.

myrtle
mirte

A very ancient plant species, myrtle is a shrub with bluish berries which ripen towards the end of November. It has elicited great interest since the earliest times, from both the ornamental and medicinal points of view, being used to prepare infusions and extracts. It was in the 19th century that people in Sardinia began using it to make the traditional liqueur – *mirto* – soaking the berries in spirit, water and sugar or honey. The process has remained identical to this day, guaranteeing the quality and flavour of the end result. With a sweet flavour and significant restorative and digestive properties, it is excellent after a meal, and can also be used in confectionery, to soak sponge cake or other ingredients. As well as the red version, which is made of the berries, there is also a white *mirto*, made by soaking the leaves of the plant in alcohol.

Deze oude plantensoort is een bosachtige plant met blauwige bessen die rijp zijn tegen het einde van november. Mirte stond al vroeg in de aandacht, zowel vanuit ornamenteel als medicinaal oogpunt, en het werd gebruikt voor het prepareren van infusen en extracten. In de 19e eeuw begon men in Sardinië met het maken van de traditionele likeur – mirto – door de bessen in alcohol, water en suiker of honing te weken. Het proces is ongewijzigd tot op de dag van vandaag, met een gegarandeerde smaak en kwaliteit als eindresultaat. Mirto, dat een zoete smaak heeft en goede digestieve en restoratieve eigenschappen, is lekker na de maaltijd, maar kan ook gebruikt worden in banket voor het doordrenken van cake of andere ingrediënten. Er bestaat niet alleen een rode versie, die gemaakt is van de bessen, maar ook witte mirto, gemaakt door de blaadjes van de plant te weken in alcohol.

culurgjones d'ogliastra
culurgjones d'ogliastra

Culurgjones d'Ogliastra (a newly-created province) are one of Sardinia's most characteristic varieties of fresh pasta. A sort of *ravioli* with a meatless filling, which varies according to the area of production (usually including Sardinian cheeses like *pecorino*, boiled potatoes, mint and garlic), the pasta is made with durum wheat semolina and egg. One of the hallmarks of *culurgjones* is the shape, which recalls an ear of wheat (or a flattened fig), and is painstakingly decorated by hand. The sheets of pasta are cut into discs, and the filling placed on top. The discs are then pinched together with the fingers to form a half-moon shape and create the ear of wheat pattern. Culurgjones are served with a light sauce made of tomato and shavings of *pecorino*, and are excellent accompanied with a glass of Cannonau or a delicate Vermentino di Gallura.

Culurgjones d'Ogliastra *(een pas gecreëerde provincie) is een van de kenmerkende versies van verse pasta uit Sardinië. De pasta lijkt op een soort* ravioli *met een vulling zonder vlees, die wisselt van gebied tot gebied (meestal met kazen van Sardinië als* pecorino, *gekookte aardappel, munt en knoflook), en wordt gemaakt van durumtarwe-semolina en ei. Een van de kenmerken van* culurgjones *is de vorm, die doet denken aan een korenaar (of een geplette vijg), en die met veel moeite met de hand wordt gemaakt. De vellen pasta worden in cirkels gesneden, en daarop wordt de vulling gelegd. Deze schijven worden vervolgens met de hand samengedrukt tot een halvemaansvorm om zo het tarwepatroon te creëren. Culurgjones* worden geserveerd met een lichte saus van tomaat en pecorino *snippers, en is zeer lekker met een glas Cannonau of een delicate Vermentino di Gallura.*

index
index

Photo Credits

Consorzio Monte Veronese: pp. 136 top (ph Roberto Lazzarin), 136 bottom (ph Paola Giagulli), 137 top left (ph Franco Tanel), 137 top right (ph CheleoMultimedia), 137 bottom right (ph Franco Tanel)

Consorzio di tutela Radicchio Rosso di Treviso e Variegato di Castelfranco IGP: pp. 138 bottom right, 139 top and centre left (ph. Spigariol e Zanato)

Consorzio Asparago Bianco di Bassano: p. 140 bottom left

Poli Distillerie Jacopo Poli – Schiavon (Veneto): p. 147

Consorzio Valpolicella: pp 148 top and left, 149

Archivio LiberLab: p. 152 bottom left

Regione Veneto: pp. 152 right, 154 top

Marco Salvaterra www.agraria.org: p. 155 bottom right

Consorzio tutela Prosecco di Conegliano Valdobbiadene: p. 156 left

Bellenda: p. 156 bottom right

Consorzio Melinda: pp. 162, 163 top, 168 top right

Consorzio tutela Speck dell'Alto Adige: pp. 164 bottom, 172, 173

Cantina Toblino: pp. 170-171

Strada del vino Tramin (www.tramin.com): pp. 176, 177

Consorzio Prosciutto San Daniele: pp. 182 top, 182 bottom right, 183

Archivio Consorzio tutela Vini Doc Colli Orientali del Friuli: p. 188 bottom left (ph Crozzli)

Consorzio Tutela Ramandolo Nimis UD: pp. 190, 191

Consorzio Prosciutto Crudo di Parma: p. 19E

Consorzio Parmigiano Reggiano: pp. 196 top, 197 bottom right

Consorzio Marchio Storico dei Lambruschi Modenesi: pp. 198-199

Consorzio tra Produttori di Aceto Balsamico Tradizionale di Modena: p. 202 top right, 203

Consorzio Produttori Aceto Balsamico Tradizionale di Reggio Emilia: p. 202 bottom right

Consorzio Culatello di Zibello: p. 206 top and bottom

Strada dei Vini e dei Sapori dei Colli di Forlì e Cesena: pp. 212 bottom, 213 top left (ph Roy Berardi)

Consorzio Brunello di Montalcino: pp. 221 bottom, 226 top and bottom left, 227

Consorzio Chianti Classico: p. 221 top right

Archivio Fotografico della Camera di Commercio di Lucca: pp. 222, 236

ARSIA Regione Toscana: p. 228 (ph Massimo Vannozzi)

Associazione fagiolo zolfino (info@ilfagiolozolfino.it): p. 230-231 (ph www.intraphoto.it Nedo Baglioni)

Orbetello Pesca Lagunare srl: pp. 232, 233 top left

Consorzio tutela Suino Cinto Toscano: p. 244

Strada del Vino Nobile di Montepulciano: p. 250 top left

Consorzio Vino Nobile di Montepulciano: pp. 250 bottom, p. 251 top left, p. 251 right

Avignonesi s.r.l. Fattoria Le Capezzine: p. 26 top and bottom

Archivio fotografico STA Valnerina-Cascia: p. 265, 272 (ph Massimo Chiappini, Studio Foto Immage)

APT Umbria: p. 270 bottom left

Strada del Sagrantino: p. 274 left and top right (ph Pierpaolo Metelli, Alessandro Valeri)

Azienza Perticaia: p. 274 bottom right

Brendolan Prosciutti Spa: pp. 284, 285 top and bottom left

Umani Ronchi Spa: p. 286 top and bottom left

Redazione/archivio fotografico della rivista "Sapori d'Italia" - Via Bertolini, 38 - 31100 Treviso www.sapori-italia.it (courtesy of Università degli Studi della Tuscia di Viterbo e dall'ARSIAL di Roma): p. 290 left from top to bottom (Olindo Temperini)

Cantina Cerquetta Claudio Ciuffa: p. 305

Consorzio tutela Zafferano dell'Aquila (Fabio Di Iorio): p. 310 top right and left, bottom left

Consorzio per la tutela del Formaggio Mozzarella Bufala Campana: p. 337 top

Italia Lifestyle – Dario D'Uva – www.localidautore.com: pp. 338, p. 339 top left

Eventi APT Basilicata: p. 354 top right

Antonio Foschino – Matera: pp. 354 bottom, 357 top right, 359 bottom right

K-WEB.it: pp. 360, 361

Mesagne Olio: p. 370 bottom left

Mariano Fracchiolla – Archivio www.coloridellamurgia.it: p. 377 top right and bottom

Consorzio produttori vini e mosti rossi: 382 bottom left, 383 (ph Luigi De Vivo)

Teresa Romeo di Messina (www.pescareinsicilia.it): p. 410 top right and bottom

Donna Fugata: p. 412, 413 top, bottom right and bottom left (ph Anna Pakula); p. 413 centre left (ph Pucci Scafidi)

Consorzio tutela e miglioramento filiera Mandorla d'Avola - www.consorziomandorlaavola.it: p. 432 bottom left

Fabio Coronas for panecarasau.org: p. 446-447

Associazione Produttori Liquore Mirto di Sardegna Tradizionale/ Consorzio Produttori Liquore Mirto di Sardegna Tradizionale: p. 454 top and centre right

Tenute Rubino: p. 378 top, 458 (ph Giampaolo La Paglia)

Sebastian Fischer: p. 430 bottom

Special thanks to:

Caseificio Pugliese (Corato, Bari, Italy); Cioccolato Venchi (Castelletto Stura, Cuneo, Italy); Eataly, (Turin, Italy); Guffanti Formaggi (Arona, Novara, Italy); Mieli Thun (Vigo di Ton, Trento, Italy); Riso Acquerello (Livorno Ferraris, Vercelli, Italy)